Die Diktatur des Proletariats

프롤레타리아 계급독재

Die Diktatur des Proletariats

프롤레타리아 계급독재

칼 카우츠키 지음 | 홍 성 방 옮김

신론사

| 지은이에 대하여 |

I

1918년(아마도 8월이나 9월로 추측된다) 카우츠키가 「프롤레타리아 계급독재」라는 소책자를 출판하자 2개월도 못되어(1918. 11. 10) 레닌은 「프롤레타리아 혁명과 배신자 카우츠키」라는 제목의 반박서를 내어 카우츠키가 마르크스주의의 근본원칙을 얼마나 배반하였는가를 철저하게 추궁 · 분석하였다. 레닌은 그 책을 쓰는 작업이 늦어지기 때문에 「프라우다」 편집국에 같은 제목의 소논문을 게재하였다(1918. 10. 9).[•1]

비록 러시아에서 사회주의 혁명이 성공하였다고는 하지만 당시 러시아는 내전상태에 있었다. 경우에 따라서는 성공한 혁명이 실패로 돌아갈지도 모를 상황이 전개되고 있었던 것이다. 이런 상황에서 왜 레닌은 그렇게 해야 했을까.

레닌을 도와 러시아 혁명을 영도한 정통파로 자처하는 트로츠키가 레닌 사후 소련에서 추방되고 나서 채 1년도 안 된 1929년 9월 14일에 프린

•1 이에 대하여 카우츠키는 1919년 여름 *Teroorismus und Kommunismus. Ein Beitrag zur Naturgeschichte der Revolution*으로 재반론하였고, 이에 대하여는 트로츠키가 같은 제목으로 반론에 나섰으며, 또 그에 대해서 카우츠키는 1921년 *Von der Demokratie zur staatssklaverei. Eine Auseinandersetzung mit Trotzki*를 출판하였다. 이러한 것들을 토대로 R. Abramowitsch, Foreword to Kautsky, *Ot demokratu k gosudarstyennomu rabstvu*(From democracy to statesslavery), Berln 1922, iv는 "카우츠키는 당시 외국의 혁명적 마르크스주의자 가운데 마르크스주의적 관점에서 볼셰비키 정권에 대해 명료하고 상세한 비판을 한 … 유일한 사람이었다"고 평하고 있다. 여기서는 강신준, '사회주의와 민주주의 – 카우츠키를 위한 변론', 「사회경제평론」 제23호(2004. 20), 7쪽 이하(25쪽)에서 재인용.

키포Prinkippo라는 터키의 외딴섬에서 탈고한 그의 자서전「나의 생애」에서 카우츠키와의 만남에 대한 다음과 같은 서술이 그에 대한 해답의 실마리를 제공한다.

> "우리 러시아인에게는 독일 사회민주당은 어머니이고 교사이며 살아 있는 본보기였다. 우리는 먼 곳에서 독일 사회민주당을 이상화하고 있었다. 베벨과 카우츠키의 이름을 공경하는 마음으로 입에 담았다. … 내가 맨 처음 카우츠키를 만난 것은 1907년의 일이었다. 나는 몹시 흥분하면서 베를린 교외의 프리데나우에 있는 조그마하고 아담한 집 계단을 올라갔다. 눈이 맑고 파란데다 쾌활한, 백발의 작은 노인이 러시아어로 "안녕하세요(Zdravstuyte)" 하고 말하면서 나를 맞아 주었다. 저서들을 통해 그에 대해 이미 알고 있는 것들과 함께, 이것이 그가 아주 매력적인 인물로 보이게 만드는 데 결정적인 공헌을 했다. 내 마음에 가장 와닿았던 것은 그의 안달을 떨지 않는 태도였다. 나중에 알게 된 것이지만, 그것은 이 당시의 확고한 권위와 그것이 주는 내적인 평온의 결과였다. 적들은 그를 제2인터내셔널의 '교황(papa)'이라고 불렀다. 그의 친구들도 가끔 다정하게 그렇게 불렀다. 카우츠키의 노모는 사회문제를 다루는 문제소설 작가로 그 작품들을 '나의 아들이자 나의 교사'에게 바치고 있었는데, 75세 생일날 이탈리아 사회주의자들로부터 '교황의 엄마에게(alla mamma del papa, 번역서에는 '아빠의 엄마에게'라고 번역되어 있음)'라고 쓰인 축하 인사장을 받았다."[2]

1883년 마르크스가, 1895년 엥겔스가 사망하고 난 후 러시아인들에게 어머니이고 교사이며 살아 있는 본보기인 독일 사회민주당을 이끌었던

•2 트로츠키/박광순 옮김,「나의 생애」(상), 범우사, 2001, 336-338쪽.

것은 엥겔스가 신임했던 베벨*August Bebel*, 베른슈타인*Eduard Bernstein*,[3] 카우츠키*Karl Kautsky*이었다.[4] 이 세 사람 가운데 베벨은 부카레스트 강화회의가 한창 진행 중일 때, 곧 발칸 전쟁과 제1차 세계대전 사이의 휴지기인 1913년에 이미 사망하였다. 그리고 '마르크스와 엥겔스의 학문적 유언집행인' Julius Wolff인 베른슈타인은 이미 1899년 3월 초 「사회주의의 전제조건과 사회민주주의의 과제」Die Voraussetzungen des Sozialismus und Aufgaben des Sozialdemokratie를 통하여 이미 수정주의를 고백한 이후여서[5] 러시아의 사회주의자들에게 더 이상 영향력이 없었다. 이제 유일한 마르크스와 엥겔스의 후계자이자 제2인터내셔널의 지도적 인사이고[6] 국제사회주의의 '교

•3 "엥겔스는 그의 저작상의 유산을 베벨과 베른슈타인에게 상속하였다. 1898년 베른슈타인을 둘러싸고 대논쟁이 벌어지자 카우츠키는 베른슈타인에게 마르크스의 저서 「1848-1850년의 프랑스 계급투쟁」에 대한 엥겔스의 서문을 정확하게 공표하라고 경고하였다. '베른슈타인은 스승님의 유고를 소지하고 있다. 그중에서 서문의 원고가 결론이 삭제된 채 발견되었다면, 나는 그에게 엥겔스가 숙고 끝에 빠뜨린 결론을 공표할 것을 요청하는 바이다. 그 결론은 베른슈타인이 엥겔스를 증인으로 끌어댈 하등의 이유가 없다는 것을 분명히 입증할 것이다'(K. Kautsky, Bernstein und die Dialektik, NZ, Bd. 17(1898/1899), S.47). 베른슈타인은 이 경고에 결코 따르지 않았다. 1926년 라자노프*Rjazanow*가 수정하면서 삭제된 부분을 공표한 후에야 비로소 베른슈타인은 원본을 사회민주당편람에 건네주었다."(보 구스타프손/홍성방 역, 「마르크스주의와 수정 사회주의」, 도서출판 새남, 1996, 455쪽, 미주2.

•4 "생전의 마르크스와 그 후에는 엥겔스가 빌헬름 리프크네히트와 함께 독일 사회민주당 내의 가장 훌륭한 연설가인 아우그스트 베벨을 대단히 신임했다는 데 대해서는 전혀 의문의 여지가 없다. 이와 같은 사실은 그들 사이의 굉장한 양의 서신왕래에서 매우 분명하다. 엥겔스는 또한 베른슈타인이 1880년대 취리히에서 '사회민주당보'의 편집자로서 대단히 발전하였다고 생각하였다. 카우츠키에 대하여는 초기에는 불신하였으나 엥겔스는 그를 점점 높이 평가하게 되었다." 보 구스타프손/홍성방 역, 주 26, 33쪽.

•5 그러나 베른슈타인이 수정주의에로의 전향은 이미 1896년 10월부터 여러 해에 걸쳐 사회민주당 기관지 Die Neue Zeit에 연재된 '사회주의의 제문제'(Probleme des Sozialismus)에서 시작되었다고 할 수 있다. 왜냐하면 볼프(Julius Wolff)가 위 논문을 '종래의 사회주의 이론에 대한 정면공격이자 선전포고'로 특징지었기 때문이다(J. Wolff, 'Illusionisten und Reralisten in der Nationalökonomie', *Zeitschrift für Sozialwissenschaft*, Jahrgang 1(1896), S.251).

•6 "카우츠키는 의심의 여지없이 제2인터내셔널의 가장 뛰어난 이론가이며 그의 양심적인 생애의

황'pope 또는 '지상의 교사'praeceptor mundi라 불리우며, 당대의 사회주의자들은 물론 레닌조차도 인정할 수밖에 없었던 마르크스주의를 가장 대표할 수 있는 이론가인 카우츠키가 프롤레타리아 계급의 독재는 민주주의의 기반 위에서 이루어지는 지배 이외의 다른 것은 아니라고 확언하면서 레닌이 마르크스의 프롤레타리아 독재 개념을 통치의 형태라고 잘못 이해하고 있으며, 볼셰비키는 후진국에서 사회주의를 성공시키기 위해 테러와 압박을 자행함으로써 마르크스와 엥겔스의 견해에 거역하고 있다고 레닌을 비판한 것이다. 즉 폭력적인 소수의 행동에 의하여 후진사회에 사회주의를 도입하려는 것은 마르크스주의와 민주주의에 대한 배반이며, 그것은 일당독재와 소수 지도자에 의한 독재를 도래하게 할 뿐이라는 것이다.

그러니 마르크스주의를 러시아에 현실화시킨 것으로 확신하는 레닌으로서는 자신의 정당성을 확보하고 고착시키기 위해 다른 모든 것을 제쳐놓고 그에 대응할 수밖에 없는 일이었다.[•7]

주요부분을 제2인터내셔널의 훌륭한 면을 대표하고 일반화했다."(Trotsky, L., 'Karl Kautsky', in *Political Profiles,* trans. R. Chappel(London, 1972) pp.65-9(p.69), first published 1919.

•7 레닌의 고심은 다음과 같은 M. Donald, *Marxism and Revolution. Karl Kautsky and the Russian Marxists 1900-1924*, 1993, p.247의 기술에서도 분명하게 보인다. "1924년 레닌이 사망하였을 때 그의 서재에서 발견된 책들 가운데 저자별로 보면 카우츠키의 책이 가장 많았다. 그것은 러시아 내외를 통털어 다른 어떤 저자들의 것보다 많았다. 모두 89권이 있었는데, 놀라운 것은 이들 가운데 볼셰비키 혁명 이전에 출판된 것보다 1918년 이후의 책들이 더 많았다는 점이다. 모두 42권이 1917년 이전에 출판된 것이었고 나머지 47권은 1918년 이후에 독일이나 러시아에서 출판된 책들이었다. 공식적으로 검열이 있긴 했으나 1918년 이후 러시아에서 출판된 카우츠키의 책은 70권이 넘었다."

II

카우츠키는 1854년 10월 16일 프라하에서 극장화가였던 체코계 아버지와 연극배우겸 극작가였던 독일계 어머니 사이에서 출생하였다. 그는 빈 Wien대학교 재학시절 오스리아 사회민주당에 입당했다(1875). 1880년 취리히로 이주하여 마르크스주의자가 되었고, 후일 수정주의로 전향하는 에두아르트 베른슈타인의 영향을 받았다. 1881년 획베르크 *Karl Höchberg*의 재정지원 하에 오른 영국여행 중 런던에서 마르크스와 엥겔스 *Friedrich Engels*를 만났고, 특히 엥겔스와는 1895년 엥겔스가 사망할 때까지 절친한 교우관계[•8]를 유지했다. 처음에 엥겔스는 카우츠키를 "진정한 학문적 작업이 무엇인지에 대하여 전혀 상상도 하지 못한다"고 평가했지만,[•9] 카우츠키의 능력을 날로 높이 평가하게 돼 카우츠키에게 마르크스 원고의 이기(移記)를 연습시켰을 뿐만 아니라 그 때까지 엥겔스 혼자 고심하고 있던 마르크스 유고의 편집에도 그를 참여시켰다.

1883년 카우츠키는 슈투트가르트에서 마르크스주의적 평론지인 「새 시대」 Die Neue Zeit를 창간했고, 1917년까지 취리히 · 런던 · 베를린 · 빈 등지에서 이 잡지를 계속 발행했다.[•10] 1891년 사회민주당 내에서 새로운 기본강령을 놓고 논쟁이 벌어지자 카우츠키는 「새 시대」를 통하여 베벨과 리프크네히트 *Wihlem Liebknecht*에 의하여 작성된 당수뇌부의 공식적인 강령초안을 비판하면서 마르크스주의에 기초한 대안을 제시했다. 결국 그 대안

•8 또는 신뢰가 두터운 사제지간의 관계라고도 함. 박영호, '칼 카우츠키의 생애와 사상', 「동향과 전망」 97년 여름호(통권 제34호), 271쪽 이하(272쪽).

•9 1885년 7월 24일 엥겔스가 베벨에게 보낸 편지, MEW 36, S.348.

•10 이 기간 동안 그의 저술은 주요 유럽어로 번역되었고 미국에서도 자주 출판되었다(Karl Kautsky: *Selected Political Writings*, ed. and trans. Patrick Goode, 1983, Introduction, vii).

이 에르푸르트 강령의 이론적 기본틀이 되었다. 베벨과 리프크네히트에 의해서 작성된 당수뇌부의 공식적인 강령초안 대신 카우츠키의 강령초안이 받아들여짐으로써 카우츠키는 당이론가로서 자리를 굳혔으며, 에르푸르트 강령에 대한 카우츠키의 해설은 23개의 외국어로 번역됨으로써 카우츠키의 권위는 독일 사회민주당의 이론가로서 뿐만 아니라 국제적 사회민주주의의 이론가로서 확고한 기반을 가지게 되었다. 그러나 이후 이 강령은 비변증법적이며 의사과학적(擬似科學的)인 일종의 진화론을 당에 제공했다는 이유로 베른슈타인과 레닌의 비판을 받았다.

1905년 혁명 때에는 혁명적 입장을 취하였으나, 그 후 점차 경제적 발전, 곧 객관적 조건이 성숙하여 혁명이 필연적으로 발생하는 것을 기다리고자 하는 대기주의(待機主義)에 빠져 로자 룩셈부르크 Rosa Luxemburg로부터 혹독한 비판을 받았다. 제1차 세계대전 때까지 카우츠키는 독일 사회민주당에서 마르크스주의의 대가로 인정받았다. 그러나 제1차 세계대전이 발발하자 1917년 그는 사회민주당을 탈당하여 반전(反戰)을 주장하는 소수파인 독립사회민주당USPD에 가담했다. 이로써 그는 35년 동안 사회민주당에 영향력을 행사해 왔던 잡지 「새 시대」를 잃어버렸으며, 이로써 그는 사회주의의 선두 사상가로서의 위상을 상실하였다.

1917년 러시아의 10월 혁명 이후에는 폭력혁명과 소수 사회주의자에 의한 독재에 반대했고,[11] 이로써 다수파인 사회민주당과의 관계는 더욱 소원해졌다. 그는 독일 혁명가들에게 좌익적이고 과격한 성향으로 이탈하지 말라고 경고했다. 많은 독립사회민주당원들은 스스로 공산당에 입

•11 러시아 혁명에 대한 그의 냉혹한 비판은 *Die Diktatur des Proletariats*(1918), *Terrorismus und Kommunismus*(1919), *Von der Demokratie zur Staatssklaverei*(1921)로 나타났다.

당했다. 그러나 독일 사회민주당의 다수파와 소수파 계파들은 그의 오랜 노력으로 다시 통합했고, 1920년 스스로도 사회민주당으로 복귀하였다.

1924년 이후 빈에서 문학활동에 전념했으나 1938년 독일군이 오스트리아를 점령하자 빈을 빠져나와 프라하를 거쳐 암스테르담에 정착하였다. 그러나 그의 아들 베네딕트와 부인 루이제는 나치수용소로 끌려갔고, 그의 부인은 아우슈비치 나치수용소에서 1944년에 비참한 최후를 마쳤다.

말년의 카우츠키는 민주적 가치를 철저하게 신봉하였다. 그는 폭력과 전쟁을 증오했고, 폭력과 피흘림 없이 평화적 압력의 결과로 사회주의적 자유[12]의 시대가 도래하기를 희망했다. 그리고 이러한 희망을 이론적으로 뒷받침하려고 노력했다. 그러나 카우츠키는 사회주의사회가 자본주의사회에 이어 역사적 필연으로 도래한다는 신념 때문에 중립주의에 빠져 레닌으로부터는 배신자로 낙인 찍혔으며, 독일 사회민주당으로부터는 반(半)수정주의자로 거세되는 신세가 되었다.[13] 1938년 10월 17일 그가 암스테르담에서 사망했을 때 노동계급운동에 대한 그의 영향력은 거의 사라진 상태였다.[14] 그러나 카우츠키의 저서는 레닌이 그를 10월 혁명을 공격하는 변절자로 낙인찍은 후에도 마르크스주의 문헌의 고전으로 — 이는

•12 독일 사회민주당 내에서 온건파와 중도파를 대변하였던 베른슈타인 및 카우츠키에 이어 좌파의 대변자이자 기본적으로 볼셰비키 혁명을 지지했던 룩셈부르크도 1910년대 후반에 와서 민주주의와 자유에 대한 열렬한 대변자를 자처하고 나섰다. 룩셈부르크가 이렇게 자유의 문제에 대하여 지대한 관심을 표명하고 나선 직접적 계기는 볼셰비키 체제의 비민주적 성격 때문인 것으로 이해된다. 이 문제에 대한 국내논문으로는 최영태, '사회주의에서의 자유의 문제 - 카우츠키, 베른슈타인, 룩셈부르크를 중심으로',「서양사론」제50호, 1996, 127쪽 이하 참조.

•13 박영호, 주 31, 289쪽.

•14 Patrick Goode, 주 33, p.vii.

분명히 특수한 경우인데 — 남았다.[15]

III

카우츠키는 자신을 교화불가능한 마르크스주의자[16]로 평가하고 있다. 그러나 카우츠키가 일관되게 마르크스주의의 근본적 내용을 비판하거나 수정하고자 하는 모든 시도를 의도적으로 배격한다는 의미에서[17] 정통파 마르크스주의자로 일관하였는지에 대해서는 의심스럽다.

카우츠키에 대한 평가는 사람에 따라 상이하다. 레닌은 카우츠키의 사상편력을 초기와 후기, 급진주의사상가와 중도주의사상가, 마르크스주의자와 배신자 카우츠키로 구분하고 있다. 레닌에 따르면 카우츠키는 1909 · 1910년까지는 마르크스주의 권위자로 인정을 받았으나 후기 카우츠키는 기회주의자와 배신자로 전락했다는 것이다.[18] 정통마르크스주의자로서의 카우츠키(1910년 이전)[19]와 수정주의자로서의 카우츠키(1910년 이

• 15 L. Kolakowsky, Die Hauptströmungen des Marxismus, Bd. 2, 1978, S.56(레세크 코와코프스키/변상출, 「마르크스주의의 주요 흐름」(제2권), 유로서적, 2007, 69쪽).

• 16 F. Meiner(hrsg.), *Die Volkswirtschaft der Gegenwart in Selbstdarstellungen*, 1924, S.150.

• 17 M. Donald, *Karl Kautsky and Russian Social Democracy 1904-1914*, Dissertation Paoer(Univ. of Leeds, 1986), p.23. 여기서는 송병헌, '카우츠키적 마르크스주의의 성격과 본지', 「역사연구」 제10호(2002. 6), 231쪽 이하(233쪽)에서 인용함.

• 18 박영호, 주 31, 278쪽. 그러나 강신준, (주 1), 17쪽은 레닌을 대표자로 하는 견해는 카우츠키는 초기와 후기로 그 이론적 지위가 달라지는데, 초기의 카우츠키는 탁월한 마르크스주의자였지만 후기의 카우츠키는 변절자로 규정되며, 이런 초기와 후기를 나누는 갈림길을 볼셰비키와의 논쟁을 시작하는 1918년으로 해석된다고 한다.

• 19 최영태, '카우츠키와 독일사회민주당', 「역사학연구」(=구 전남사학), 1997, vol. 11. 533쪽 이하(534쪽)는 정통마르크스주의자 시절의 카우츠키를 개혁주의적 실천을 어렵게 만든 독단주의로 보는 견해, 계급투쟁을 어렵게 만든 사이비 마르크스주의자로 보는 견해 및 당내의 좌파와 우파

後)를 구별하는 생각[20]도 근본적으로는 레닌의 생각에서 멀리 떨어진 것은 아니다. 반면에 코르쉬 *Karl Korsch*는 카우츠키가 결코 마르크스주의의 어떠한 것도 이해하지 못하였으며, 그는 항상 그의 정치이론이나 그의 역사적 · 철학적 전망 모두 단순히 진부한 진화론의 지지자에 지나지 못했다고 주장하고 있다. 그에 반해 잘바도리 *M. Salvadori*는 카우츠키는 사회주의와 민주주의의 긴밀한 관계를 강조하면서 비교적 일관된 사상을 보여준 마르크스주의자였다고 주장하고 있다.[21]

카우츠키의 저술활동은 1880년에 출판한 「사회의 진행에 대한 인구증가의 영향」 Der Einfluss der Volksvermehrung auf den Fortschritt der Gesellschaft에서 시작된다. 이 책의 이름에서도 보듯이 당시 그의 사상의 기조는 다윈주의와 신맬서스주의였으며, 이들 사상의 신봉자로서 카우츠키는 유물론자이며 역사주의자였다. 그리고 베른슈타인의 영향을 받아 마르크스주의로 개종한 이후에도 그는 다윈주의적 진화의 사상으로부터 벗어나지 못하였으며, 다윈주의와 역사유물론을 하나로 통합한 것으로 만족했다. 따라서 카우츠키의 사상적 특징으로서 들 수 있는 것은 마르크스주의의 다윈주의

를 모두 만족시키려 했던 통합 이데올로기로 보는 견해 등 다양한 평가들이 내려져 있다고 하면서 세 번째 관점을 중심으로 카우츠키를 검토하고 있다.

•20 국내의 경우 최영태, 'K. Kautsky의 정치사상', 「전남사학」, 1995, vol. 9, 247쪽 이하(247쪽) 및 최영태, '칼 카우츠키, 혁명과 개량의 야누스', 「월간사회평론」, vol. 92, No. 5, 230쪽 이하가 그러한 입장에 속한다. 그러나 최영태, 주 18, 556쪽은 "카우츠키가 추구한 통합정신은 이념적으로 중도주의와 맥을 같이하였다. 비록 그가 1910년 무렵까지 정통 마르크스주의적 입장을 고수하기는 했지만 이 때도 그는 개혁주의자들과 공존을 추구했다. … 결국 카우츠키주의는 이념적으로는 중도주의, 그리고 전술적으로는 당의 단결 및 통합운동을 주 특징으로 한 이데올로기라고 볼 수 있다"고 한다.

•21 M. Salvadori, *Karl Kautsky and the socialist Revolution*, 1880-1938. trans. by John Rothchild(London, 1979), pp.9-10. 여기서는 최영태, 주 42, 536쪽에 따랐음.

적 해석이라고 할 수 있다.[22] 어떻든 본질적으로 카우츠키가 대표하는 정통파 마르크스주의는 자본주의 사회의 발전을 자연필연적인 과정이라고 이해하고, 그 과정의 종말에 가서 조직된 프롤레타리아 계급이 부르주아 사회의 수중(手中)에서 떨어져 나오는 권력을 주워 올릴 것이라고 생각한다. 마르크스가 일반적 경향으로 제시한 법칙을 자연과학적인 진화사상을 바탕으로 하여 자연필연적 발전으로 절대화하는 것이다.[23]

카우츠키에게는 사회주의 사회의 역사적 필연성, 특히 객관적 필연성을 믿는 것이 마르크스주의의 초석이며, 유토피아 사회주의로부터 과학적 사회주의를 구별하는 기준이 된다. 프롤레타리아의 투쟁은 궁핍의 결과가 아니라 계급대립이며, 사회주의의 승리를 위한 조건은 노동자계급의 절대적 빈곤화가 아니라 계급 적대관계의 격화이다. 그는 자본주의가 붕괴하는 것은 이윤율 저하의 법칙 때문이 아니라, 생산수단으로서의 사유재산이 인류가 이룩한 기술의 합목적적인 이용과 발전과 함께 양립할 수 없기 때문이라고 보았다. 프롤레타리아를 통한 권력장악은 불가결한 조건이며, 경제적 해방의 조건이다. 그러나 프롤레타리아는 자본주의 자체가 붕괴할 조건이 이루어졌을 때 자본주의를 제거하기 위하여 정치적 권력을 사용할 수 있다. 혁명이라고 하는 것은 조직된 프롤레타리아를 통하여 정치권력을 장악하는 의식적 행위이다. 이 혁명은 사회주의를 위하여 불가결하고 불가피한 조건이다. 사회주의는 국가의 철폐를 의미하는 것도 아니고 자급자족하는 소공동체로의 환원을 의미하는 것도 아니다.

•22 윤하준, 'F. 엥겔스와 정통파 마르크스주의에 관한 연구', 「인하대학교 사회과학연구소 논문집」(제5집), 1986, 499쪽 이하(511쪽).

•23 윤하준, 주 45, 513쪽.

카우츠키에 따르면 '토대'(하부구조) Basis는 생산수단과 노동수단을 포함하는데, 인식발전의 영향으로 발전하며 인간의 생산가능성 전체를, 곧 인간의 정신적 원천을 포함한다. '상부구조' Überbau, 곧 법률적이고 정치적인 관계와 사회적으로 개혁된 세계관은 경제적 관계에 대단한 영향을 미친다.[24]

Ⅳ

카우츠키 스스로는 특수한 정치문제에 마르크스주의를 적용하는 것보다 마르크스주의를 일반적인 과학적 방법으로 확립하는 데 더 관심이 있었던 것으로 생각된다. 그러나 오늘날 주로 카우츠키는 마르크스주의를 사회과학으로 해설한 것보다 마르크스주의 역사상 몇몇 결정적인 정치적 논쟁에서 주인공으로 기억되고 있다.[25]

그리고 그러한 점에서 카우츠키가 가지는 현대적 의미를 국내학자들은 높이 평가하는 것으로 보인다. 예컨대 한 견해는 다음과 같이 적고 있다. 결론적으로 수정주의자로서의 카우츠키의 사회주의관은 생산력의 증진을 전제로 한 사회화, 민주주의와 자유의 원리, 그리고 평화에 바탕을 둔 사회주의사회였다고 할 수 있으며, 이러한 관점은 시대와 지역을 불문하고 새롭게 모색되는 사회주의이념의 보편적 원리가 되기에 충분한 것이라고 생각된다. 한편으로는 마르크스-레닌주의에 바탕을 둔 동구사회주

•24 L. Kolakowsky, Die Hauptströmungen des Marxismus, Bd. 2, 1978, S.56ff.(레세크 코와코프스키/변상출, 「마르크스주의의 주요 흐름」(제2권), 유로서적, 2007, 69쪽 이하).

•25 Patrick Goodie, 주 33, vii.

의국가들의 몰락을 바라보고, 다른 한편으로는 유권자들의 현실적 이해관계를 사회주의의 원대한 목표보다 우선시하면서 끊임없이 보수화되어 가는 서구의 사회민주주의를 지켜보는 진보적 인사들에게 카우츠키의 사회주의론은 새로운 사회주의 모델의 개척가능성을 열어줄 수도 있을 것이다.[26]

또 다른 견해는 카우츠키를 재검토하여야 할 가장 커다란 필요성을 자본주의의 모순적인 성격, 특히 비민주적 성격을 극복하지 못하고 있으며, 경제적으로 행복한 소수와 행복하지 않은 다수간의 간격은 21세기에 더 심화되고 있기 때문에 자본주의의 대안으로서의 마르크스주의, 특히 민주주의의 확대란 의미에서 찾고 있다.[27]

•26 최영태, 주 43, 241쪽.

•27 강신준, 주 24, 36쪽.

차례

Karl Kautsky

■ 참고사항

1. 이 책은 Karl Kautsky, Die Diktatur des Proletariats, Verlag der Wiener Volksbuchhandlung Ignaz Brand & Co., Wien 1918을 번역한 것이다.
2. ( )부분의 숫자는 그 쪽이 시작되는 원문의 쪽수를 말한다. 단 편의상 그 쪽의 첫 번째 문장에서 시작하는 것으로 표시하였다.
3. 번역부분 중 고딕체글자로 짙게 표시한 부분은 원문에는 격자체로 되어 있는 부분이다.

01

문제

Das Problem

(3)현재의 러시아혁명으로 세계사에서 처음으로 사회주의정당이 대제국의 지배자가 되었다. 이는 1871년 3월 프롤레타리아 계급[1]이 파리시의 지배권을 장악한 사건을 훨씬 능가하는 엄청난 사건이다. 그러나 한 가지 중요한 점에서 파리콤뮨은 소비에트 공화국을 능가하는 부분이 있다. 파리콤뮨은 전체 프롤레타리아 계급이 합동으로 만들어낸 작품이었다. 곧 모든 사회주의 유파가 파리콤뮨

•1 이 책의 제목은 Die Diktatur des Proletariats이다. 그런데 독일어에는 반드시 구별하여야 하는 Proletaria와 Proletariat란 두 개의 단어가 있다. Proletaria는 Bourgeois의 반대어로 프롤레타리아, 임금노동자, 무산자를 뜻하며, Proletariat는 Bourgeoisie의 반대어로 프롤레타리아트, 무산계급, 노동자계급을 뜻한다. 양자를 모두 프롤레타리아로 번역하는 경우도 있으나, 여기서는 전자는 프롤레타리아, 후자는 프롤레타리아 계급으로 번역하였다.

에 참여하였고, 어떤 유파도 거기에서 탈퇴하지 않았으며, 또한 그로부터 배제당한 유파도 전혀 없었다.

그에 반하여 현재 러시아를 통치하고 있는 사회주의정당은 다른 사회주의정당들과의 투쟁을 통하여 권력을 장악하였다. 이 정당은 다른 사회주의정당들을 자신의 통치기구로부터 배제하고 권력을 행사하고 있다.

사회주의 양대 진영의 대립은 사소한 개인적 질투심에 기인하는 것이 아니다. 그 대립은 두 개의 근본적으로 상이한 방법, 곧 **민주적 방법**과 **독재적 방법** 사이의 대립이다. 양자는 동일한 목적을 달성하고자 한다. 곧 사회주의를 통하여 프롤레타리아 계급을 해방하고 그럼으로써 인류를 해방시키고자 한다. 그러나 한 쪽이 가는 길을 다른 쪽은 파멸에 이르는 잘못된 길이라고 생각한다.

러시아의 프롤레타리아 투쟁과 같은 거대한 사건에 대하여 무관심한 태도를 보이는 것은 불가능한 일이다. 우리 모두는 그 사건에 가담하여야 한다. 그것도 열정적으로 가담하여야 한다는 절박감을 느끼고 있다. 오늘 우리의 러시아동지들이 몰두하고 있는 문제들이 내일이면 서유럽인들에게도 실천적인 의미를 가질 수 있기 때문에, 또 그 문제들이 오늘 이미 우리의 선전과 전략의 유형에 결정적인 영향력을 행사하고 있기 때문에, 우리는 그만큼 더 커다란 절박감을 느끼고 있다.

그러나 러시아 형제들 간의 불화 문제와 관련하여 우리 당에 주어진 의무는 어느 한쪽의 편을 들기 전에 양자의 논거를 철저하게 검토해야 하는 것이다.

수많은 동지들이 우리가 그렇게 하는 것을 방해하려고 한다. 그들은 주저하지 않고 주도적인 러시아사회주의의 방향에 찬성을 표명하는 것이 우리의 의무라고 선언한다. 그 밖의 모든 태도는 혁명과 사회주의 자체를 위태롭게 하는 것이라는 것이다. (4)그러나 그것은 바로 지금 검토하지 않으면 안 되는 것을 이미 증명된 것으로 간주하는 것과 같다. 곧 그것은 하나의 당파가 바른 길을 택하였으며, 우리는 그 당파가 택한 길을 계속 갈 수 있도록 고무하지 않으면 안 되는 것으로 간주하는 것과 같다.

물론 우리는 이미 민주주의의 기반 위에서 매우 자유롭게 토론할 것을 요청한다. 독재는 적대적인 견해를 논박하는 것이 필요한 것이 아니라 그러한 견해의 표현 자체를 폭력으로 억압하는 것이 필요하다고 생각한다. 그러므로 토론이 시작되기도 전에 민주주의와 독재라는 두 가지 방법은 이미 조정이 불가능할 정도로 대립하고 있다. 전자는 토론을 요구하고, 후자는 그 요구를 금지한다.

그러나 아직까지 우리 당 내부에서는 독재가 지배하고 있지 않다. 아직까지 우리들 사이에서는 자유롭게 토론이 행해지고 있다. 그리고 우리는 우리의 견해를 자유롭게 표현하는 것을 우리의 권리인 동시에 의무라고 생각한다. 왜냐하면 모든 논거가 청취된 이후에만 타당하고 풍요로운 결정을 내릴 수 있기 때문이다. 주지하는 바와 같이 어느 한 사람의 견해가 모든 사람의 견해는 아닌 것이다. 그래서 우리는 당연히 양자의 견해를 경청하지 않으면 안 된다.

그래서 우리는 아래에서 민주주의가 프롤레타리아 계급에게 어떤 의미를 가지는가, 우리가 프롤레타리아 계급독재를 어떻게 이해해야 하는가, 그리고 통치형태로서의 독재는 프롤레타리아 계급의 해방투쟁을 위하여 어떤 조건을 만들어 내는가를 검토하려고 한다.

02

민주주의와 정치권력의 획득

Die Demokratie und die Eroberung der politischen Macht

때때로 사람들은 민주주의와 사회주의, 곧 생산 수단과 생산물의 사회화를 다음과 같이 구별한다. 곧 사회주의는 우리의 궁극목표이고 우리 운동의 목적이며, 민주주의는 이러한 목적을 달성하기 위한 단순한 수단에 불과하다. 따라서 민주주의는 경우에 따라서는 이러한 목적을 달성하는 데 무용지물이 될 수 있을 뿐만 아니라 심지어는 방해가 될 수도 있다.

그러나 엄밀히 말하자면, 사회주의는 우리의 궁극목표가 아니다. 우리의 궁극목표는 "모든 종류의 착취와 억압을 지양하는 데 있고, 이는 하나의 계급, 하나의 정당, 하나의 혈통, 하나의 인종에 반대한

다"(에어푸르트 강령).[2]

우리는 이 목표를 프롤레타리아 계급투쟁을 지원함으로써 달성하고자 한다. 왜냐하면 최하층계급인 프롤레타리아 계급은 착취와 억압의 모든 원인을 제거해야만 스스로를 해방시킬 수 있기 때문이다. 또 착취당하고 억압받는 계층들 가운데서 산업 프롤레타리아 계급이야말로 그 투쟁능력과 투쟁의지가 점증하고 있고 그들의 궁극적 승리가 확실시되는 계층이기 때문이다. 그렇기 때문에 오늘날 착취와 억압에 진정으로 반대하는 자는 그의 출신계급과 무관하게 프롤레타리아 계급투쟁에 동참하지 않으면 안 된다.

우리는 이 투쟁에서 사회주의적 생산방식을 우리의 목표로 삼고

•2 에어푸르트 강령은 1891년 10월 에어푸르트 독일사회민주당 대회에서 채택된 독일사회민주당의 강령을 말한다. 비스마르크의 사회주의자 탄압법(1878-90)이 폐지된 1890년 독일 사회주의 노동자당(SAP)은 할레(Halle)전당대회에서 당의 지도를 제국의회 원내교섭단체로부터 당수뇌부에 이양하는 새로운 당헌을 제정하였다. 동시에 당의 명칭도 새롭게 독일사회민주당(SPD)으로 바꾸었다. 그리고 차기전당대회에서 결정될 새로운 당의 강령을 준비할 것도 결정하였다. 이를 위하여 4개의 초안이 제출되었으나, 가장 많은 영향력을 미친 것은 엥겔스(Engels)의 지원 아래 카우츠키가 제1부 이론부분을, 베른슈타인(Eduard Bernstein)이 제2부 실천부분을 기초하여 1891년 8월/9월호 "새 시대"(Neue Zeit)에 공표된 초안이다. 이 초안은 리프크네히트(W. Liebknecccht)가 위원장이었던 강령위원회에서 거의 수정없이 만장일치로 받아들여지고 1891년 10월 14일부터 20일까지 개최된 에어푸르트 전당대회에서 토론없이 만장일치로 채택되었다.

에어푸르트 강령에 따르면 경제발전은 '노동자를 생산수단으로부터 분리시켜 무산 프롤레타리아로 변화시킨다'고 지적하였다. 더 나아가서 "생산수단의 사유화는 농민들, 수공업자들 그리고 소상인들의 소유재산을 박탈했고 비노동자, 곧 자본가들, 대지주들이 노동자들의 생산품을 소유하게 만들었기" 때문에 "자본가의 생산수단 소유재산을 … 사회적 소유재산으로 변화시키는 것과 상품생산을 사회주의적, 즉 사회를 위하여 그리고 사회를 통하여 경영되는 생산으로 변화시키는 것만이 대기업으로 하여금 … 지금까지 착취당한 계급들을 비참과 억압의 원천에서 벗어나 고도의 복지와 전체적으로 조화된 완성의 원천이 되도록 할 것이며", 이러한 의미에서 "자본주의의 착취에 반대하는 노동자계급의 투쟁은 필연적으로 정치적 투쟁"일 수밖에 없다고 하였다. 또 동 강령은 공적으로나 사적으로도 '남자에 대하여 여자에게 불이익을 가져오는 모든 법'을 폐지할 것도 선언하였다.

있다. 그 이유는 오늘날 주어진 기술적 · 경제적 조건에서는 사회주의적 생산방식이 우리의 목표를 달성할 수 있는 단 하나의 수단으로 생각되기 때문이다. 아직도 프루동*Proudon*[3]이 생각하듯이, 가령 프롤레타리아 계급과 인류 전체를 해방하는 일은 요컨대 생산수단에 대한 사적 소유를 토대로 해서만 달성될 수 있다거나 또는 생산수단에 대한 사적 소유를 토대로 해서 가장 합목적적으로 달성될 수 있다는 우리의 생각이 잘못이라는 것이 확인된다면, 우리는 우리의 궁극목표를 포기하지 않기 위해서라도 사회주의를 포기하여야 할 것이다. 그렇다. 만일 사실이 그렇다면 궁극목표를 달성하기 위해서 우리는 진정코 그렇게 하여야 할 것이다.

(5)그러므로 민주주의와 사회주의는 전자는 수단이고 후자는 목적이라는 점에서 구별되지 않는다. 양자는 모두 동일한 목적을 달성하기 위한 수단이다.

양자의 차이는 다른 곳에 있다. 민주주의 없는 프롤레타리아 계급해방의 수단으로서의 사회주의는 생각할 수 없다. 물론 사회적 생산은 민주적 기반이 결여되어 있는 곳에서도 필수적이다. 미성숙한 상황에서 공산주의경제가 도입되는 경우 그것은 바로 전제정치의 기반이 될 수 있었다. 이러한 사실을 엥겔스*Engels*는 이미 1875년에 러시아와 인도에서 우리 시대까지 유지되고 있는 촌락공산주의와 관련하여 확인

• 3 Pierre-Joseph Proudon(1809-65)은 프랑스의 무정부주의적 사회주의자이다. 프루동은 노동자가 생산수단을 소유하여 협동조합을 조직하고, 이를 지역적으로 연합하여 지방분권조직인 연합사회를 건설할 것을 주장하였다. 또 그는 모든 권력은 필연적으로 지배와 피지배의 관계를 수반하기 때문에 악이며, 소유를 권력, 착취, 지배에 이르는 수단으로 보아 부정하였다.

한 바 있다(Soziales aus Rußland, “Volksstaat”, 1875).

자바에 대한 네덜란드의 식민정책은 오랫동안 농지공산주의에 기반을 두고 있었으며, 이는 **인민**을 착취하는 정권을 위하여 이른바 “문화체계” 하에 농업생산을 조직하는 것이었다.

그러나 18세기 파라과이의 예수회국가는 사회적 노동을 비민주적으로 조직하는 매우 뛰어난 예를 보여주었다. 그곳에서 예수회회원들은 독재적 권력을 가진 우월한 계급으로서 인디안 원주민의 노동을 정말 감탄할 정도로 조직하였다. 곧 그들은 폭력을 사용하지 않고 신민(臣民) Untertan들의 충성을 획득하였다.

그러나 현대인들에게 그러한 가부장적 통치는 참을 수 없는 것일 것이다. 그러한 가부장적 통치는 상황에 따라서만, 곧 통치자의 지식이 피통치자를 훨씬 능가하고 피통치자의 지식이 통치자의 지식과 동일한 수준까지 발전하는 것이 절대로 불가능한 곳에서만 가능하다. 해방투쟁을 수행하는 계층 또는 계급은 그러한 후견체계를 목표로 설정할 수 없다. 그들은 그러한 후견체계를 단호하게 거부하지 않으면 안 된다.

그러므로 우리로서는 민주주의 없는 사회주의는 생각할 수 없다. 우리는 현대적 사회주의를 생산을 단순히 사회적으로 조직하는 것일 뿐만 아니라 또한 사회를 민주적으로 조직하는 것으로 이해한다. 따라서 우리에게 사회주의는 민주주의와 불가분적으로 결합되어 있는 것이다. 민주주주의 없이는 사회주의도 없다.

그럼에도 불구하고 이 명제를 제멋대로 곡해해서는 안 된다. 사회주의 없이도 민주주의가 실현될 가능성은 아마도 매우 크기 때문이다. 예컨대 생산수단에 대한 사적 소유를 기반으로 해서 모든 사람에게 경제적 조건의 철저한 평등을 보장하는 것을 본질로 하는 소규모 농업공동체에서는 사회주의 없는 순수한 민주주의를 생각할 수도 있다.

어떻든 우리는 민주주의는 사회주의 없이도 그리고 사회주의 이전에도 가능하다고 말할 수 있다. 그리고 민주주의와 사회주의의 관계는 수단과 목적의 관계라고 생각하는 자들은 분명히 이러한 사회주의 이전의 민주주의를 염두에 두고 있다. 그러나 그들은 동시에 민주주의는 원래 목적에 대한 수단이 아니라는 이야기를 서둘러 덧붙인다. 그러나 이 마지막 명제는 단호하게 부인되지 않으면 안 된다. 이 마지막 명제가 일반적으로 받아들여지는 경우 우리의 운동은 아주 비참한 결과에 이르게 될 것이다.

왜 민주주의가 사회주의를 달성하는 데 부적절한 수단이어야 하는가?

(6)중요한 것은 정치권력의 획득이다. 이제까지 부르주아지가 통치하던 민주국가에서 사회민주주의자들이 의회선거에서 다수가 될 가능성이 성립하면, 지배계급은 그들이 사용할 수 있는 모든 폭력수단을 동원하여 민주주의의 지배를 방해하게 될 것이라고 사람들은 설명한다. 그렇기 때문에 프롤레타리아 계급은 민주주의가 아니라 혁명을 통해서만 정치권력을 획득할 수 있을 것이라고 한다.

민주국가에서 프롤레타리아 계급의 권력이 증대하는 경우 지배계급은 새롭게 전면에 등장하기 시작한 이 계급이 정권획득을 위하여 민주주의를 충분히 사용하지 못하도록 폭력에 호소하리라는 점을 우리가 계산하지 않으면 안 된다는 것에 대해서는 의심이 있을 수 없다. 그러나 그럼에도 불구하고 이로써 프롤레타리아 계급에게 민주주의가 가치 없다는 것이 증명되지는 않는다. 만일 지배계급이 이곳에서 언급한 조건하에서 폭력을 사용한다면, 그러한 일은 바로 지배계급이 민주주의의 결과를 두려워하기 때문에 발생한다. 그리고 그들의 폭력행위는 그 자체 민주주의의 파괴가 될 것이다.

그러므로 민주주의를 폐지하려는 지배계급의 기다렸던 시도로부터 프롤레타리아 계급에게 민주주의가 가치 없다는 결론이 도출되지는 않는다. 오히려 프롤레타리아 계급은 모든 수단을 다 동원해서라도 최후까지 민주주의를 방어하지 않으면 안 된다는 결론이 도출된다. 물론 사람들이 프롤레타리아 계급에게 민주주의는 실제로는 무가치한 장식일 뿐이라고 믿게 한다면, 프롤레타리아 계급은 민주주의를 방어하기 위하여 필요한 힘을 결집시킬 수 없을 것이다. 그러나 프롤레타리아 대중이 민주주의를 우유부단하게 포기하리라는 기대와는 달리 도처에서 프롤레타리아 대중은 자신들의 민주적 권리에 매우 애착을 가지고 있다. 오히려 그와는 정반대로 상대방이 무단정치를 통하여 인민의 권리를 부정하려고 하는 경우 프롤레타리아 대중은 그것을 단호하게 방어하여 정치적 혁명으로 될 정도로 자신들의 권리를 방어할 것이 기대된다. 프롤레타리아 계급이 민주주의를 더 높게 평가할 것이, 프롤레타리아 계급이 민주주의에 더 열정적으로 집착할 것이 한층 더 기대된다.

그러나 다른 한편으로 우리는 이곳에서 묘사된 사건의 과정이 도처에서 피할 수 없을 것이라는 것을 또한 믿어서는 안 된다. 그러나 우리는 겁을 집어먹을 필요는 없다. 국가가 민주주적이면 민주적일수록 그만큼 더 국가폭력의 권력수단은 물론 또한 군대도 민의(民意)에 종속된다(대표적인 것은 민병대이다). 예컨대 농업국가에서처럼 프롤레타리아 계급이 아직도 수적으로 열세에 있거나 또는 프롤레타리아 계급이 조직되어 있지 않고 정신적으로 의존적이어서 정치적으로 약세인 곳에서는, 그곳이 민주주의라 하더라도 군대는 프롤레타리아 운동을 폭력으로 진압하는 수단이 될 수 있다. 그러나 프롤레타리아 계급이 민주주의국가에서 주어진 자유를 사용하여 정치권력을 획득할 수 있을 정도로 수(數)와 세(勢)에서 충분히 강력하다면, "자본주의 독재"가 민주주의를 폭력으로 폐지하기 위하여 필요한 권력수단을 사용하기는 매우 어려울 것이다.

마르크스*Marx*는 사실상 미국은 물론 영국에서 프롤레타리아 계급이 평화적인 방법으로 정치권력을 획득하는 것이 가능한 것으로, 곧 있을 법한 것으로 생각하였다. 마르크스는 1872년 인터내셔널 헤이그 회의가 종료된 후 개최된 암스테르담 인민집회에서 연설을 행한 바 있다. 그곳에서 그는 특히 다음과 같은 이야기를 하였다.

> (7)"노동자는 언젠가는 노동을 새롭게 조직하기 위하여 정치권력을 장악하지 않으면 안 된다. 그러한 일을 해태하고 멸시한 오래된 문헌들처럼 노동자가 '지상의 왕국'을 부정하지 않는다면, 노동자는 구제도들을 유지하고 있는 구정치를 전복시키지 않으면 안 된다.

그러나 우리는 이러한 목표에 이르는 길이 도처에서 동일하다고 주장한 바는 없다.

우리는 사람들이 상이한 지역의 제도, 도덕 및 관습을 고려하지 않으면 안 된다는것을 알고 있다. 그리고 우리는 미국과 영국과 같은 나라들이 있다는 것을 부정하지 않는다. 내가 그들의 전통을 더 잘 알 수 있는 나라가 있다면 아마 노동자들이 평화로운 방법으로 그들의 목표에 이를 수 있는 홀란드를 첨가할 수 있을 것이다. 그러나 모든 나라에서 사정이 같지는 않다."

마르크스의 기대가 충족될지는 기다려 보아야만 알 수 있을 것이다.

물론 위에서 언급한 나라들에는 프롤레타리아 계급에 대하여 폭력을 사용하는 것이 바람직하다는 생각을 점점 더하고 있는 여러 계층의 유산계급이 있다. 그러나 또한 그와 더불어 증대하는 프롤레타리아 계급의 힘을 고려하여 양보함으로써 프롤레타리아 계급과 좋은 관계를 유지하려는 희망을 가진 다른 계층도 있다. 도처에서 전시상태 때문에 인민대중이 정치운동을 할 수 있는 자유가 시간적으로 매우 제한되고 있음에도 불구하고, 영국 프롤레타리아 계급의 선거권은 현저하게 확장되었다. 여러 국가들에서의 민주주의가 프롤레타리아 계급을 통한 정치권력 획득의 형태에 어떤 영향을 미칠지 그리고 그 영향이 어느 범위에까지 파급되게 될지, 동시에 이곳저곳에서 폭력적 방법이 회피되고 단순히 평화적인 방법이 사용될지를 현재로서는 전혀 예측할 수 없다. 그와 동시에 어떤 경우에도 민주주의의 존재는 중요한 역할을 할 것이다. 군사전제정이 이제까지 인민대중에 대하여 매우 강력한 권력수단을 무제한적으로 사용하여 인민대중을 억압하는 데 익숙해 있는 국가에 비하여 인민의 권리, 곧 인민이 혁명을 통하여 획득하고 주장하거나 확장시켜온 권리가 수십 년 전부터, 어쩌면 수백 년 전부터 견고한 뿌리를 내림과 동시에 또한 지배계급이 인민대중에게 존경심을 갖고 있는 민주공화국에서는, 곧 그러한 공동체에서는 변화의 형태는 확실히 다를 것이다.

그러나 프롤레타리아 지배로의 이행과정에서 민주주의를 포함시킨다고 해서 그것으로 민주주의가 사회주의 이전 시기의 우리에게 주는 의미가 소진(消盡)되는 것은 아니다. 민주주의는 프롤레타리아 계급을 성숙하게 하는 데 영향력을 행사함으로써 이 시기의 우리들에게 매우 중요하게 될 것이다.

03

민주주의와 프롤레타리아 계급의 성숙

Demokratie und Reife des Proletariats

사회주의는 사회주의를 가능하게 하고 필연적인 것으로 만드는 특별한 역사적 조건을 필요로 한다. 이는 아마도 일반적으로 승인되고 있다. 그럼에도 불구하고 현대사회주의가 가능하기 위하여 충족되지 않으면 안 될 조건이 어떤 것이며, 어떤 국가가 사회주의를 받아들이는 데 적합할 정도로 성숙하게 되는 것은 언제인가라는 문제와 관련해서는 우리들 사이에 전혀 의견이 일치되고 있지 않다. 이토록 중요한 문제에서 이러한 의견의 불일치가 존재한다는 것은 고무적인 사실이 아니다. 어쨌든 우리가 이제 그 문제에 전념하여야 할 필요성이 있다는 것은 즐거운 일이다. 왜냐하면 이러한 필요성은, 전쟁이 시작될 때 많은 전향자들이 우리들에게 확언했듯이, 우리들 대부분에게 사회주의가 수백 년이 지난 후에야 기대할 수 있는 그 무엇이기를 그만두었다는 것과 관련되기 때문이다. (8)사회주의는 현대의 의사일정에서 실천적 문제로 제기되어 있다.

그렇다면 사회주의를 관철시키기 위한 선결조건은 어떠한 것들인가?

모든 의식적 인간행위는 어떤 **의지**를 전제한다. 사회주의에의 의지는 사회주의를 관철시키기 위한 첫째 조건이다. 이러한 의지는 대기업을 통하여 생겨난다. 공동체 내에서 소기업이 압도적인 곳에서는 주민의 대부분이 기업체의 소유주이다. 무산자는 수적으로 열세이다. 무산자는 적은 재산을 축적하는 것을 이상으로 삼는다. 이러한 바람은 경우에 따라서는 혁명의 형태를 취할 수 있다. 그러나 그곳에서는 사회혁명이 결코 사회주의혁명일 수 없다. 사회혁명은 단순히 기존의 재화를 새롭게 분배함으로써 모든 사람을 소유자로 만든다. 소기업은 언제나 사람들이 그것을 수단으로 노동할 생산수단에 대한 사적 소유를 유지하거나 획득하려는 의지를 만들어내지, 사회적 재산에의 의지, 곧 사회주의에의 의지를 만들어내지는 않는다.

대기업이 이미 매우 발달되어 있고 소기업에 대한 대기업의 우세가 문제되지 않으며, 대기업의 해체가 퇴보가 되고, 곧 불가능한 것이 되고 대기업의 노동자들이 생산수단을 소유하는 것이 사회적 형태로만 달성될 수 있으며, 소기업이 존속하는 한 소기업의 소유자들이 자신의 기업으로부터 더 이상 이윤을 취할 수 없어서 그 때문에 더 큰 걱정을 하여야 하는 곳에서 비로소 대중 사이에 이러한 의지가 생겨난다. 그렇게 되면 사회주의에의 의지가 충분히 성장한 것이다.

그러나 동시에 대기업이 존재하게 되면 또한 사회주의가 관철될 실질적 **가능성**도 생겨난다. 그 나라에서 기업의 숫자가 많아지면 많아질수록 그리고 개인들 상호간의 독립성이 커지면 커질수록 그들을 사회적으로 조직하는 것은 그만큼 더 어렵게 된다. 기업의 수가 감소하고 그들 사이의 관계가 더 규칙적이고 더 공고한 것이 되는 만큼 그러한 어려움은 사라진다. 그러나 끝으로 **의지**와 실질적인 기반 외에 어느 정도의 사회주의의 **원료**, 사회주의를 실현시키는 **힘**이 존재하지 않으면 안 된다. 사회주의를 원하는 자는 사회주의를 원하지 않는 자보다 강해지지 않으면, 그것도 훨씬 더 강해지지 않으면 안 된다.

대기업의 발전으로 이 요인 또한 창출된다. 이는 프롤레타리아의 숫자, 곧 사회주의에 이해관계를 가진 자들의 숫자가 증가하고 자본가들의 숫자가 감소함을 의미한다. 이는 프롤레타리아의 숫자와의 관계에서 상대적 감소를 뜻한다. 비프롤레타리아적 중간계층, 소농 그리고 소시민들과의 관계에서 자본가들의 숫자는 얼마동안은 증가할 수도 있다. 그러나 국가 내에서 프롤레타리아 계급의 숫자는 그보다 훨씬 더 빨리 증가한다.

이러한 모든 요인들은 바로 경제적 발전으로부터 기인한다. 그것들은 인간의 관여 없이 저절로 생겨나지는 않으나, 프롤레타리아의 관여 없이도 자신들의 대기업이 성장하는 데 이해관계를 가진 자본가들의 작용만으로 저절로 생겨난다. 이러한 발전은 일차적으로 도시와 산업의 발전이다. 농업의 발전은 약한 영향력만을 행사한다. 사회주의는 도시와 산업에서 시작되지 농업에서 시작되지는 않을 것이다. (9)그러나 사회주의가 실현되기 위해서는 이미 언급한 요인들 외에도 네번째 요인이 필요하다. 곧 프롤레타리아 계급이 사회주의에 관심을 가지는 것만으로는 부족하다. 단순히 사회주의의 실질적 조건이 존재하고 그것을 프롤레타리아 계급이 자기의 것으로 만드는 힘을 가지는 것만으로는 부족하다. 더 나아가서 프롤레타리아 계급이 그 힘을 움켜쥐고 바르게 사용할 수 있는 **능력**을 소유하지 않으면 안 된다. 그와 같은 경우에만 지속적인 생산방식으로서의 사회주의는 실현될 수 있다.

그러므로 **관계**의 성숙, 곧 산업발전의 필요한 수준에 이어 또한 **프롤레타리아 계급**의 성숙이 따르지 않으면 안 되며, 사회주의가 가능하게 되어야 한다. 그러나 이 요인은 산업의 발전을 통해서가 아니라, 곧 자본가의 이윤추구작용을 통해서가 아니라 프롤레타리아 계급의 노력에 의해서 만들어진다. 이 요인은 자본과의 투쟁에서 프롤레타리아 계급에 의하여 쟁취되지 않으면 안 된다.

소기업의 지배하에 무산자들은 두 개의 계층으로 분화된다. 직인(職人)이나 젊은 농부에게 무산상태는 중간과정일 뿐이다. 그들은 언젠가 유산자가 될 것을 기대한다. 그들은 사유재산에 관심을 갖고 있다. 그 밖에도 무산자에는 사회를 위하여 잉여의, 곧 교육도 받지 않고 자의식도 없으며 단결도 되지 않아 사회에 부담만 주는 기생충 같은 계층인 룸펜프롤레타리아가 있다. 그들은 가능하다면 유산자를 수탈할 의향은 있으나, 새로운 경제형태를 만들 의향도 없고 그럴 능력도 없다.

자본주의적 생산방식은 자본주의 초기에 그 무리가 대규모로 증가하는 후자의 무산자들을 자기편으로 만든다. 자본주의는 그들을 잉여의, 곧 해로운 기생충 같은 계층에서 생산과 사회에 없어서는 안 될 경제적 기반으로 변화시킨다. 이와 같이 자본주의는 그들의 숫자를 증가시킴으로써 그들의 힘을 증대시킨다. 그러나 자본주의는 그들을 무지, 야만 그리고 무능력 상태에 방치한다. 자본주의는 심지어 전체 노동계급의 수준을 저하시키려는 시도까지 한다. 물론 자본주의는 초과(시간외)노동, 노동의 단조성과 천편일률성, 여자와 연소자의 노동을 통하여 종종 노동계급의 정신적 수준을 이전의 룸펜프롤레타리아의 수준 이하로까지 저하시킨다. 프롤레타리아 계급의 빈곤화는 그곳에서 경악스러울 정도로 증대된다.

프롤레타리아 계급의 빈곤화로부터 증대하는 대중의 빈곤을 끝장내기 위한 노력으로서 사회주의를 향한 최초의 실마리가 마련되었다. 그러나 또한 이러한 빈곤 때문에 프롤레타리아 계급은 스스로를 해방시키는 데 영원히 무능한 것처럼 보였다. 프롤레타리아 계급을 구해주고 그들에게 사회주의를 가져다 주어야 하는 것은 부르주아의 연민이라는 것이다.

이러한 연민으로부터 기대할 것은 아무것도 없다는 것이 금방 분명해졌다. 사람들은 사회주의를 관철시킬 충분한 힘을 사회주의에 관심을 가진 바로 그 사람들, 곧 프롤레타리아로부터만 기대할 수 있을 것이다. 그러나 그들은 희망을 가질 수 없을 정도로 영락하지 않았는가? 그러나 모두가 그런 것은 아니다. 아직도 모든 것을 다바쳐 빈곤에 대항하여 싸워 온 몇몇 계층이 존재한다. 이 작은 무리의 사람들이 공상주의자들이 할 수 없었던 일을 해내야 할 것이며, 기습적으로 국가권력을 장악함으로써 프롤레타리아에게 사회주의를 가져다 주어야 한다는 것이다. 이것이 블랑키*Blanqui*[•4]와 바이틀링*Weitling*[•5]의 생각이다. 스스로를 조직하고 관리하기에는 지나치게 무식하고 영락한 무산자들은, 예컨대 예수회회원들이 파라과이에서 인디안들을 조직하고 관리했던 것처럼, 위쪽에서부터 자신들의 엘리트로 구성된 정부를 통하여 조직되고 관리되어야 한다는 것이다.

(10)바이틀링은 무적혁명군의 수뇌부에서 사회주의를 실행하게 될 1인독재를 기대하였다. 바이틀링은 그를 구세주라 명명하였다.

> "나는 새로운 구세주가 검을 들고 제1의 교리를 실현시키려고 오는 것을 본다. 그는 그의 용기를 통하여 혁명군의 수장의 자리에 오를 것이다. 그는 혁명군과 더불어 낡은 질서의 썩은 건물을 파괴할 것이며, 눈물의 샘을 망각의 바다로 이끌어 지구를 낙원으로 변하게 할 것이다."(Garantien der Harmonie und Freiheit, 3. Auflage, 1849, S.312)

•4 Louis August Blanqui(1805-81)는 프랑스의 혁명가이다. 법학과 의학을 공부했으나 1830년 7월 혁명 이후 거의 모든 폭동에 가담해서 약 30년 동안을 옥중에서 보냈다. 그는 점진적 개량을 배격하고 소수의 정예분자에 의한 폭력혁명과 프롤레타리아 계급독재를 주장하였다.

•5 Wihelm Weitling(1808-71)은 독일의 공상적 사회주의자로 1835년 파리에서 독일 망명자 좌파로 구성된 정의자동맹의 지도자가 되었다. 마르크스와 노선을 달리하여 1849년 미국으로 망명하였고, 그곳에서 푸리에와 오웬 등의 사상에 동조하여 이상촌 건설운동에 기여하였다.

이는 숭고하고 고무적인 기대이다. 그러나 이 기대는 오직 혁명군이 이미 적임자를 발견한다는 확신에 근거하고 있다. 그러나 사람들이 이러한 메시아신앙을 가지고 있지 않을 경우, 곧 사람들이 프롤레타리아 계급만이 스스로를 해방시킬 수 있고, 프롤레타리아 계급이 자기 것이 된 국가를 포함하는 모든 조직을 스스로 관리할 능력을 가지지 않는 한 사회주의는 공상에 지나지 않는다는 확신에 이르는 경우에는 자본주의를 통한 프롤레타리아 계급의 빈곤화에 직면하여 사회주의가 가망없다는 사실이 공포되는 것이 아닌가? 사실이 그렇게 생각되었다. 그러나 실제와 이론이 곧 또 하나의 출구를 제시하였다. 처음으로 산업 프롤레타리아 계급이 대중적 현상이 된 곳은 영국이었다. 그러나 프롤레타리아 계급은 그곳에서도 민주적 권리의 몇 가지 실마리, 조직과 선전의 몇 가지 가능성을 발견하였으며, 선거권을 쟁취하기 위한 귀족들과의 투쟁에 부르주아지들이 동참할 것을 호소하였다.

노동조합과 챠티즘운동가들 사이에서 노동운동이 시작되었고, 빈곤과 법적 무보호상태에 반대하는 프롤레타리아 계급의 저항이 시작되었으며, 스트라이크와 선거권과 법정정상노동시간을 쟁취하기 위한 프롤레타리아 계급의 대전투가 시작되었다.

마르크스와 엥겔스*Engels*는 일찍부터 이 운동의 의미를 인식하였다. "빈곤화이론"은 마르크스와 엥겔스의 특징이 아니다. 그들은 이 운동의 의미를 모든 사회주의자들과 공유하였다. 그들은 이 운동을 능가하였다. 곧 그들은 자본주의의 빈곤화경향을 인식하였을 뿐만 아니라 또한 프롤레타리아의 반대경향을 인식하였고 후자의 경향에서, 곧 **계급투쟁**에서 프롤레타리아 계급을 고무하고 프롤레타리아 계급에게 그들이 필요로 하는 능력을 부여하여야 할 커다란 원동력을 인식함으로써 프롤레타리아 계급은 우연적 사건처럼 때때로만 정치권력을 자기의 것으로 만들어서는 안 되고 또한 권력을 자기의 것이라 주장하고 권력을 사용할 수 있어야 한다고 하였다. 그러나 대중투쟁으로서의 프롤레타리아 계급투쟁은 민주주의를 전제한다. 비록 "무조건적"이고 "순수한 민주주의"가 아니라 하더라도 대중을 조직하고 고르게 계몽할 수 있는 만큼의 민주주의는 필요하다. 이러한 일은 비밀스런 방법으로는 결코 충분히 행해질 수 없다. 개별적인 팜플렛은 광범위한 독자를 가진 일간신문을 대신할 수 없다. 대중을 비밀스럽게 조직할 수는 없으며, 특히 비밀조직은 민주적 조직일 수 없다. 비밀조직은 언제나 개인이나 소수 지도자의 독재로 되는 법이다. 그곳에서 통상적인 구성원은 단지 행동대원일 수 있을 뿐이다. (11)민주주의가 전적으로 결여되는 경우 억압받는 계층에게 그러한 상황은 필요한 것이 된다. 그러나 그와 동시에 대중의 자치와 자립은 요청되지 않으며, 아마도 지도자들의 메시아의식, 곧 그들의 독재적 관행이 요청될 것이다.

메시아의 역할을 그렇게도 강조하는 바로 그 바이틀링은 민주주의에 대하여 극도의 경멸적인 언급을 한 바 있다.

> "공산주의자들은 아직도 자신들의 정부형태를 선택함에 있어 머뭇거리고 있다. 프랑스의 대다수 공산주의자들은 공화주의자나 더 나아가서 정치가들이 이해하듯이 인민의 지배가 구시대의 낡은 조직에서 새롭고 모범적인 조직으로 넘어가는 과도기에 적합하지 않다는 것을 잘 알고 있기 때문에 독재를 선호하는 경향이 있다. 까베*Cabet*[•6]는 공화주의자들로부터 인민지배의 원리를 차용하였음에도 불구하고, 매우 현명하게도 과도기 동안에는 그것을 거의 의식될 수 없는 독재와 결합시키는 것을 알고 있다. 영국공산주의자들의 우두머리인 오웬*Owen*[•7]은 모든 성년남자가 정해진 공무를 수행하여야 하고, 따라서 최고의 관리책임자는 또한 동시에 조직구성원 중 가장 연장자일 것을 요구하고 있다. 어떤 정부형태든 개의치 않는 푸리에*Fourier*[•8]주의자들을 제외한 모든 사회주의자들은 사람들이 인민의 지배라고 부르는 정부형태를 매우 부적절한, 심지어는 아직은 새롭게 실현 중에 있는 사회의 원리로는 위험스러운 희망이라는 데 대하여 의견이 일치되어 있다."(앞의 책, S.147)

바이틀링은 여기서 한 걸음을 더 나아가고 있다. 그는 사회주의 사회에서도 민주주의에 대하여 아무것도 알려고 하지 않는다.

•6 Etienne Cabet(1788-1856)는 프랑스의 공상적 사회주의자이다. 1830년 7월혁명에 가담한 후, 1834년 영국으로 망명하였다. 그는 그리스도교와 자연법을 기반으로 하는 공산주의 사회를 실현하려는 목적으로 미국의 텍사스 주와 일리노이 주에 이상촌을 만들었으나 실패하였다.

•7 Robert Owen(1771-1858)은 영국의 공상적 사회주의자이다. 그는 산업혁명기 노동자들의 노동조건을 개선하기 위하여 여러 가지 실험과 노력을 시도했으며, 미국에 공상적 이상향을 건설하기도 했다.

•8 Charles Fourier(1772-1837)는 프랑스의 공상적 사회주의자이다. 그는 자본주의 제도, 특히 자본주의적 상업을 사회악의 근원이라고 생각하여 생산자 협동조합을 통하여 상업이 존재하지 않는 협동사회를 실현시키려고 노력하였다. 또 그는 그러한 협동사회는 평화적으로 실현될 수 있다고 보아 계급투쟁을 부정하였다.

"'인민의 지배'라는 개념이 적절한 것이어야 한다면, 또한 모든 사람이 지배하지 않으면 안 된다. 그러나 어떠한 경우에도 그럴 수는 없다. 그 때문에 그것은 또한 인민의 지배가 아니라 인민 속의 **몇 안 되는 자들**의 우연적 지배이다."(앞의 책, S.148)

바이틀링은 최고 천재의 통치를 원한다. 이 최고 천재는 현상공모를 통하여 학자들의 집회에서 승인되어야 한다. 나는 우리들에게 이제 가장 새로운 지혜라고 추천되는 민주주의에 대한 경멸이 꽤 오래된 것이라는 것과 노동자운동의 소박한 상태에서 유래하는 것임을 사람들이 알 수 있도록 바이틀링의 글을 상세하게 인용하였다. 바이틀링이 보통선거권과 언론의 자유를 경멸하여 거부한 바로 그 시간에 영국의 노동자들은 그 권리들을 쟁취하기 위하여 투쟁하였고, 마르크스와 엥겔스는 그들의 편을 들었다.

그 이후 전유럽의 노동자들은 수많은, 때로는 유혈의 전투에서 민주주의의 조각들을 하나하나 획득하였다. 그리고 민주주의를 획득하고 주장하고 확대하기 위한 격투에서, 또한 사회개혁을 조직하고 선전하고 강행하는 데 민주주의를 조금씩 사용하는 데 있어서 프롤레타리아 계급은 해가 갈수록 성숙해갔으며, 인민대중의 최하위계층으로부터 최고의 계층으로 되었다.

프롤레타리아 계급은 그러한 일을 통하여 사회주의가 요구하는 성숙도에 이미 도달하였는가? 그리고 또한 사회주의의 그 밖의 조건들이 이미 존재하는가? 이 문제에 대하여는 오늘날 견해가 매우 엇갈리고 있다. 한 편에서는 단호하게 긍정하고, 다른 편에서는 부정한다. 나에게는 양자가 모두 조금은 성급한 것 같다. 사회주의에 대한 성숙은 우리가 실제로 검증하기 전에는 통계학적으로 확인되거나 계산되는 것이 아니다. (12)어쨌든 이 문제를 설명함에 있어 종종 그렇듯이 사회주의의 물질적 선결조건을 지나치게 강조하는 것은 옳지 않다. 물론 일정수의 대기업이 존재하지 않는다면 어떤 사회주의도 불가능하다. 그러나 만일 사람들이 사회주의는 자본주의가 더 이상 발전할 수 없는 경우에야 비로소 관철될 수 있다고 주장한다면, 그렇지 않으면 안 될 이유에 대한 증거는 전혀 존재하지 않는다. 대기업이 발달하면 할수록, 따라서 기업들이 사회적으로 조직되는 일이 적으면 적을수록 그만큼 더 쉽게 사회주의가 관철될 수 있다는 것만은 옳다. 그러나 그와 같은 일은 특정 국가의 관점에서 볼 때에만 이 문제에 타당하다. 그러나 이 영역에서 문제를 단순화시키는 데 대해서는 대기업의 성장과 함께 시장의 성장, 국제적 분업과 국제적 교역의 증대 그리고 그와 함께 생산을 사회적으로 조직하는 문제의 끊임없는 확장과 복잡화가 함께하여야 한다는 반론이 있다. 그럼에도 불구하고 은행업과 기업가조직이 있는 현대 산업국가에서 사회를 위하여 국가, 지방자치단체, 소비자조합을 통하여 대부분의 사회적 생산을 조직하는 일이 오늘에 이미 가능하지 않다는 것을 가정할 수 있는 근거는 전혀 없다.

결정적인 것은 더 이상 물질적 요인이 아니라 인간적 요인이다. 곧 프롤레타리아 계급이 이러한 사회적 규칙 자체를 장악할 수 있을 정도로 충분히 강하고 지적인가? 곧 프롤레타리아는 민주주의를 정치로부터 경제로 이행시킬 힘과 능력을 소유하고 있는가? 그러한 일을 확실하게 예언할 수는 없다. 그러한 일은 상이한 나라들에서 매우 상이하게 발전되며, 동일한 나라에서도 시간의 차이에 따라 매우 변동이 있을 수 있는 또 다른 요인이다. 왜냐하면 충분한 힘과 능력이란 상대적인 개념이기 때문이다. 똑같은 정도의 힘이 있다 하더라도 상대가 강하다면 오늘은 부족할 수 있으나, 상대가 도덕적으로나 경제적으로 또는 군사적으로 실패한다면 내일은 전적으로 충분할 수 있다.

그리고 똑같은 정도의 능력이 있다 하더라도 극도로 얽히고설킨 상황에 처하게 되면 오늘은 아무것도 할 수 없으나, 그 사이에 관계가 더 명백해지거나 더 단순해지거나 또는 물질적으로 더 호전되면 내일은 모든 요구를 해결할 수 있다. 모든 경우에 어떻든 프롤레타리아 계급이 사회주의를 관철시킬 수 있을 만큼 이미 현실적으로 성숙해 있는가 여부를 보여줄 수 있는 것은 오직 실제뿐이다. 확실하게 말할 수 있는 것이 있다면 다음과 같은 것뿐이다. 프롤레타리아 계급은 수와 힘과 지력에서 끊임없이 성장하고 있으며, 성숙의 시점에 점점 더 접근하고 있다. 이러한 시점에 언제 도달할지에 대해서는 아마도 미리 예측할 수 없다. 프롤레타리아 계급이 인민 속에서 다수를 형성하고 인민의 다수가 사회주의에의 의지를 표명하는 때가 이미 왔다는 것을 확실하게 말할 수는 없다. 그와는 반대로 다수의 인민대중이 사회주의를 반대하고 사회주의에 대하여 아무것도 알려고 하지 않는 한 사람들은 인민이 사회주의를 관철시키기에는 아직도 성숙하지 않았다고 분명하게 간주할 수 있다.

따라서 또한 여기에서도 다시금 프롤레타리아 계급을 가장 빨리 성숙하게 할 수 있을 뿐만 아니라 또한 프롤레타리아 계급의 성숙이 언제 도달되는가를 가장 빨리 인식할 수 있게 해주는 것은 바로 민주주의인 것이다.

04

민주주의의 영향

Die Wirkungen der Demokratie

(13)현대국가는 엄격하게 중앙집권화 된 기구이다. 곧 현대국가는 현대사회 내에서 가장 커다란 권력을 형성하고 있고 가장 유효한 방법으로 모든 개인의 운명에 영향력을 행사하고 있는 조직이다. 이와 같은 일은 전쟁의 경우 아주 명백해진다. 전시에 모든 사람은 어떻게 자신의 생존이 국가권력의 정책에 의하여 결정되는가를 느끼게 된다.

이전에는 신사단(紳士團), 그 후에는 지방자치단체가 개인에게 의미했던 것이 이제는 국가가 되었다. 그러나 조합이나 지방자치단체의 기초가 민주적으로 조직되었다면, 그와 반대로 현대의 국가권력과 관료와 군대는 주민에 대하여 우월한 지위를 가진다. 더 나아가서 국가권력과 관료와 군대는 심지어 때때로 사회적 · 경제적 지배계급을 정치적으로 압도하여 절대적 정부를 형성할 정도의 힘을 획득하고 있다.

그러나 이러한 상태는 어디에서도 오래 계속되지 못한다. 관료의 지배가 절대적인 것이 되면 그것은 굳어져 끝없이 시간을 잡아먹는 형식주의로 전락하게 된다. 그리고 그와 같은 일은 산업자본주의가 눈을 뜨고 현존하는, 곧 모든 경제적 · 사회적 조건들을 끊임없이 변화하게 하는 가장 혁명적인 생산방식이 사회생활의 속도를 빠르게 하고 최단기간에 결정을 요구하는 바로 그때에 일어난다.

그와 동시에 관료의 지배가 절대적인 것으로 되면 그 결과는 자의(恣意)와 매수가능성이다. 그러나 모든 생산자가 수많은 다른 생산자에게 의존하고 있는 자본주의적 생산과 같은 사회적 생산의 체제가 성공하기 위해서는 사회적 관계가 안정되고 법칙성을 가지는 것이 필요하다.

그러므로 절대국가는 점점 더 생산조건을 용납하지 못하게 되고 생산조건에 대해서는 속박이 되었다. 국가권력기관을 공개적 비판에 구속시키는 것, 국가기관 이외에도 국민적 조직을 만드는 것, 지방자치단체의 자치를 활성화시키는 것, 관료기구의 법률제정권을 박탈하는 것 및 관료기구를 주민에 의하여 자유롭게 선출된 중앙회의, 곧 의회의 통제 하에 두는 것이 절실하게 필요한 일이 되었다.

정부에 대한 통제는 의회의 가장 중요한 과제이며, 이 과제를 다른 기관이 대체할 수는 없다. 관료로부터 법률제정권을 박탈하여 법률이 전문가위원회에 의하여 입안되고 난 후 국민이 표결하도록 하는 일이 실제로는 전혀 불가능하다고 생각할 수도 있다. 그러나 국민에 의한 직접입법의 철저한 주장자라 하더라도 국민에 의한 정부의 직접통제에 대하여 이야기하지는 않는다. 국가기구의 활동을 지휘하는 중앙단체는 다른 중앙조직을 통해서만 감시될 수 있으며, 인민과 같이 비조직적인 무정형(無定形)의 대중에 의해서 감시될 수는 없다.

이곳에서 언급한 국가의 절대적 권력을 극복하기 위한 노력들은 이러한 권력에 동참하고 있는 자들을 제외한 현대국가의 모든 계급의 몫이다. 그러므로 그러한 노력들은 관료, 장교, 궁정귀족, 궁정교회 및 국가와 유리한 거래를 하는 대은행가를 제외한 모든 이들의 몫이다. 절대국가는 지방귀족, 하위성직자, 산업자본가까지를 포함하는 다른 계급들의 결합된 열망에 양보하지 않으면 안 되었다. 절대국가는 많든 적든 언론의 자유, 집회의 자유, 조직의 자유 및 의회를 허용하지 않으면 안 되었다. (14)이러한 일은 유럽의 모든 국가들에서 성공적으로 전개되었다.

그러나 그와 동시에 모든 계급은 자신들의 특수한 이해관계에 가장 유리한 새로운 국가형태를 만들려고 하였다. 이러한 노력은 특히 의회의 구성을 둘러싼 투쟁, 곧 선거권을 쟁취하기 위한 투쟁에서 표현되었다.

하층계급, 곧 "인민"의 슬로건은 보통선거권이 되었다. 임금노동자들뿐만 아니라 소농과 소시민들도 보통선거권에 이해관계가 있다. 사정이야 어떻든 이 계급들은 도처에서 주민의 대다수를 형성하고 있다. 프롤레타리아 계급의 숫자가 그들을 상회하게 될지 여부는 경제발전의 정도에 좌우된다. 그러나 주민들 가운데서 노동계급 일반이 수적으로 우세할지 여부는 결코 경제발전에 좌우되는 것이 아니다. 착취자는 언제나 극소수의 주민만으로 구성되어 왔다.

이러한 대중의 쇄도를 장기적으로 피할 수 있는 현대국가는 없다. 그 밖에도 오늘날의 사회에서 보통선거권 이외의 다른 모든 선거권은 불합리한 결과를 가져올 것이다. 끊임없이 관계가 변화하는 자본주의 사회에서 제 계급들은 고정된 상태로 동결될 수 없다. 모든 사회적 관계는 항상 유동적이다. 이미 이와 같은 사실을 통하여 신분선거권은 배제된다. 그러나 신분으로 조직되지 않는 계급은 정확하게 다른 계급과 구별하는 것이 전혀 불가능한 무정형(無定形)의 유동적 대중을 형성한다. 계급은 법적인 범주가 아니라 경제적인 범주이며, 계급소속성 자체는 항상 변화하는 것이다. 심지어 소기업이 우세한 경우에 스스로를 유산자로 느끼는 많은 소규모의 수공업자들조차도 대기업이 우세한 경우에는 스스로를 프롤레타리아로 생각한다. 그리고 그들은 비록 통계상 재산을 소유하고 있는 독립적 기업가로 계산된다 하더라도 경제적 프롤레타리아가 된다. 유산자에게 지속적으로 의회를 독점하도록 하는 조세에 따른 선거권도 있을 수 없다. 화폐가치가 하락하면 그것은 와해될 수 있다. 교육에 따른 선거권도 결국에는 인민교육이 진전됨에 따라 더욱 대상을 잃을 것이다.

그러므로 다양한 요인들이 공동작용하여 보통·평등선거권을 현대사회에서 단 하나의 합리적인 선거권으로 생각되게 하며, 그것을 점점 더 추진토록 한다.

특히 수적으로 가장 영향력 있는 대중인 주민의 최하층계급인 프롤레타리아 계급의 관점에서는 보통 · 평등선거권이 단 하나의 합리적인 선거권이며, 주민이 수많은 계급으로 구성되었다 하더라도 노동계급 가운데서 농민과 소시민이 더 이상 우세하지 않을 정도로 자본주의 사회가 발전되는 때에야 비로소 프롤레타리아 계급은 해방될 수 있다.

그러나 프롤레타리아 계급은 선거권이 보통 · 평등선거권일 뿐만 아니라 일률적 선거권일 것, 곧 예컨대 여자와 남자, 임금노동자와 유산자가 상이한 장소에서 선거하지 않을 것에도 관심을 가진다. 그러한 구분을 하게 되면 사회적 상황에 따라 프롤레타리아 계급에 속하나 형식적으로는 임금노동자가 아닌 개별적인 계층들을 프롤레타리아 계급으로부터 분리시키는 위험만 뒤따르는 것이 아니다. (15)그러한 구분을 하게 되면 프롤레타리아 계급의 의미를 축소시키는 더 커다란 위험이 발생한다. 프롤레타리아 계급에게 주어진 역사적 과제는 사회의 전체 이익을 자신의 계급이익과 일치시키는 것이다. 그러나 프롤레타리아 계급의 계급이익은 프롤레타리아 계급의 순간적 특수이익과 항상 같은 것을 의미하지는 않는다.

과학적 사회주의만이 아주 명확하게 할 수 있는 거대한 사회적 맥락과 목표를 이해함으로써 자신의 계급의식을 최고단계까지 고양시키는 것은 프롤레타리아 계급의 성숙의 문제이다. 그러나 거대한 사회적 맥락과 목표에 대한 이해는, 프롤레타리아 계급이 단순히 자신의 특수이익을 고려해서가 아니라 전체를 고려하여 정치에 관여한다면, 과학적 사회주의의 이론뿐만 아니라 또한 실제를 통해서도 촉진되고 전파

된다. 모든 일을 계급적 이해관계에 한정시키면 그 의미는 감소된다. 이는 노동조합만이 전부라는 사고가 가질 수 있는 단점이며, 이러한 사고에는 사회민주당조직의 우월성이 자리하고 있다. 또한 이러한 사고에는 선거인을 범주에 따라 구분하는 선거권에 대한 일률적 선거권의 우월성도 있다.

이곳에서 언급한 정치적 권리들을 쟁취하기 위한 전투에서 현대민주주의는 소생하며, 프롤레타리아 계급은 성숙한다. 그러나 그와 더불어 또 하나의 새로운 요인, 곧 국가 내의 **소수, 곧 야당에 대한 보호**도 소생한다. 민주주의는 다수의 지배를 의미한다. 그러나 민주주의는 소수를 덜 보호한다는 것을 의미하지는 않는다.

관료의 절대지배는 영원히 지속될 준비를 한다. 모든 상대방을 폭력으로 억압하는 일은 그 생활원칙이다. 거의 모든 곳에서 관료의 절대지배는 권력을 폭력적으로 사용함으로써만 고착되었다.

민주주의에서는 사정이 다르다. 이미 이야기한 바와 같이 민주주의는 다수의 지배를 의미한다. 그러나 다수는 변하는 법이다. 민주주의에서는 어떤 정권도 항상 지속될 준비를 하지 않는다.

이미 계급들의 권력관계는 영속적인 것이 아니며, 자본주의시대에는 가장 그렇지 않다. 그러나 **정당**의 권력은 **계급**의 권력보다 더 빨리 바뀐다. 그리고 바로 민주주의 내에서 지배하기 위하여 분투노력하는 것이 정당이다.

또한 이곳에서도 현실을 명확하게 인식하기 위하여 이론의 추상성을 단순화시키는 작업이 아마도 필수적이겠지만, 그러나 그러한 일은

"최후에"만 통하고 그렇게 단순화시키는 일과 현실 사이에는 많은 중간단계들이 있다는 것을 잊어서는 안 된다.

계급은 지배할 수는 있으나 통치할 수는 없다. 왜냐하면 계급은 무정형(無定形)의 대중이고 조직만이 통치할 수 있기 때문이다. 민주주의에서 통치하는 것은 바로 정당이다. 비록 모든 정당이 일차적으로 계급이익을 대변한다 하더라도, 정당은 계급과 동일한 것을 뜻하지 않는다. 사람들은 하나의 동일한 계급이익을 상이한 전략적 방법을 통하여 매우 상이하게 대변할 수 있다. 동일한 계급이익의 주장자들은 (방법과 전략의) 차이에 따라 다양한 정당으로 분열된다. 그와 동시에 특히 결정적인 것은 다른 계급과 정당에 대한 입장의 문제이다. 한 계급만이 국가를 지배할 수 있는 힘을 마음대로 할 수 있는 경우는 매우 드물다. 한 계급이 정권을 상실하면 자신의 힘만으로는 정권을 장악할 수 없고, 따라서 그렇게 되면 그 계급은 동맹자를 찾는다. (16)다양한 동맹자가 있을 수 있다면 지배적 계급이익의 주장자들 사이에 다양한 의견과 집단이 생겨날 것이다.

따라서 18세기 영국에서는 휘그당과 토리당이 동일한 토지소유자의 이해관계를 대변하였다. 그러나 전자는 도시부르주아지들과 연대하여 왕권과 그 권력수단을 희생시킴으로써 그 일을 촉진코자 하였음에 반하여, 후자는 반대로 왕정이 토지소유자의 이해관계를 보호해줄 가장 강력한 방파제라고 믿었다. 그러나 한 쪽은 이러한 일이 토지소유자와 연대하여 노동자계급을 폭력으로 억압함으로써 가장 잘 보장되리라고 믿었다. 다른 쪽은 이러한 정책이 가져올 최악의 결과를 두려워하여 조금 양보함으로써, 특히 토지소유를 희생시켜서라도 노동자계급을 무마하고자 했다.

경제적 · 사회적 지배계급과 그들의 정당과 마찬가지로 소멸 중에 있는 계급과 그들의 정당에 있어서도 사정은 비슷하다.

따라서 정당과 계급이 일치될 필요는 없다. 하나의 계급은 여러 개의 정당으로 분열될 수 있고, 하나의 정당은 상이한 계급의 구성원으로 성립될 수 있다. 지배계급의 다수가 이제껏 통치해온 정당의 방법이 충분하지 못하고 경쟁정당이 더 목적에 적합하다고 생각하는 경우에는 하나의 계급이 지배계급으로 남아 있으나 통치하는 정당이 바뀔 수 있다.

그러므로 민주주의 내에서 정당의 통치는 계급의 지배보다 더 빨리 바뀐다.

이러한 상황에서는 누구도 정권을 계속 유지하는 것을 확신하지 못한다. 모든 사람이 소수가 될 가능성을 고려하지 않으면 안 된다. 그러나 국가가 사실상의 민주주의라면 누구도 처음부터 국가의 본성상 계속하여 집권할 수는 없다.

이러한 사정 때문에 민주주의에서는 소수자를 보호하게 된다. 소수자보호는 민주주의의 뿌리가 깊으면 깊을수록 또 민주주의가 오래 계속되면 오래 계속될수록 그리고 정치윤리에 오래 영향력을 행사하면 할수록 더욱 더 유효한 것이 되며, 모든 수단을 다하여 권력을 유지하려는 모든 정당의 바람에 저항한다.

도처에서 매우 극소수로 시작되는 사회주의정당의 초기에 소수자보호가 어떤 의미를 가질지 그리고 프롤레타리아 계급의 성숙과정에 얼마나 커다란 영향력을 발휘할지는 명확하다. 프롤레타리아 계급의 성숙과정에서 소수자보호는 매우 중요하다. 그것이 이론적인 것이든 실제적인 것이든 모든 새로운 이론이 처음 시작될 때에는 그것은 소수자들에 의해서만 주장된다. 다수가 소수와 토론하는 대신 그들을 폭력으로 억압하면 많은 노력과 성가신 일을 덜게 된다. 또한 그럼으로써 다수는 경우에 따라서는 많은 필요 없는 일을 하지 않을 수 있다. 왜냐하면 모든 이론은 그것이 새로운 것도 아니고 소수에 의하여 주장되지도 않을 뿐만 아니라 이미 그것이 진보를 의미하지도 않기 때문이다. 새로운 생각으로 등장하는 것들 중 많은 것은 이미 오래전부터 이야기되어온 것들이며, 토론이나 실제를 통하여 견지될 수 없는 것이라 인식된 것들이다. 오래된 잡동사니를 항상 새롭다고 제기하는 것은 무지의 소치일 뿐이다. 다른 한편으로 다른 생각들은 독창적인 것이나 동시에 전적으로 잘못된 것들이다. 그러나 비록 새로운 생각들과 의견들 중에서 진정한 진보를 나타내는 것이 매우 적다 하더라도 모든 진보는 우선 소수의 생각으로 등장한 새로운 생각들을 통해서만 가능하다. (17)그러므로 당내에서 소수의 생각을 모두 억압하는 것은 프롤레타리아 계급투쟁을 해치는 것이며, 노동자계급의 성숙과정을 저해하는 것이다. 세상은 우리들에게 전래의 수단으로서는 해결할 수 없는 알려지지 않은 문제들을 계속하여 새롭게 제기한다.

혁신에 대한 수많은 제안들 중에서 실로 가치 있는 것을 선별해내는 것은 매우 어려운 일이기는 하다. 그러나 그것은 반드시 필요한 일이다. 또한 그것은 우리의 운동을 화석화시키는 것이어서는 안 되고 점점 더 그 과제를 신장시키는 것이 되어야 한다. 당에 적용되는 것은 국가에도 똑같이 적용되어야 한다. 소수자보호는 민주주의가 발전하는 데 없어서는 안 될 조건이며, 다수의 지배와 마찬가지로 중요하다.

민주주의의 특징, 곧 민주주의가 정치투쟁에 부여하는 형식에 대해서도 이곳에서 고려하여야 한다. 나는 이미 1893년 "새 시대"Neue Zeit에 게재한 "사회민주주의 입문"에 대한 논문에서 그에 대하여 다룬 바 있고, 내 생각을 1909년 "권력에의 길!"Weg zur Macht![9]에서 다시 반복한 바 있다. 그 중에서 몇 가지를 이곳에서 되풀이한다.

> "단결의 자유, 언론의 자유 및 보통선거권(경우에 따라서는 국민개병의 의무도 이에 포함된다)은 현대국가의 프롤레타리아 계급이 부르주아지의 혁명적 투쟁을 냉각시킨 계급 이전에 갖고 있는 무기를 의미하는 것만은 아니다. 더 나아가서 이 제도들은 개개의 정당들과 계급들의 권력관계에 대하여 그리고 그들이 갖고 있는 정신에 대하여 절대주의시대에는 결여되었던 빛을 주고 있다. 절대주의시대에는 혁명계급과 마찬가지로 지배계급도 어둠 속을 헤매고 있었다. 모든 반대견해를 표명하는 것이 불가능하였기 때문에 정부도 혁명가들도 자신들의 힘을 알 수 없었다. 이 둘이 상대와의 전투에서 스스로의 힘을 확인하지 않았던 동안은 이 둘은 모두 스스로를 과대평가하는 위험에 처해 있었고 모두 단 한번 패하자마자 스스로를 과소평가하여 중도에서 포기하였다. 아마도 이것

---

[9] 수정주의와 혁명의 딜레마에 서있는 베른슈타인과 좌파에 대한 카우츠키의 논박으로는 *Bernstein und das sozialdemokratiosche Programm*(1899), Die soziale Revolution(1907) 등이 있다. Der Weg zur Macht는 만연중인 수정주의에 대한 카우츠키의 마지막 항변으로 알려져 있다.

이 혁명부르주아지 시대에 일격에 격퇴당한 그렇게도 많은 쿠데타가 발생하였고 일격에 전복된 그렇게도 많은 정권들이 등장하였고 그래서 혁명과 반혁명이 꼬리에 꼬리를 물고 계속된 매우 중요한 이유들 중 하나일 것이다.

최소한 여러 나라에는 어느 정도 민주적 제도들이 존재한다는 점에서 오늘날은 사정이 전혀 다르다. 사람들은 이 제도들을 사회의 안전판이라 불렀다. 사람들이 이 말로써 민주주의 내에서 프롤레타리아 계급이 혁명적이기를 포기하고, 프롤레타리아 계급이 자신의 분노와 고뇌를 공적으로 표현하는 것에 만족하고 있으며, 프롤레타리아계급이 정치적 · 사회적 혁명을 단념한 것이라고 말하고자 한다면, 이 안전판이란 명칭은 잘못된 것이다. 민주주의는 자본주의사회의 계급대립을 제거할 수 없으며, 자본주의사회의 필연적 결과, 곧 자본주의사회의 전복을 저지할 수 없다. 그러나 민주주의가 할 수 있는 것이 하나 있다. 곧 민주주의는 혁명을 소멸하게 할 수는 없지만, 많은 것들을 소멸하게 할 수는 있으며, 성공가능성이 없는 혁명의 시도를 예방할 수 있고 많은 혁명적 봉기를 불필요한 것으로 만들 수 있다. 민주주의는 다양한 정당들과 계급들 사이의 역학관계를 분명히 한다. 민주주의는 이들 사이의 대립을 제거하고 그 궁극목표를 변화시키지는 않는다. 그러나 민주주의는 노력중인 계급들이 아직 때가 이른 과제를 해결하려고 하는 것을 저지하는 작용을 한다. (18)또한 민주주의는 지배계급들이 더 이상 거부할 수 없는 양보를 거부할 수 없도록 하는 작용을 한다. 이러한 일을 통해서 발전의 방향이 변화되지는 않으나, 그 과정은 더 견고해지고 더 평온해진다. 어느 정도의 민주적 제도들을 가진 국가들에서 부르주아지 혁명기에 부르주아지가 그랬던 것처럼 프롤레타리아 계급이 괄목할 정도로 약진하지는 않겠지만, 그렇다고 해서 그다지 커다란 패배도 하지 않을 것이다. 1860년대에 현대적인 사회민주적 노동운동이 발생한 이래 유럽의 프롤레타리아 계급은 1871년의 파리콤뮨에서 오직 한 차례의 커다란 패배만을 경험하였다. 그 당시만 해도 프랑스는 인민들에게 사실상 민주적 제도들을 허용하지 않았던 제국(帝國)의 영향을 받고 있었고, 프랑스의 프롤레타리아 계급은 처음으로 아주 조금 자아를 의식한 상태였으며, 그들은 봉기를 강요받았다.

민주적 · 프롤레타리아적 투쟁방법은 부르주아지 혁명기의 투쟁방법보다 지루한 것으로 생각되었다. 그 투쟁방법은 분명 덜 극적이고 덜 효과적인 것이나, 또한 희생도 훨씬 덜 요구한다. 이와 같은 사실은 사회주의에서 재미있는 스포츠와 재미있는 소재를 발견하는 문학자연하는 사람들에게는 전적으로 동일하겠지만, 현실적으로 전투를 수행하지 않으면 안 되는 자들에게는 그렇지가 않다.

비군사적 방법, 의회주의, 노동쟁의, 시위, 신문과 그와 유사한 압력수단에 제한된 이와 같은 이른바 평화적 계급투쟁방법은 모든 나라에서 채택될 가능성이 크며, 그 나라에 민주적 제도들이 유효하게 기능하고 있으면 있을수록 주민의 정치적 · 경제적 식견과 자기지배가 크면 클수록 더욱 그렇다."

이와 같은 이유에서 나는 프롤레타리아 사회혁명은 부르주아지 혁명과는 전혀 다른 형태를 취할 것을, 곧 프롤레타리아 혁명은 부르주아지 혁명과는 정반대로 민주주의가 뿌리내린 곳에서는 어디서든지 물리적 폭력에 의해서가 아니라 경제적 · 입법적 · 도덕적 유형의 "평화적" 방법으로 끝까지 수행될 것을 기대하였다("Weg zur Macht", S.53).

그리고 이와 같은 것이 현재도 내 생각이다.

물론 모든 제도가 밝은 면만을 가지는 것은 아니다. 사람들은 민주주의에서도 어두운 면을 발견할 수 있다.

프롤레타리아 계급이 공권 상실의 상태에 처하여 있는 곳에서는 프롤레타리아 계급은 아마도 대중조직을 발전시킬 수 없을 것이며, 평상시에는 대중적인 투쟁도 수행할 수 없을 것이다. 그러한 곳에서는 영속적 야당에 속하는 결사적 투사인 엘리트만이 지배정권에 대항할 수 있다. 그러나 이 엘리트는 날마다 확실히 전 체제를 철저하게 끝장내어야 할 필요성을 느끼게 된다. 정치일상의 작은 요청들을 통하여 정신은 커다란 문제로 인도되며, 항상 전체의 사회적 · 정치적 맥락을 관찰하는 법을 배운다.

그와 같은 곳에서는 아주 엷은 층의 프롤레타리아 계급만이 투쟁에 참여하였다. 그러나 프롤레타리아 계급은 고도의 이론적 관심과 고매한 목표만이 불러일으킬 수 있는 감격으로 충만하였다.

현재의 생산방식 하에서 낮 시간을 거의 자유롭게 사용할 수 없는 프롤레타리아에게 민주주의는 전혀 다른 작용을 한다. 민주주의는 대규모로 관리되는 대중조직을 발전시킨다. 민주주의는 국민을 소집하여 많은 경우 사소한 수많은 일상의 문제들을 토의하고 해결하도록 한다. (19)"자질구레한 일"을 할 수 있는 프롤레타리아의 전체 자유시간은 점점 더 많아지며, 그들은 자그마한 순간적 성공 때문에 점점 더 바빠진다. 그러나 그 의미는 좁은 범위에 한정된다. 이론에 대한 몰이해, 궁극적으로는 이론에 대한 경멸, 대원칙 대신 기회주의가 점점 더 증대한다. 그러므로 마르크스와 엥겔스가 서유럽과 미국노동자들에 비하여 독일노동자들의 이론적 감각을 칭찬할 수 있었다면, 그들은 독일노동자들에 비하여 러시아노동자들의 이론적 관심의 우월성을 발견하게 될 것이다.

그럼에도 불구하고 도처에서 계급의식을 갖고 있는 프롤레타리아들과 그들의 대변자들이 민주주의를 쟁취하기 위하여 투쟁하고 있고, 그들 중 많은 사람이 그 투쟁을 위하여 생명을 희생해왔다.

그들은 민주주의 없이는 일이 제대로 되지 않는다는 것을 안다. 압제에 대한 투쟁이 갖는 숭고한 영향은 엘리트에게만 한정되고 전체 대중을 포괄하지는 않는다. 그러나 다른 한편으로 사람들은 민주주의가 프롤레타리아에게 미치는 완만한 작용을 과장해서는 안 된다. 한편으로 그것은 프롤레타리아 계급이 처해 있는 자유시간의 부족에서 오는 결과이지 민주주의 자체의 결과가 아니다. 자유의 소유가 부자유보다 인간을 반드시 더 왜소하고 제한되게 한다면 그것은 물론 기이한 일일 것이다. 민주주의가 노동시간을 단축시키는 작용을 하면 할수록 노동자가 마음대로 사용할 수 있는 자유시간의 양은 그만큼 더 많아지게 되고, 노동자는 불가피한 자질구레한 일 이외에도 커다란 포괄적 문제에 그만큼 더 몰두할 수 있다.

그리고 노동자에 대한 자극은 중단되지 않는다. 왜냐하면 민주주의가 자본주의적 생산방식을 극복하지 않는 한 민주주의 스스로의 힘으로는 항상 민주주의가 제공할 수 있는 것, 곧 자본주의적 생산방식에서 유래한 모순을 해결할 수 없기 때문이다. 그와는 반대로 자본주의 사회 내에서는 모순이 증가하고 커다란 갈등이 항상 새롭게 발생하며, 프롤레타리아들은 그들이 일상에 대하여 제기하는 커다란 문제들을 항상 되풀이하여 제기한다. 그러나 그 경우 이러한 문제제기는 민주주의에서는 더 이상 단순히 엘리트의 문제제기에 불과한 것이 아니라 동시에 일상의 실제에서 자치교육을 받은 인민대중 자체의 문제제기로 된다.

민주주의 내에서 프롤레타리아 계급은 전제정 하에서 그랬듯이 끊임없이 혁명에 대해서만 생각하고 이야기하는 것은 아니다. 프롤레타리아 계급은 여러 해, 심지어는 십년이라도 그저 자질구레한 일이나 하면서 시간을 소비할 수 있다. 그러나 종국에 가서는 도처에서 계속적으로 프롤레타리아 계급 내에 존재하는 혁명적 사고와 노력이 점화(點火)될 상황이 반드시 도래하기 마련이다.

그러나 민주주의에서 그러한 일이 행동으로 나타나는 경우 그것이 제때에 행해지고 무모한 돌진이 아니라 한번 달성되면 다시는 상실되지 않고 결과를 기대할 수 있는 성공이 될 확률은 전제정의 경우보다 훨씬 크다. 그리고 결국 이러한 일은 새로운 혁명드라마의 단순히 신경을 자극하는 대사건보다 더 중요하다.

05

독재

Die Diktatur

민주주의는 사회주의적 생산방식을 촉진시키는 데 있어 없어서는 안 될 기반이다. 그리고 민주주의의 영향 하에서만 프롤레타리아 계급은 사회주의를 관철하는 데 필요한 성숙에 이르게 된다. (20)결국 민주주의는 노동자의 성숙을 측정하는 가장 확실한 척도를 제공한다. 그러나 민주주의를 필요로 하는 사회주의 준비기와 관철된 사회주의기 사이에는 제3의 단계, 곧 프롤레타리아 계급이 정치권력을 획득하나 경제적으로는 아직 사회주의가 관철되지 않은 과도단계가 있다. 이 중간단계에서는 민주주의는 필요한 것이 아니라 해로운 것이 분명하다.

이러한 견해는 새로운 것이 아니다. 우리는 이 견해를 이미 바이틀링의 견해에서 배운 바 있다. 그러나 이 견해는 칼 마르크스의 한 마디 말에 의거하고 있다. 그는 고타강령[10]을 비판한 1875년 5월의 편지("Neue Zeit", IX. I., S.502ff.에 게재되어 있음)에서 다음과 같이 쓰고 있다(S. 573).

> "자본주의사회와 공산주의사회 사이에는 전자에서 후자로 이행하는 혁명적 전환기가 존재한다. 이 시기는 또한 국가가 **프롤레타리아 계급의 혁명독재**일 수밖에 없는 정치적 이행기에 해당된다."

마르크스는 유감스럽게도 그가 이 독재를 어떻게 생각하는가에 대하여 상론하지 않았다. 이 말을 글자 그대로 취한다면 이 말은 민주주의의 폐지를 뜻한다. 그러나 이 말을 글자 그대로 취한다면 이 말은 또한 어떤 종류의 법률에도 구속받지 않는 1인의 독재정치를 의미하기도 한다. 독재정치는 영속적인 국가기구가 아닌 과도적 비상조치라는 점에서 전제정치와는 구별된다.

"프롤레타리아 계급독재"라는 표현, 곧 1인독재가 아닌 1계급의 독재는 이미 마르크스가 표현된 문자 그대로의 의미에서 독재를 염두

• 10 고타강령은 라살(Ferdinand Lassalle)의 전독일노동자연맹(ADAV, 1863)과 베벨-리프크네히트의 사회민주주의노동자당(SDAP, 1867)이 독일사회주의노동자당(SAP)으로 통합됐을 때인 1875년 고타전당대회에서 채택된 강령이다. 고타강령은 일반적으로 라살의 견해에 의하여 깊은 영향을 받았다. 이 강령은 노동자계급을 제외한 모든 다른 계급은 '단지 반동적 무리'를 이룰 뿐이며, 당은 '모든 법적 수단을 사용하여 자유국가'를 추구해야 할 뿐만 아니라 '임금철칙'을 분쇄해야 한다고 선언하였다. 동 강령은 또한 '사회문제를 해결하기 위하여 국가의 도움을 받아 사회주의적 생산조합을 설립할 것'을 주장하였다. 이 강령은 마르크스에 의하여 예리하게 비판되었으나, 독일사회당원들은 그 비판에 주목하지 않았다.

에 두었을 가능성을 사실상 배제하고 있는 것이다.

그는 이곳에서 **정부형태**가 아니라 프롤레타리아 계급이 정치권력을 획득하는 곳에서는 어디에서나 반드시 등장할 **상황**에 대하여 이야기하였다. 그가 이곳에서 정부형태를 안중에 두고 있지 않다는 것은 영국과 미국에서는 자본주의로부터 사회주의로의 이행이 평화적으로, 곧 민주적인 방법으로 수행될지도 모른다는 생각을 가지고 있었던 사실로부터 이미 입증된다.

아마도 민주주의만으로는 평화적인 이행을 보장하지 않는다. 그러나 민주주의가 없다면 평화적인 이행이 불가능하다는 것은 확실하다.

그러나 마르크스가 프롤레타리아 계급독재에 대하여 생각했던 바를 알기 위하여 우리가 수수께끼놀이를 할 필요는 전혀 없다. 1875년에 마르크스가 프롤레타리아 계급독재를 어떻게 이해하는가에 대해서 더 이상 상론하지 않았다면 그것은 아마도 그보다 몇 년 전 "프랑스내전Bürgerkrieg in Frankreich"(1871)에서 그에 대하여 이미 의견을 표명했기 때문일 것이다. 그곳에서 그는 다음과 같이 설명하고 있다.

> "콤뮨은 사실상 노동자계급의 정부, 곧 기득권을 가진 계급에 대한 신흥계급의 투쟁의 결과였으며, 그 아래서 노동이 경제적으로 해방될 수 있는 마침내 발견된 정치형태였다."

따라서 파리콤뮨은, 엥겔스가 마르크스저작 제3판에 대한 서문에서 명시적으로 확인하고 있는 바와 같이, "프롤레타리아 계급독재"였다.

그러나 동시에 파리콤뮨은 민주주의의 폐지가 아니라 보통선거권을 기반으로 하여 민주주의를 가장 포괄적으로 적용하는 데에 기초하고 있었다. (21)정부권력은 보통선거권에 마땅히 구속되어야 했다.

> "콤뮨은 파리의 여러 구역에서 **보통선거권**을 통하여 선출된 시참사회의원으로 구성되었다. … **보통선거권**은 개별선거권이 모든 다른 고용주들이 노동자를 선발하는 일 등에 기여하듯이 마땅히 콤뮨에 조직된 인민에 이바지하여야 한다."(S.46, 47)

이곳에서 마르크스는 계속 되풀이하여 특정 특권계급의 선거권이 아니라 전체 인민의 보통선거권에 대하여 이야기하고 있다. 그에게 프롤레타리아 계급독재는 프롤레타리아 계급이 우세할 경우 순수민주주의에서 필연적으로 발생하는 상황이었다.

따라서 마르크스를 원용하여 민주주의와는 반대로 독재를 행하여야 한다는 주장을 해서는 안 된다. 물론 이로써 이미 그러한 주장이 옳지 않다는 것이 입증된 것은 아니다. 다만 그러한 주장을 하는 자들은 다른 논거를 찾아야만 한다.

이 문제를 검토함에 있어 사람들은 **상황**으로서의 독재를 **정부형태**로서의 독재와 혼동하지 않도록 경계하지 않으면 안 된다. 우리들 노선에서 논의의 여지가 있는 문제는 후자에 대한 추구일 뿐이다. 정부형태로서의 독재는 야당의 권리박탈과 같은 것을 의미한다. 야당은 선거권, 언론의 자유 그리고 결사의 자유를 박탈당한다. 문제는 무적(無敵)의 프롤레타리아 계급이 이러한 조치를 필요로 하는가, 곧 그러한 조치를 수단으로 해서 가장 잘 또는 심지어는 그러한 조치를 통해서만 사회주의가 달성될 수 있는가 하는 것이다.

우선 우리가 정부형태로서의 독재에 대하여 이야기할 때 우리가 이야기할 수 있는 것은 한 계급의 독재가 아니라는 것을 주의하지 않으면 안 된다. 왜냐하면 우리가 이미 언급한 것처럼 계급은 지배할 수 있을 뿐 통치할 수는 없기 때문이다. 따라서 사람들이 독재를 지배의 단순한 상황이 아니라 특정의 정부형태로 이해하고자 한다면 사람들은 개인의 독재나 조직의 독재에 대해서만, 곧 프롤레타리아 계급이 아닌 프롤레타리아 정당의 독재에 대해서만 이야기하는 것이 허용된다. 그러나 프롤레타리아 계급 스스로가 여러 개의 정당을 구성하는 순간 곧 문제는 복잡해진다. 그렇게 되면 이러한 정당들 중의 한 정당의 독재는 결코 더 이상 프롤레타리아 계급독재가 아니라 프롤레타리아 계급의 한 부분이 프롤레타리아 계급의 나머지 부분에 대한 독재인 것이다. 사회주의정당들이 비프롤레타리아 계층에 대한 견해의 차이 때문에 분열되는 경우, 예컨대 한 정당이 도시프롤레타리아와 농민간의 연합을 통하여 정권을 장악하는 경우 상황은 더욱 더 복잡해진다. 그러한 경우에는 프롤레타리아 계급독재는 단순히 프롤레타리아에 대한 프롤레타리아의 독재가 아니라 또한 프롤레타리아에 대한 프롤레타리아와 농민의 독재가 된다. 그곳에서는 프롤레타리아 계급독재는 아주 기이한 형태를 취하게 된다.

그렇다면 이제부터 프롤레타리아 계급의 지배는 어떤 이유에서 민주주의와 양립될 수 없는 형태를 취하고 또 그러한 형태를 필연적으로 취하지 않으면 안 되는가? 프롤레타리아 계급독재에 대한 마르크스의 말을 원용하는 자는 마르크스의 말이 특수한 상황에서 발생할 수 있는 상황에 대한 것이 아니라 모든 상황에서 발생하지 않으면 안 되는 상황에 대한 것이라는 점을 잊어서는 안 된다.

이제 사람들은 아마도 원칙적으로 프롤레타리아 계급은 프롤레타리아 계급이 주민의 다수를 구성하거나 최소한 다수를 배후에 두고 있는 곳에서만 지배하게 될 것이라고 생각해도 무방할 것이다. (22)정치투쟁에서 프롤레타리아 계급의 무기는 경제적 필연성 외에도 그 다수성이다. 대중, 곧 주민의 다수를 배후에 두고 있는 곳에서만 지배계급의 권력수단을 이겨낼 것을 기대해도 된다. 마르크스와 엥겔스도 같은 생각을 하였다. 그런 까닭에 그들은 공산당선언에서 다음과 같이 선언하였다.

> "이제까지의 모든 운동은 소수의 운동이었고 소수의 이익을 위한 운동이었다. 프롤레타리아 운동은 절대다수의 이익을 위한 절대다수의 독자적 운동이다."

이러한 이야기는 파리콤뮨에 대해서도 적용되는 것이었다. 새로운 혁명정부가 행한 첫 번째 일은 보통선거권의 가부(可否)를 묻는 일이었다. 매우 자유롭게 행해진 선거의 결과 파리의 거의 모든 구역에서 절대다수가 콤뮨에 찬성하였다. 65명의 혁명주의자들이 선출되었음에 비하여 야당은 21명이 선출되었다. 그 중에서 15명은 직접적인 반동주의자였고, 6명은 과격공화주의자였다. 65명의 혁명주의자들은 당시 프랑스사회주의의 모든 노선을 대표하였다. 그렇게 격렬하게 투쟁했음에도 불구하고 그들은 상대방에 대하여 독재권을 행사하지 않았다.

대중 속에 그렇듯 단단히 뿌리를 내리고 있는 정부는 민주주의를 공격하려는 시도를 할 아무런 이유도 없다. 민주주의를 억압하기 위하여 폭력이 행사되는 경우라면 정부가 꼭 폭력을 사용하지 말라는 법은 없다. 사람들은 폭력에 대해서는 폭력으로서만 대응할 수 있다.

그러나 자신이 대중의 후원을 받고 있다는 것을 알고 있는 정부라면 민주주의를 폐지하기 위해서가 아니라 민주주의를 수호하기 위해서만 폭력을 사용할 것이다. 정부가 자신의 가장 확실한 기반, 곧 강력한 도덕적 권위의 심오한 원천인 보통선거권을 **제거하고자** 한다면 그것은 바로 자멸행위나 마찬가지이다.

따라서 민주주의의 폐지로서의 독재는 비록 프롤레타리아 정당이 주민의 다수를 자기편으로 삼지 못하거나 심지어는 주민의 다수가 결정적으로 프롤레타리아 정당에 반대한다 하더라도 극히 유리한 상황들이 서로 결합되어 프롤레타리아 정당이 정치권력을 획득할 수 있는 예외적인 경우에만 문제될 수 있었다.

수십 년 전부터 정치교육을 받고 정당이 그 속에서 확고한 위치를 차지하고 있는 인민에 있어서는 그러한 우연적인 사건은 거의 불가능하다. 그러한 일이 있을 수 있다는 것만으로도 이미 시대에 뒤떨어진 상황을 암시한다. 그러한 경우에 보통선거권이 사회주의정부에 반대한다면 사회주의정부는 이제 우리가 이제까지 모든 정부에 대하여 요구해온 것을 하여야 하는가, 곧 사회주의정부는 민주주의의 기반 위에서 국가권력을 쟁취하기 위한 확고한 의지를 가지고 국민의 의사에 따라야 하는가 아니면 자신의 지위를 유지하기 위하여 민주주의를 전복시켜야 하는가?

독재는 어떤 수단을 통하여 다수 인민의 의사에 반하여 정권을 유지할 수 있는가?

두 가지 방법, 곧 **예수회적 방법**과 **나폴레옹적 방법**이 고려될 수 있다.

우리는 이미 파라과이의 예수회국가에 대하여 언급한 바 있다. 예수회가 그곳에서 독재를 유지한 방법은 예수회의 도움이 없으면 전적으로 무력한, 예수회에 의하여 조직된 원주민에 대한 엄청난 정신적 우월성이었다.

(23)유럽국가에서 사회주의정당이 그러한 우월성에 도달할 수 있을까? 그 방법은 전적으로 배제된다. 아마도 프롤레타리아 계급은 계급투쟁에서 다른 노동계급, 곧 소시민과 소농보다 정신적으로 신장될 것이다. 그러나 동시에 다른 노동계급의 정치적 이해관계와 이해력 또한 증대된다. 이 상이한 계급 사이의 차이는 결코 압도적인 것이 되지 않을 것이다.

그러나 수공노동계급 외에도 지식인계층이 성장하고 있다. 지식인계층은 점점 더 숫자가 늘고 있고 점점 더 생산과정에서 없어서는 안 될 존재가 되어 있으며, 그들의 직업은 지식의 습득과 지력의 행사와 발전을 본질로 한다.

이 계층은 프롤레타리아 계급과 자본가계급 사이의 중간적 위치를 차지하고 있다. 이 계층은 직접 자본주의에 이해관계를 가지고 있지는 않다. 그러나 이 계층은 프롤레타리아 계급이 자신의 일을 스스로 처리할 수 있을 만큼 성숙되어 있다고 간주하지 않는 한 프롤레타리아 계급을 신뢰하지 않는다. 예컨대 공상적 사회주의자들처럼 프롤레타리아 해방에 대하여 가장 온화한 입장에 있는 교육받은 계급의 구성원들조차 계급투쟁의 초기에는 노동자운동에 대하여 부정적인 태도를 취했다. 이러한 태도는 프롤레타리아 계급이 투쟁에서 점증적인 성숙을 보이는 경우에야 비로소 변화하게 된다. 사회주의에 우호적인 지식인들이 프롤레타리아 계급에 대하여 보이고 있는 신뢰와 1914년 8월 4일 이래 자유당원들과 중앙당원들, 곧 독일의 여당 스스로가 여당 내의 사회주의자들에게 보인 바 있는 신뢰를 혼동해서는 안 된다. 첫 번째 종류의 신뢰는 프롤레타리아 계급이 자신을 스스로 해방시킬 수 있는 힘과 능력에 도달했다는 확신에서 연유하는 것이다. 두 번째 종류의 신뢰는 해당 사회주의자들이 프롤레타리아 해방투쟁을 더 이상 진지하게 생각하지 않는다는 확신에서 온 것이었다.

전적으로 지식인들의 도움이 없다거나 전적으로 지식인들의 의사에 반해서는 사회주의적 생산은 조직될 수 없다. 다수 주민이 프롤레타리아 정당을 신뢰하지 않거나 부정적인 입장을 보이는 상황에서는 지식인대중의 견해가 유효할 것이다. 그곳에서는 비록 일반적인 사회문제에 있어서는 그들의 이론적 관점이 더 뛰어나다 하더라도 무적의 프롤레타리아 정당은 나머지 주민보다 지적으로 우세하지 않을 뿐만 아니라 심지어는 반대편보다 뒤떨어질 것이다.

따라서 파라과이식의 방법은 유럽에서는 적용될 수 없다. 그렇다면 나폴레옹 1세가 1799년 무월(霧月)[11] 18일에 그리고 그의 조카인 나폴레옹 3세가 1852년 12월 2일에 택한 또 다른 방법만이 남아 있다. 이 방법은 조직되지 않은 인민대중을 중앙집권화된 조직의 우월성과 군사력의 우월성을 수단으로 하여 통치하는 방법이다. 따라서 이 방법은 정부의 무장력과 비무장의 인민대중 또는 무장투쟁에 진저리가 난 인민대중이 대치하는 결과를 가져온다.

이러한 기반 위에 사회주의적 생산방식을 건설할 수 있을까? 사회주의적 생산방식은 사회를 통하여 생산을 조직함을 뜻한다. 그것은 전체 인민대중에 의한 경제적 자치를 요구한다. 관료기구나 개별적인 인민계층의 독재를 통하여 생산을 국가적으로 조직하는 것은 사회주의가 아니다. 사회주의는 광범위한 인민대중을 조직적으로 교육시키는 것을 필요로 하고, 경제적 · 정치적 유형의 수많은 자유조직들을 전제하며, 전적으로 조직의 자유를 필요로 한다. (24)노동의 사회주의적 조직은 병영조직일 수는 없다.

민중에게 전적인 조직의 자유를 보증하고자 하는 소수의 독재는 그렇게 함으로써 자기 자신의 권력을 파괴하게 될 것이다. 그와 반대로 소수의 독재가 이 자유를 방해함으로써 자신을 유지하고자 한다면 소수의 독재는 사회주의로의 발전을 고무하기는커녕 사회주의에로의 발전을 저해하게 될 것이다.

소수독재의 가장 강력한 기반은 언제나 충성스러운 군대이다. 그

•11 프랑스 혁명력(曆)의 제2월, 즉 10월 22일~11월 20일을 말한다.

러나 소수독재가 다수 대신 무력을 사용하면 할수록 그만큼 더 야당도 그를 시정하기 위하여 그들이 사용할 수 없는 투표에 호소하는 대신 무력에 호소할 수밖에 없다. 그렇게 되면 내전(內戰)이 정치적 · 사회적 대립을 해결하는 형태가 된다. 전적으로 정치적 · 사회적인 냉담과 무력감이 지배하지 않는 곳에서는 소수독재는 항상 폭력에 의한 쿠데타나 끊임없는 게릴라전의 위협을 받으며, 이는 쉽사리 대형무기를 사용하는 지리한 무장봉기로 된다. 그리고 이러한 무장봉기를 진압하기 위하여 독재는 모든 군사력을 투입한다. 그렇게 되면 독재는 더 이상 내전에서 빠져나오지 못하고 항상 내전을 통해서 전복될 위험에 처하게 된다.

그러나 사회주의사회를 건설하는 데 내전보다 더 큰 장애는 없다. 지리적으로 광범위하게 분업화 되어 있는 오늘날의 상황에서는 대기업은 도처에서 교통의 안전과 계약의 안전에 매우 강하게 의존하고 있다. 외적이 침범하지 않는다 하더라도 전쟁이 발발했다는 사실만으로도 사회주의건설은 극도의 장애를 받을 것이다. 현재의 러시아혁명에서 모든 노선의 러시아 사회주의자들은 정당하게도 사회재건을 위하여 평화가 필요하다는 것을 강조하고 있다. 사회(주의)적 경제를 위하여 전쟁보다 더 해로운 것은 필연적으로 국토 내에서 행해지고 외적의 침범과 마찬가지로 국토를 황폐화시키고 마비시키는, 그러나 동시에 훨씬 더 잔인한 내전이다.

국가 사이의 전쟁에서 문제되는 것은 원칙적으로 어떤 정부내각이 정권을 획득하거나 상실하는 것이지 정부내각의 존립 자체는 아니다.

그러나 종전 후에는 다양한 교전당사자인 정부들과 민족들은 항상 우호적은 아니라 하더라도 평화롭게 살기를 원하고 마땅히 그래야 한다.

내전 중의 정당들 사이의 관계는 이와는 전혀 다르다. 그들이 전쟁을 하는 것은 상대방으로부터 몇 가지 양보를 얻어내고 그리고 나서는 평화롭게 살기 위해서가 아니다. 그리고 내전에서는 또한 사정이 민주주의에서와는 다르다. 민주주의 내에서는 소수가 되어 정부를 구성할 수 없는 모든 정당이 결코 정치적 활동을 하지 못하게 되거나 정치적 활동이 제한되지 않도록 하기 위해서 소수가 보호되며, 소수가 된 모든 정당에게는 항상 다수를 추구하고 그를 통해서 정부를 구성할 권리가 남아 있다.

(25)내전에서 각 정당은 자신의 존립을 위하여 투쟁하며, 패배한 쪽은 전적으로 섬멸될 위험이 있다. 이러한 의식 때문에 내전은 쉽사리 잔인해진다. 특히 군사력을 통해서만 정권을 유지하는 소수는, 반란에서 위협을 받고 반란을 진압하는 데 성공하는 경우, 상대방을 잔혹한 방법으로 진압하고 야만적으로 살육하는 경향이 있다. 1848년 파리의 6월과 1871년 피의 5월은 이와 같은 것을 섬뜩할 정도로 명백하게 보여준 바 있다.

만성적인 내전체제, 독재하의 그 간헐적인 상태, 대중의 냉담과 무기력은 사회주의적 생산체계의 건설을 거의 불가능하게 한다. 그리고 그곳에서 반드시 내전이나 냉담의 원인이 되는 소수독재는 자본주의에서 사회주의로 이행하는 작용을 하는 절대적 수단일 것이다!

많은 사람들이 내전과 사회혁명을 혼동하여 내전을 사회혁명의 형식으로 간주하고 내전에서 피할 수 없는 무법행위를 그러한 무법행위 없이는 혁명은 불가능하다고 함으로써 변명하는 경향이 있다. 모든 혁명에서 항상 그래왔으며 앞으로도 그럴 것이라는 것이다.

그럼에도 불구하고 바로 우리 사회민주주의자들은 항상 그래왔기 때문에 또한 앞으로도 그렇지 않으면 안 된다고 생각하지는 않는다. 우리는 우리의 혁명상(革命像)을 지금까지의 **시민**혁명의 그것에 따라 형성한 바 있다. **프롤레타리아**혁명은 시민혁명과는 전혀 다른 조건하에서 실현될 것이다.

시민혁명은 인민과는 분리된 군부의 지지를 받은 전제정이 모든 자유로운 활동을 억압했던 그리고 언론과 집회와 결사의 자유도 또 보통선거권도 그리고 진정한 인민대표기관도 존재하지 않았던 나라들에서 발생하였다. 그러한 나라들에서 정부에 대한 투쟁은 내전의 형태를 취할 수밖에 없었다. 현재의 프롤레타리아 계급은 최소한 유럽에서는 "순수한" 민주주의는 아니라 하더라도 수십 년 전부터 어느 정도 민주주의가 뿌리를 내리고 군부도 이전과는 달리 인민과 전적으로 분리되지 않은 그러한 나라들에서 정권을 잡게 될 것이다. 이러한 조건 하에서 다수대중을 의미하는 프롤레타리아 계급의 정권획득이 어떻게 이루어질까에 대해서는 기다려야 하는 일만 남아 있다. 어떠한 경우에도 우리는 유럽에서 프랑스대혁명의 과정이 반복되리라고 생각할 필요는 없다. 만일 현재의 러시아가 1793년의 프랑스와 매우 유사성을 보이고 있다면 그것은 사정이 시민혁명의 단계에 근접해 있다는 것을 증명할 뿐이다.

사람들은 **사회혁명**과 **정치혁명**과 **내전**을 구별하지 않으면 안 된다.

사회혁명은 전체 사회구조를 깊은 곳에서부터 변화시키는 것이며, 새로운 생산방식을 창설함으로써 초래된다. 그와 같은 일은 수십 년이 걸릴 수 있는, 그 완성에 정확한 경계를 그을 수 없는 기나긴 과정이다. 그 과정은 그것이 수행되는 형식이 평화적이면 평화적일수록 그만큼 더 성공할 것이다. (26)내전과 전쟁은 사회혁명의 과정을 사망케 하는 적이다. 사회혁명은 일반적으로 **정치**혁명을 통하여, 국가 내에서 계급간의 권력관계가 갑자기 이동함으로써, 곧 지금까지 정치권력에서 배제되었던 계급이 정부기구를 차지함으로써 시작된다. 정치혁명은 급속하게 수행되어 끝나는 갑작스런 작용이다. 그 형태는 그것이 수행되는 나라의 형태에 좌우된다. 민주주의가 더 많이 지배하면 지배할수록, 곧 민주주의가 형식적으로 뿐만 아니라 실제로도 근로대중의 힘에 근거하고 있으면 있을수록 정치혁명이 평화로운 혁명일 확률은 그만큼 더 높다. 그에 반해서 지금까지의 지배체제가 주민다수의 지지를 받는 것이 아니라 군사적 권력수단을 통해서만 정권을 유지하는 소수를 나타내면 나타낼수록 그만큼 정치혁명이 내전의 형식을 취할 확률은 더 높다.

그러나 후자의 경우에도 사회혁명의 주장자들은 내전이 단지 과도적이고 급속하게 수행되는 에피소드에 그치는 데, 내전이 민주주의를 가져오고 견고하게 하는 데, 그것이 사회혁명으로 이행하는 데, 말하자면 사회혁명이 다수의 인민대중이 원하는 정도 이상으로 진행되지 않는 데 절실한 이해관계를 가지고 있다. 왜냐하면 사회혁명이 그 궁극목표를 당장 실현하는 것이 바람직하기는 하지만 그것을 영속시키는 데 필요한 조건들이 존재하지 않을 수 있기 때문이다.

그러나 프랑스대혁명기에 파리의 프롤레타리아와 소시민의 공포정치는, 곧 소수의 독재는 매우 중요한 역사적 의미를 가지는 거대한 영향을 불러일으키지 않았던가?

물론 그렇다. 그러나 그것은 어떤 것이었는가? 저 독재는 프랑스공화정에 대하여 유럽군주들의 연맹이 일으킨 전쟁의 산물이었다. 이러한 공격을 격퇴시켜 승리한 것은 공포정치의 역사적 업적이었다. 그렇게 함으로써 공포정치는 독재가 민주주의에 비하여 전쟁을 더 잘 수행할 수 있다는 오래된 진리를 다시 한번 명확하게 입증하였다. 그러나 그것은 결코 독재가 자신의 의미에서 사회개혁을 수행하고 정권을 획득하는 프롤레타리아 계급의 방법이라는 것을 입증하지는 않았다.

1793년의 공포정치는 활력을 불어넣을 수는 없었다. 그럼에도 불구하고 파리의 프롤레타리아들은 그를 통해서 정권을 유지할 수 없었다. 독재는 프롤레타리아적 · 소시민적 정책을 대변하는 다양한 당파끼리 투쟁하는 방법이 되었으며, 결국에 가서는 모든 프롤레타리아적 · 소시민적 정책을 끝장내는 방법이 되었다.

하위계층의 독재는 무력독재의 길을 터준다.

사람들이 시민혁명의 예에 따라 혁명은 내전과 독재와 같은 것을 의미한다고 말하고자 한다면, 사람들은 또한 그로부터 결론을 끄집어내어 다음과 같이 말하지 않으면 안 될 것이다. 혁명은 반드시 크롬웰

이나 나폴레옹 같은 독재자의 지배로 끝난다.

(27)그러나 프롤레타리아 계급이 국민의 다수를 형성하고 이 다수의 국민이 민주적으로 조직된 곳에서는 이와 같은 일이 결코 프롤레타리아 혁명의 필연적인 결과가 아니다. 그리고 그러한 곳에서만 사회주의혁명의 제 조건은 존재한다.

우리는 프롤레타리아 계급독재를 바로 민주주의에 기반을 둔 프롤레타리아 계급의 지배로 이해할 수 있다.

06

헌법제정의회와 소비에트

Konstituante und Sowjet

민주주의와 독재 사이의 대립은 이제 러시아혁명에서 고도의 현실적인 의미를 가지게 되었다.

러시아의 사회주의자들은 분열되었다. 그들은 사회혁명주의자•[12]와

•12 사회혁명주의자 또는 사회혁명당은 쁘띠부르주아 민주주의 정당으로 1901년과 1902년 초 러시아에서 나로드니키의 다양한 집단과 단체가 병합한 결과 결성되었다. 제1차 세계대전 중에 그들의 다수는 사회주의적 쇼비니즘의 입장을 취하였다. 1917년 2월 부르주아 민주주의 혁명이 성공하자 그들은 멘셰비키, 카데츠와 함께 반혁명적 부르주아 지주 임시정부의 큰 기둥이 되었고, 그들의 지도자들은 임시정부에 참여하였다. 1917년 10월 사회주의 혁명 이후 사회혁명당은 전복작업을 하였고, 간섭주의자와 백위대 장군을 적극 지원하였으며, 소비에트 정치가와 공산당 지도자들에 대한 테러를 자행하였다.

카데츠(Cadets)는 '입헌민주주의자들'의 약자로 1905년 10월 창당된 러시아 자유주의 · 군주주의 부르주아지의 지도당원들을 가리킨다. 제1차 세계대전 중에 그들은 차르정부가 추구한 정복정책을 적극 지원하였다. 1917년 2월 부르주아 민주주의 혁명 중에 그들은 군주정을 구하려 하였다. 부르주아 임시정부의 지도부로서 카데츠는 반인민, 반혁명 정책을 추구하였다. 10월 사

마르크스주의자로 분열되었다. 사회혁명주의자들은 일차적으로 농민계급의 대변자들이다. 농민계급은 여타 유럽의 나라들과는 정반대로 러시아에서는 아직도 혁명의 원동력이었고 따라서 사회주의적인 프롤레타리아 계급과 제휴할 수 있었다. 그들과는 달리 마르크스주의자들은 산업 프롤레타리아 계급의 대변자들이다. 그들은 다시 두 가지 분파, 곧 현존하는 러시아의 경제적 기반에서는 혁명이 유럽의 사회주의 혁명과 동시에 발생하지 않는다면 혁명은 시민혁명일 수밖에 없다고 생각하는 멘셰비키[•13]와 항상 의지와 권력의 전능성을 신봉하면서 더 이상 러시아의 후진성을 고려하지 않고 혁명을 즉시 사회주의혁명으로 만들고자 하는 볼셰비키로 분열되었다.

혁명이 진행되는 중에 대립은 심화되었다. 멘셰비키는 헌법제정국민의회가 최종적인 정부를 구성할 때까지 과도연정에 참여하는 것을 자신들의 과제라고 간주하였다. 볼셰비키는 헌법제정의회가 구성되기 전이라도 과도정부를 전복하고 그를 당집행부로 대체시키고자 하였다. 그 밖에도 평화문제에 있어서 심각한 대립이 있었다. 멘셰비키는 볼셰비키와 마찬가지로 즉각적인 평화를 원했고, 양자는 모두 병합

회주의 혁명이 성공하자 그들은 소비에트정권의 강력한 상대방이 되었으며, 거의 모든 반혁명적 무장활동과 간섭주의자들이 전개한 운동에 참여하였다.

•13 1903년 러시아 사회민주노동당 2차 협의회에서 당은 레닌의 지지자들로 이루어진 혁명파와 마르토프가 이끄는 기회주의파로 나누어졌다. 당중앙기관의 선거에서 혁명적 사회민주주의자들은 '다수'(bolshinstov)의 지지를 받은 반면, 기회주의자들은 '소수'(menshinstov)의 지지를 받았다. 그 결과 볼셰비키와 멘셰비키라는 명칭이 주어졌다. 멘셰비키는 당의 혁명적 강령, 혁명에서의 프롤레타리아 헤게모니, 노동동맹에 반대하고, 자유주의적 부르주아와의 타협을 주장하였다. 1917년 2월 부르주아 민주주의 혁명이 성공하자 멘셰비키는 부르주아 임시정부에 참여하여 제국주의정책을 지지하고 준비 중인 사회주의 혁명에 반대하는 운동을 전개하였다.

이나 점령이 아닌 침머발트Zimmerwald선언[14]을 기반으로 평화를 원했다. 양 분파는 침머발트에 있었고 그곳에서는 멘셰비키가 다수에 속하였다. 그러나 멘셰비키는 전반적인 평화를 원했고 모든 교전국들이 병합과 점령은 원하지 않는다는 구호를 받아들이기를 원했다. 이러한 것이 달성되지 않는 한 러시아군대는 전투태세에 들어가 있어야 한다는 것이다. 그에 반하여 볼셰비키는 모든 것을 희생해서라도 즉각적인 평화를 요구하였고, 그들은 언제가 되었든 단독강화를 체결할 준비가 되어 있었으며, 이미 더할 나위 없이 약화된 군대의 해체상태를 더욱 확대해서라도 단독강화를 강행코자 하였다.

볼셰비키는, 군대와 인민 속의 다수대중의 일반적인 전쟁에 대한 혐오감과 동시대의 어떤 시민정부보다도 많은 정치적 · 사회적 개혁을 단행했으나 혁명정부로부터 기대되는 것만큼의 개혁을 행하지 못한 과도정부의 외견적 무능 때문에, 지지를 받았다. 헌법제정의회선거는 기대했던 것만큼 신속하게 치러지지 않았다. 우선 낡은 관료기구를 쇄

• 14 1915년 9월 5일-8일에 스위스의 침머발트에서 개최된 제1차 국제사회주의 협의회(The First Inter-national Socialist Conference)에서 채택된 선언을 말한다. 이 협의회에서 레닌이 지도하는 혁명적 국제주의자들(이른바 침머발트 좌파그룹)과 카우츠키적 다수파 사이에 투쟁이 전개되었다. 이 협의회에서는 제1차 세계대전이 제국주의 전쟁임을 인정하는 선언을 채택하였으며, 군비공채안에 찬성표를 던지고 부르주아정부에 입각했던 사회주의자들을 비난하였다. 이 협의회는 유럽의 노동자들에게 전쟁에 반대하는 그리고 무병합 · 무배상의 평화투쟁을 전개할 것을 촉구하였다. 또한 이 협의회에서는 전쟁희생자들에 대한 애도를 보내는 결의안을 채택하였으며, 국제사회주의 협의회(The International Socialist Committee)를 발족시켰다.

침머발트 좌파그룹은 러시아 사회민주노동당의 중앙위원회를 대표하는 8명의 위원과 스웨덴, 노르웨이, 스위스, 독일의 사회민주당 좌파, 폴란드의 야당인 사회민주당 및 라트비아의 사회민주주의자들을 포함하고 있었다. 레닌이 이끄는 침머발트 좌파그룹은 침머발트 협의회에 참여하면서 국제적으로 그 협의회와 무관하게 활동하고 그들의 견해를 보급시키겠다고 선언하였다. 이 그룹의 지도세력은 유일하게 일관된 국제주의적 입장을 견지한 볼셰비키였다.

신하여야 했고 민주적 도시 · 지방대표기구가 구성되지 않으면 안 되었다. 또한 1897년에 행해진 마지막 인구조사를 토대로 거대한 제국의 선거인명부를 작성하는 것도 말할 수 없이 어려운 일이었다. (28)따라서 헌법제정의회선거는 계속하여 연기되었다.

그러나 무엇보다도 평화가 올 기미가 보이지 않았다. 연합국의 정치가들은 어떤 요인들이 그 원인인가를, 병합과 점령 없는 평화에 대한 그들의 태도를 선언하는 것이 그 당시 얼마나 필요한가를 이해하지 못했다. 그들은 러시아인민들로 하여금 연합국과 의견을 같이 하는 과도정부를 평화의 방해물로 보이게 하는 정책을 추진하였다. 이상이 인터내셔널주의자인 일부 멘셰비키들이 연합국에서 탈퇴할 것을 요구하고 과도정부에 대하여 반대하는 태도를 보인 이유였다. 그러나 그들은 결코 볼셰비키처럼 극단적인 태도를 취하지는 않았다. 볼셰비키는 그러한 상황에서 멘셰비키와 과도정부를 희생시켜 기반을 굳혔고 지난해 11월 과도정부를 전복하는 데 성공하였다. 그들의 선전력은 일부의 사회혁명주의자들을 자기편으로 끌어들일 수 있을 만큼 크다는 것이 입증되었다. 사회혁명주의자 좌파[•15]는 곧 볼셰비키와 함께 정부를

•15 사회혁명주의자(사회혁명당) 좌파는 1917. 11. 19일에서 24일까지 개최된 제1차 전 러시아 소비에트대회에서 공식적으로 조직되었다. 그들은 제2차 전 러시아 소비에트대회에서 주요안건을 볼셰비키와 함께 가결시켰으나, 소비에트정부에 참여하라는 볼셰비키의 제의는 거절하였다. 그러나 그들은 농민에 대해 영향력을 유지하기를 바라고 있었으므로 오랜 망설임 끝에 볼셰비키의 제의를 받아들여 인민위원회의 여러 주요부서의 요직을 수락하였다. 그러나 그들은 사회주의건설에 관한 기본문제들에 대하여는 볼셰비키와 충돌하였으며, 프롤레타리아 계급독재에 반대하였다. 1918년 1월-2월에 사회혁명주의자 좌파의 중앙위원회는 브레스트 · 리토프스크 평화조약의 결과에 대한 반대운동을 시작하였다. 그리고 1918년 3월 제4차 소비에트대회가 조약에 서명 · 인준하자, 인민위원평의회에서는 탈퇴했으나 인민위원회와 지방정부의 요직은 계속 맡았다. 사회주의 혁명이 지방에서도 전개되기 시작하자 그들은 소비에트권력에 반대하기 시작

구성했으며, 사회혁명주의자 우파와 중앙당원들은 멘셰비키 쪽에 남았다.

볼셰비키는 그들이 활성화시킨 커다란 기대감으로부터 자신들의 힘을 취했다. 그들이 그 힘을 유지하려면 그들은 이 기대감을 충족시켜주지 않으면 안 되었다. 그러한 일이 가능했을까?

볼셰비키혁명은 볼셰비키혁명이 전반적인 유럽혁명의 시발점을 이룰 것이라는 가정, 곧 러시아가 용감하게 솔선수범하면 전유럽의 프롤레타리아가 봉기할 것이라는 가정에 근거하고 있다.

물론 이러한 가정 하에서는 러시아의 단독강화가 어떤 형태를 취하든, 러시아의 단독강화가 러시아인민에게 어떤 손해와 부담을 부과하든, 러시아의 단독강화가 민족자결을 어떻게 해석하든, 그러한 것들은 중요하지 않았다. 그렇다면 또한 러시아의 자체방어력도 중요하지 않았나. 이 견해에 따르면 유럽혁명은 러시아혁명의 최선의 방파제가 되며, 지금까지의 러시아영토 내에 있는 모든 민족들에게 완벽하고 진정한 자결권을 가져다줄 것이 분명하다는 것이다.

그러나 또한 사회주의를 가져오고 견고하게 하는 유럽에서의 혁명은 러시아에서 경제적 후진성 때문에 사회주의적 생산의 수행을 저해하는 원인이 된 방해물들을 제거할 수단도 될 것이 분명하다는 것

하였다. 1918년 7월 사회혁명주의자 좌파의 중앙위원회는 소비에트 러시아와 독일 간의 전쟁을 유발시키기 위해 모스크바에서 독일대사 미르바하 백작 암살단을 조직하였으며, 소비에트 정부에 대한 무장반란을 일으켰다. 반란이 진압된 후 제5차 전 러시아 소비에트대회는 사회혁명주의자 좌파의 지도자들과 입장을 같이 하는 사람들을 모두 소비에트로부터 추방할 것을 결정하였다.

이다.

이러한 이야기는 모두 사람들이 러시아혁명은 틀림없이 유럽혁명을 불러일으킬 것이라는 가정을 인정하는 순간 매우 논리적인 생각이고 논거가 훌륭한 것으로 생각된다. 그러나 사정이 그렇지 않다면 어떨까?

아직까지 가정(假定)은 적중하지 않았다. 그리고 지금 유럽의 프롤레타리아들은 러시아혁명을 포기하고 배반했다는 비난을 받고 있다. 그것은 미지의 사람들에 대한 비난이다. 유럽의 프롤레타리아들의 행동에 대하여 도대체 누가 책임을 져야 한단 말인가?

혁명은 저절로 일어나는 것이 아니라 제반 상황으로부터 발생한다는 것이 오래된 마르크스주의의 원칙이다. 그러나 서유럽의 제반 상황은 러시아의 그것과는 매우 상이하여 러시아에서 혁명이 발발했다고 해서 반드시 유럽에서도 혁명이 발발하지는 않는다.

(29)1848년에 프랑스에서 혁명이 발발하자 그것은 곧 프랑스 동부에 위치한 유럽으로 전파되었다. 그러나 그것은 러시아국경에서 정지하였다. 그리고 거꾸로 1905년 러시아에서 혁명이 발발하자 그것은 러시아 서부에 있는 나라들에서 몇몇 강력한 선거권운동을 추진하는데 기여하였다. 그러나 그것은 혁명으로 명명(命名)할 수 있는 정도의 것은 아니었다.

그러나 사람들은 볼셰비키가 유럽혁명을 기대하는 것을 지나치게 나쁘게만 해석해서는 안 된다. 또한 다른 사회주의자들도 똑같은 일을 했고 우리도 물론 계급투쟁을 매우 격화시킬 수 있고 일련의 놀랄

만한 일을 초래할 수 있는 상황들에 역행한다. 그리고 볼셰비키가 지금까지 잘못으로 혁명을 기대했다면, 또한 베벨*Bebel*[16] 같은 사람, 엥겔스 같은 사람, 마르크스 같은 사람도 여러 번 동일한 오류를 범하지 않았던가? 그러한 사실을 부정할 수는 없다. 그러나 이들은 한번도 **특정 시기**에 혁명이 있을 것이라고는 예상하지 않았으며, 그들의 전술을 한 번도 당의 존재, 프롤레타리아 계급투쟁의 진행을 혁명의 개시에 종속시키는 데, 프롤레타리아 계급을 혁명이냐 아니면 파멸이냐 라는 딜레마에 처하게 하는 데 맞추지 않았다.

모든 정치가들과 마찬가지로 또한 그들도 가끔 예상을 잘못하는 실수를 범하였다. 그러나 그러한 잘못도 결코 그들을 잘못된 통로, 곧 진퇴양난으로 유혹할 수는 없었다.

우리의 볼셰비키동지들은 전반적인 유럽혁명이라는 단 한 장의 카드에 모든 것을 걸었다. 이 카드가 나오지 않는다면 그들은 해결할 수 없는 과제를 떠안게 될 것이다. 그들은 군대 없이 강력하고 무분별한 적에 대항하여 러시아를 방어하여야 할 것이다. 그들은 전반적인 해체와 곤궁의 상태에서 만인을 위한 복지정부의 기초를 세워야 할 것이다. 그들이 추구하는 모든 것에 대한 물질적 · 지적 조건이 존재하지 않으면 않을수록 그만큼 더 그들은 부족한 것을 적나라한 폭력으로 강제하여야 한다고, 곧 독재를 통하여 대체하지 않으면 안 된다고 절실

• 16 August Bebel(1840-1913)은 독일 사회민주당의 지도자이다. 그는 노동운동에 종사하다 리프크네히트의 영향을 받아 사회주의자가 되었다. 사회민주당을 창설하였고, 사회민주당의 베를린 의장, '전진'(Vorwärts)지의 편집자를 역임하였다.

하게 느낄 것이 분명하다. 그들은 인민대중 속에서 그들에 대한 반대가 커지면 커질수록 더욱 더 그러한 느낌을 가지게 될 것이다. 따라서 그들이 민주주의 대신 독재를 취하는 것은 피할 수 없는 일이 되었다.

만일 유럽혁명을 불러일으키기 위해 그저 정권을 잡는 것만이 필요할 것이라는 볼셰비키의 예상이 잘못이었다면 국가의 지배권을 획득하기만 하면 다수의 주민이 환호하며 그들 주위에 모일 것이라는 예상 또한 똑같이 잘못이었다. 우리가 이미 언급한 바와 같이 그들은 야당으로서 러시아의 상황 때문에 존재하는 조건을 통하여 커다란 선전력을 발전시켰다. 그들은 혁명초기에는 작은 집에 지나지 않았지만 결국 그들은 정권을 획득할 만큼 강력해졌다. 그러나 그들의 배후에는 주민대중이 있었는가?

다른 혁명주의자들이 요구한 것처럼 또한 볼셰비키도 오랫동안 열정적으로 요구해온 헌법제정의회, 곧 보통 · 평등 · 직접 · 비밀선거권에 따라 선출된 헌법제정의회가 이러한 사실을 보여주어야 할 것이다.

볼셰비키가 정권을 장악한 직후 새 정부는 제2차 전 소비에트러시아의회의 승인을 받았다. (30)물론 그에 항의하여 의회를 떠난 강력한 소수의 반대가 있었다. 그러나 또한 다수는 아직도 헌법제정의회가 개최되어야 한다는 생각을 부인하지 않았다. 소비에트정부를 승인하는 결정은 다음과 같은 말로써 시작되었다. "**국가를 통치하기 위하여 헌법제정의회가 소집될 때까지 '인민위원평의회'**라는 명칭의 과도적 노동자 · 농민정부를 구성한다."

따라서 이곳에서는 아직도 헌법제정의회가 인민위원평의회보다 상위의 기관으로 인정되었다.

11월 7일의 혁명과 "**헌법제정의회의 선거에서**"[17] 나타난 주민의 견해와 반대된다는 이유로 페트로그라드 시의회[18]가 11월 3일 정부에 의하여 해산되었다. 새로운 선거가 현행 보통선거권을 근거로 공고되었다. 그러나 곧 사람들은 헌법제정의회선거에 싫증을 느꼈다. 12월 7일 전 소비에트러시아중앙집행위원회는 하나의 결정문을 공표하였다. 그곳에서 동 위원회는 다음과 같이 말하고 있다.

> "항상 선출된 대표자들로 구성되는 단체의 선거제도가 그렇듯이 이 단체는 의원에 대한 선거인의 이의신청권이 인정되고 적용될 때에만 진정 민주적이고 실제로 인민의 의사를 나타내는 것으로 간주될 수 있다. 진정한 민주주의의 이 원칙은 모든 대표기구와 **헌법제정의회**에도 적

•17 헌법제정의회(제헌의회)의 선거는 10월 사회주의혁명 후 지정된 날인 1917. 11. 12(25)에 치루어졌다. 의원들은 10월 혁명 이전에 작성된 명단에 따라 그리고 임시정부에서 승인한 규정에 따라 선출되었다. 선거는 국민대중이 아직 사회주의혁명의 의미를 인식하기 전에 이루어졌다. 사회혁명주의자(사회혁명당) 우파는 수도와 산업중심지에서 멀리 떨어진 지역에서 겨우 간신히 다수표를 획득하였다. 헌법제정의회는 임시정부에 의하여 소집되어 1918. 1. 5(18) 페트로그라드에서 개최되었다. 헌법제정의회의 다수파가 전 러시아중앙집행위원회에서 제출한 근로피착취인민의 권리선언을 거부하고, 제2차 소비에트대회에서 채택한 평화, 토지, 소비에트에로의 권력이양에 관한 법령을 승인하지 않았으므로, 중앙집행위원회는 같은 해 1월 6일(19일) 법령에 의해 헌법제정의회를 해산하였다.

•18 여기서 시의회로 번역한 단어는 Stadtduma이다. 듀마는 차르정부가 1905년 혁명사건의 결과로 소집해야 했던 대의기관을 말한다. 듀마는 형식적으로는 입법기관이었지만 실권은 가지지 못했다. 듀마는 직접·평등·보통선거권을 기초로 구성되지 않았다. 비러시아 민족은 물론 노동계급의 선거권은 크게 제한되어 상당수의 노동자와 농민은 참정권을 박탈당하였다. 1차 듀마(1906. 4-7.)와 2차 듀마(1907. 2-6.)는 차르정부에 의해 해산되었다. 1907. 6. 3. 차르정부는 쿠데타를 일으켜 새로운 선거법을 통과시킴으로써 노동자, 농민과 도시 쁘띠부르주아지의 권리를 더욱 제한하였으며, 3차 듀마(1907-1912)와 4차 듀마(1912-1917)에서 지주와 대자본가의 지배를 확고히 하였다.

용된다. … 동등한 기반에서 소집된 노동자 · 군인 · 농민대의원평의회는 모든 도시, 지방(현縣) 및 **헌법제정의회**를 포함하는 그 밖의 대표체를 위하여 새로운 선거일을 정할 권리를 가진다. 현행 선거구의 과반수 이상의 요구에 따라 동 평의회는 새로운 선거일을 정하지 않으면 안 된다."

자신들의 견해와 더 이상 합치되지 않는 의원을 다수의 선거인이 언제라도 소환할 수 있다는 요청은 민주주의의 제 원칙에 전적으로 일치된다. 그에 반해서 어째서 소비에트가 새 선거를 지시해야 하는가는 이러한 관점으로부터 설명될 수 없다. 그럼에도 불구하고 사람들은 그 당시 헌법제정의회에 대하여 더 이상의 일을 하지 않았다. 사람들은 헌법제정의회 제도도 그리고 더 나아가서 그 선거권도 사용하지 않았다.

그러나 선거의 결과 볼셰비키가 다수가 아니라는 것이 점점 더 분명해졌다. 그래서 1917년 12월 26일자 "프라우다"Prawda지는 레닌*Lenin*이 기초하고 중앙위원회가 채택한 헌법제정의회에 대한 일련의 강령들을 공표하였다. 그들 중 특히 중요한 것은 두 가지이다. 한 강령은 사회혁명주의자들이 분열되기 전 볼셰비키 승리 직후에 선거가 행해졌어야 한다고 선언하였다. 따라서 사회혁명주의자 좌파와 우파는 공동으로 후보를 추천했어야 했을 것이라는 것이다. 그러므로 선거는 대중이 가지고 있는 진정한 여론의 분명한 모습을 밝히지 않았다는 것이다.

이러한 견해를 가진 자에게는 위에서 인용한 12월 7일의 공포문과 관련하여 다음과 같은 결론, 곧 사회혁명주의자들이 선출되었던 선거구에서 헌법제정의회를 구성하기 위한 새로운 선거일을 결정하는 것은 자명하였다. (31)그 밖의 어떤 목적에서 그러한 결정을 했겠는가? 그러나 그 결정은 12월 26일에는 이미 망각되었다. 그리고 갑자기 이곳에서 우리를 몰두케 하는 레닌의 다른 두 개의 강령에서 전혀 다른 음조의 노랫소리가 들리기 시작한다. 방금 선출된 헌법제정의회는 전체 인민대중의 진정한 여론을 표현하지 않기 때문에 동 의회는 전혀 쓸모없다는 것을 우리에게 보이고 난 후 그는 도대체 보통선거권에 따라, 곧 대중에 의하여 선출된 모든 헌법제정의회는 전혀 쓸모없다고 선언한다.

"소비에트공화국은(시민적 공화국과 그 정수로서의 헌법제정의회와 비교할 때) 민주적 제도의 고차적 형태를 의미할 뿐 아니라 또한 그것은 가장 고통 없이 사회주의에로의 이행을 가능하게 하는 유일한 형태이기도 하다."

사람들(*볼셰비키들을 가리킴-역자)이 헌법제정의회 내에서 소수가 된 후에야 비로소 이러한 인식에 이른 것은 그저 유감스러운 일일 뿐이다. 일찍이 레닌보다 헌법제정의회를 열렬하게 요구한 사람은 아무도 없었다.

헌법제정의회와의 충돌은 이제 피할 수 없는 것이 되었다. 그 충돌은 소비에트 독재를 러시아의 영속적 정부형태로 선언한 소비에트의 승리로 끝났다.

07

소비에트공화국

Die Sowjetrepublik

소비에트조직은 1905년 러시아혁명의 산물이다. 그 당시 프롤레타리아 계급은 대중활동에 돌입하였으며, 그를 위해서 대중조직을 필요로 하였다. 사회혁명주의자들과 마찬가지로 사회민주주의자들의 비밀조직은 수백 명의 구성원밖에 가지고 있지 못했으며, 고작 기천명의 노동자들에게 영향력을 행사할 정도에 지나지 못했다. 차르의 절대주의 하에서는 정치적 · 경제적 대중조직이 구성될 수 없었다. 혁명 이전에 존재했던 노동자의 유일한 대중조직은 자본 자체에 의하여, 곧 개별기업들에 의하여 만들어진 것들이었다. 그것들이 이제 프롤레타리아 대중투쟁 조직으로 되었다. 모든 기업은 이제 물자의 생산장소에서 정치선전과 정치활동의 장소로 변하였다. 개별기업의 노동자들이 회합하여 대표를 선출하였고, 그들은 대표자회의, 곧 소비에트를 구성하였다. 매우 의미 있는 이 운동에 동기를 부여한 것은 멘셰비키였다. 그렇게 해서 프롤레타리아 조직의 형태, 모든 임금노동자를 포함했다는 점에서 모든 노동자의 가장 포괄적인 조직이 만들어졌다. 그 조직은 강력한 행동을 가능하게 하였고 노동자들의 의식 속에 깊은 인상을 심어주었다. 1917년 3월 제2차 러시아혁명이 일어나자 소비에트조직은 즉각 재봉기 하였다. 그리고 이번에는 제1차 혁명 후 성장한 프롤레타리아의 성숙에 상응하여 더 높은 원칙에 기초를 둔 것이었다. 1905년의 소비에트는 몇몇 도시에 한정된 지방적 조직에 불과하였다. 1917년의 소비에트는 숫자가 훨씬 많았을 뿐만 아니라 또한 서로 간에 연계되었다. 곧 개별 소비에트들은 다시금 그 조직이 때때로 전 러시아소비에트의회와 영속적인 중앙집행위원회를 둔 전 러시아를 포괄하는 조직으로 되는 대 조직을 이루었다.

오늘 이미 소비에트조직은 위대하고 영광스러운 역사를 회고할 수 있다. 그리고 앞으로도 더 훌륭한 역사가 있다. 그러나 그것은 러시아에 국한된 것은 아니다. (32)이제까지 프롤레타리아 계급이 구사해온 경제적 · 정치적 투쟁방법이 금융자본이 경제적 · 정치적으로 사용하는 거대한 힘에 대하여는 통하지 않는다는 것이 도처에서 명백해지고 있다. 그러한 투쟁방법들은 포기될 수 없다. 곧 그것들은 평상시에는 아직도 필수불가결하다. 그러나 때때로 그러한 투쟁방법들은 그것만으로는 충분하지 않고 노동계급의 모든 경제적 · 정치적 권력수단을 결집할 때에만 성공할 수 있는 과제들에 직면하기도 한다.

1905년의 러시아혁명은 독일사회민주당 내에 대중파업의 이념을 제공하였다. 1905년의 전당대회는 대중파업을 인정하였다. 그 후 1906년의 전당대회는 노동조합관료들의 예민한 감정과 우려를 제거하려고 노력하였다. 동 전당대회는 대중파업에 대하여 다음과 같이 결정하였다.

> "당수뇌부가 정치적 파업의 필요성이 존재하는 것으로 생각하면 바로 당수뇌부는 노동조합 총위원회와 합동으로 활동을 성공적으로 수행하기 위하여 필요한 모든 조치를 취한다."

대중파업과 관련된 모든 경험에 따르면 오늘날 우리는 이 결정이 근본적으로 잘못된 것임을 알고 있다. 우선 대중파업은 예기치 않게 특정상황에서 자발적이고 갑작스럽게 발생할수록 그만큼 더 성공할 가능성이 크기 때문이다. 당조직과 노동조합조직의 사전양해 하에 대중파업이 행해지는 경우 번잡한 준비절차가 필요하며, 그 때문에 모든 노력이 수포로 돌아갈 수도 있다.

그 밖에도 노동조합의 관료주의는 점점 더 모든 자발적인 활동에 역행하고 있다. 노동조합은 반드시 필요하다. 노동조합의 조합원수와 자금이 많을수록 프롤레타리아 계급의 힘은 그만큼 더 강해진다. 그러나 많은 수단을 가지는 거대하고 영속적인 조직은 교육을 받은 영속적 관리자, 곧 관료 없이는 불가능하다. 노동조합관료는 노동조합 자체만큼이나 불가결한 존재이다. 노동조합관료는 의회주의나 민주주의만큼이나 어두운 면을 가진다. 그러나 그것은 의회주의나 민주주의와 마찬가지로 프롤레타리아 계급의 해방을 위해서는 반드시 필요하다.

그러나 이러한 이야기는 그들의 모든 요구가 인정되어야 한다고 말하는 것은 아니다. 그들의 요구는 그들의 첫째 과제이자 대체될 수 없는 것, 곧 노동조합기금의 관리, 노동조합조직의 확장에 대한 일, 노동자들의 투쟁에서 받은 모멸에 대한 것에 마땅히 한정되어야 한다. 그러나 그들은 점점 더 시대의 징표가 되어가는 저 폭력적 대중투쟁에는 적합하지 않다. 의원과 마찬가지로 노동조합원은 대중투쟁에서 점점 더 기업대표조직, 노동자위원회의 몫으로 되고 있는 그들의 경험과 지식을 사용하여 유효한 영향력을 행사할 수 있다. 영국에서와 마찬가지로 러시아 이외의 여러 나라들에서 노동조합 외에 그러한 기구들(조수단체 또는 사환단체)이 대중투쟁에서 커다란 역할을 수행하고 있다.

따라서 소비에트조직은 우리 시대가 낳은 매우 중요한 현상들 중의 하나이다. 그것은 우리가 앞으로 치루어야 할 자본과 노동 사이의 위대한 결정적 전투에서 결정적인 의미를 가진다.

(33)그러나 우리는 소비에트로부터 좀 더 많은 것을 요구해도 되는가? 사회혁명주의자 좌파와 함께 1917년 11월 혁명 후 러시아노동자평의회에서 다수를 획득한 볼셰비키가 헌법제정의회를 해산시키고 난 후 착수한 일은 그때까지 한 **계급**의 **투쟁조직**이었던 소비에트를 **국가조직**으로 만드는 일이었다. 그들은 러시아인민혁명과 3월 혁명이 쟁취한 민주주의를 폐지하였다. 그에 상응하여 볼셰비키는 스스로를 **사회민주주의자**로 부르기를 그만 두었다. 그들은 스스로를 **공산주의자**로 부른다.

물론 그들은 전적으로 민주주의를 부정하려 하지는 않는다. 4월 28일자 연설에서 레닌은 소비에트조직을 "민주주의의 고차원적 유형", 곧 "시민적 왜곡"과의 전적인 단절로 부르고 있다. 프롤레타리아와 가난한 농민들을 위해 이제 전적인 자유가 회복되었다.

그러나 지금까지 사람들은 민주주의를 모든 국민의 참정권의 평등으로 이해하고 있다. 법률에 의하여 특권이 부여된 계층은 항상 운동의 자유를 가졌었다. 그러나 사람들은 그것을 민주주의로 이해하지는 않는다.

소비에트공화국은 프롤레타리아 계급독재의 조직, 곧 레닌이 표현하듯이 "가장 고통 없이 사회주의로의 이행을 가능케 하는" 유일한 조직이어야 한다. 사회주의는 소비에트에서 대표되지 않는 전체주민의 정치적 권리를 박탈하여야 한다.

우리는 이미 프롤레타리아 계급독재의 이념에 대해서 이야기해야 할 것을 상론하였다. 이제 소비에트 내부의 구성에 대해서 몇 가지 언급을 하도록 하겠다.

왜 소비에트가 보통선거권에 의해서 가능한 것보다 사회주의로의 이행을 덜 고통스럽게 하여야 하는가? 이 방법으로 자본가들이 입법에서 배제된다는 것은 명백한 일이다.

이제 가능한 것은 두 가지 뿐이다. 하나는 자본가들과 그들의 추종자들이 단지 무의미한 군중에 지나지 않는 것이다. 그렇다면 보통선거권에 의하는 경우 그들이 어떻게 사회주의로의 이행을 저해할 수 있겠는가? 정반대일 것이다. 그들이 보통선거권에 의하는 경우 무의미한 소수로 나타난다면 그들은 누구도 어떤 정당이 주민의 다수를 배후에 두고 있는가를 자신있게 말할 수 없도록 선거권이 구성되기 이전에 자신의 운명을 받아들일 것이다. 그러나 사람들이 자본가들의 권리만을 박탈할 수는 없다는 것이 사실이다. 법적인 의미에서 누가 자본가이고 누가 유산자인가?

프롤레타리아 계급의 숫자가 대단히 많고 경제적으로 발전된 독일과 같은 나라에서도 소비에트공화국이 설립되면 많은 대중이 참정권을 박탈당할 것이다. 1907년 독일제국에서 농업, 공업 그리고 상업의 3대 직업군에 소속된 자와 사무원과 임금노동자(생업종사자와 그 가족)의 수는 대략 3,500만 명이었고, 자영업자의 수는 1,700만 명이었다. 따라서 어떤 정당이 다수의 임금노동자를 배후로 가지고 있다 하더라도 전체주민에 비하면 소수에 지나지 않을 수도 있었다. 반면에 노동자가 일치단결한다면 보통선거권의 경우에도 상대방을 두려워할 필요가 없을 것이다. 노동자들이 그들의 공동의 적에 대항하여 투쟁하는 데 필요한 보통선거권은 계급의 적이 배제되고 어떤 사회주의정당의 정치투쟁이 전적으로 다른 사회주의정당을 적대시하는 형태를 취하는 소비에트에 정치적 투쟁을 한정시키는 것보다 노동자들을 더욱 단결시킬 것이다. (34)그곳에서는 계급의식 대신 종파광신주의가 합법적으로 육성될 것이다.

그러나 이제 다른 대안을 살펴보도록 하자. 자본가들과 그들의 추종자들은 소수가 아니라 보통선거권을 기반으로 선출된 의회에서 진지한 야당이 될 수도 있는 커다란 대중이다. 사람들이 이러한 야당을 입법기관에서 침묵하게 함으로써 개선되는 것이 무엇이겠는가?

자본가들 자신은 도처에서 단지 얇은 층을 구성할 뿐이다. 그러나 사회주의자들에 대하여 그들의 추종자들은 매우 거대한 것일 수 있다. 사람들은 매수되거나 개인적인 이해관계를 가진 자들만이 자본주의를 옹호한다고 생각해서는 안 된다. 사회주의를 제외하고는 오늘날 자본주의가 고도의 단계에 있는 유일의 가능한 생산형태이다. 사회주의를 가능하지 않다고 간주하는 자는, 그가 현대적으로 생각한다면, 비록 그가 자본주의에 전혀 관심이 없다 하더라도 자본주의에 찬성하지 않으면 안 된다. 그러나 또한 시대에 뒤떨어진, 자본에 대하여 적대적인 계층들 중 많은 사람들도 생산수단의 사유의 기반 위에 그리고 그로써 자본주의가 자라난 기반 위에 서있다. 따라서 시대에 뒤떨어진 나라에서 자본주의를 직접 또는 간접적으로 보호하는 주민층의 숫자는 매우 많을 수 있다. 그들의 반대는 사람들이 그들로부터 선거권을 박탈한다고 해서 감소되지는 않을 것이다. 그들은 새로운 전제정부의 모든 조치들에 대하여 더욱 더 끈기 있게 반항할 것이다. 완전한 민주주의에서 보통선거권이 주어지는 경우 모든 계급과 그들의 이해관계는 그 숫자에 따라 입법기관에서 대표된다. 모든계급과 정당은 모든 법률안에 대하여 가장 자유스럽게 비판할 수 있고 그 법률안의 약점을 드러내 보일 수 있지만 또 주민 속에서 발견되는 상대방의 힘을 인식할 수도 있다. 소비에트에 있어서는 모든 적대적 비판이 배제되며, 법률의 약점은 그리 쉽게 드러나지 않는다. 그리고 사람들은 그에 대하여 주민들 속에서 제기되는 저항을 아무것도 정확하게 알지 못한다. 법률이 공포된 후에야 비로소 비판과 저항이 생겨난다. 법률의 약점은 **심의** 중이 아니라 **시행** 중에 드러난다. 그래서 소비에트정부도 이미 매우 중요한 법률들의 경우 그것들을 증보하거나 느슨한 실무를 통해서 위반하는 것이, 곧 바로 사람들이 집어던진 요소들을 뒷문으로 다시 받아들이는 것이 필요하다고 생각하였다. 우리는 이미 보통선거권과는 반대로 직업에 따른 선거권은 참여자의 시야를 좁히는 경향이 있다는 것에 대해서 언급한 바 있다. 보통선거권과 그들의 역학관계에 따라 대표되는 정당들의 자유로운 토론을 통하는 것보다 사회주의로의 이행이 덜 고통스럽게 행해질 수 있다는 것은 아마도 의심스럽다 하겠다.

그러나 무고통과 마찬가지로 소비에트헌법 하의 프롤레타리아 계급독재도 의심스럽다. **독재**가 무엇인가는 분명하다. 그런데 하필이면 **프롤레타리아 계급**독재이어야 하는가?

러시아의 경제구조 하에서 소비에트는 1905년과는 달리 1917년에 스스로를 도시산업 프롤레타리아 계급에 한정시키지 않음으로써만 그들의 지배적 지위를 획득할 수 있었다. **(35)**이번에는 군인과 농부도 소비에트에 조직되었다. 군대가 해산됨으로써 군인들은 그 숫자에 따르는 의미를 상실하였다. 그들에게 인민위원들이 모집한 작은 군대의 중요성은 투표용지보다 총검에 있었다. 물론 적군(赤軍)의 투표용지가 전혀 중요하지 않은 역할을 한 것은 아니었다. 여러 소비에트에서, 예컨대 페테스부르크에서 행해진 마지막 선거에서 그들에게는 적지 않은 수의 의석이 유보되었다. 그러나 러시아인구의 대다수를 차지하는 농민들의 표가 더욱 더 중요하게 되었다. 소비에트헌법 하에서 그들은 입법과 집행에 참여할 권리가 있는 주민의 다수를 형성하고 있다. **프롤레타리아 계급독재**라고 자칭되는 것은, 그것이 시종일관 시행되고 도대체 하나의 계급이 직접 독재를 행사할 수 있다면, 실제로는 하나의 정당에 의해서만 행사될 수 있겠지만, 농민계급이 주축이 되는 독재로 될 것이다. 따라서 사회주의의 고통없는 시행은 그 시행을 농민들의 손에 맡길 때에만 확실시된다고 여겨진다. 그러나 농민들이 소비에트조직 내에서 다수를 형성하면 소비에트조직은 다른 편에서는 전체 프롤레타리아 계급을 포괄하지 않는다.

처음에는 누가 소비에트에 조직되는가, 어떤 소비에트가 일반조직에 허용되어도 되는가에 대하여 견해가 분명하지 않았다. 모든 계급조직이 하나의 소비에트를 구성할 수 있고 그것이 소비에트로 간주되어야 한다는 견해가 때때로 지배적이었다. 3월 28일에만 해도 "라이프치히 인민보"Leipziger Volkszeitung는 분명히 볼셰비키 쪽에서 흘러나온, "소비에트공화국"이란 제목의 기사를 게재하였다. 그 기사의 내용은 다음과 같다.

> "소비에트대표체는 모든 민주적 대표체가 가지는 뛰어난 속성을 가지고 있다. 소비에트대표체는 **모든 시민들에게 전적으로 평등한 권리를 부여**하며, 해당 지방의 **모든 계급**은 소비에트에서 그 힘과 그 사회적으로 특수한 비중에 정확하게 상응하는 대표를 유지할 **완전한 가능성**을 향유한다. 이를 위해서 그들은 당내에서 종래의 민주주의의 도식에 따라서가 아니라 새로운 민주적 형태에 상응하여 특수한 계급조직

내에서 또는 노동조합조직 내에서 사전에 조직되어야 한다는 것은 자명하다."

군인들과 노동조합원들은 이렇게 사회민주당조직을 **노동조합조직** 밑으로 끌어내린 데 대하여 매우 만족스러워하였다. 그러나 보통·평등선거권을 신분선거권으로 대체하려는 보수주의자들도 이곳에서 꿀을 빨 수 있는 꽃을 발견하고 있다. 프롤레타리아 계급독재의 옹호자는 계속하여 다음과 같이 말하고 있다.

"부르주아지 자체는 지금까지 소비에트에서 대표자를 갖지 못하고 있다. 그러나 그 이유는 그들이 허용되지 않았기 때문이 아니라 그들 스스로가 소비에트의 권력을 보이코트하고 있고 다른 한편으로는 프롤레타리아의 도식에 따라 조직되는 데 적합하지 않기 때문이다."

부르주아지들은 정말 그러한 일에 적합하지 않은가? 우리의 볼셰비키친구들은 기업가조직에 대하여 전혀 들은 바가 없단 말인가? 그리고 그들로서는 보통선거권을 가진 개별적인 자본가가 소비에트동맹 내의 기업가조직보다 정말 더 위험하지 않다고 여기고 있는가? 그러나 우리는 곧 소비에트조직이 보통선거권보다 우월한 이유가 어디에 있는가에 대하여 가르침을 받게 된다.

(36)"어떠한 것이 되었든 부르주아지의 투쟁조직은 소비에트에 허용되지 않는다는 것은 자명한 것으로 받아들여질 수 있다."

달리 표현하자면, 소비에트조직은 보통선거권에 앞서 커다란 자의(恣意)라는 이익을 미리 가지고 있다. 소비에트조직은 자신을 적대시하는 모든 조직을 중심부에서 배제시킬 수 있다. 소비에트조직은 "모든 시민들에게 전적으로 평등한 권리를 부여한다." 그러나 이들은 "자명하게" 소비에트정부의 의미에서만 이러한 권리들을 행사해도 된다. 그러나 사람들은 그 동안에 사정이 그렇게 진행되지 않는다는 것을 발견하였다. 7월 12일에 폐회된 최근의 전 러시아소비에트의회는 러시아 소비에트공화국의 헌법을 완성하였다. 이 헌법은 러시아제국의 모든 구성원이 아니라 특정 범주의 사람들에게만 소비에트에 보낼 대표자를 선출할 권리를 가진다고 규정하고 있다.

"생산적인 노동이나 공익적인 노동에 의하여 생계수단을 취득하는" 자에게만 선거권이 허용된다. 그러나 "생산적이고 공익적인 노동"이란 무엇인가? 그것은 정말로 탄력적인 개념이다. 선거권이 배제되는 사람들에 대한 규정도 마찬가지로 탄력적이다. 이에는 "이익을 목적으로 활동하는 임금노동자"도 속한다. 가내노동자나 한 명의 견습생을 두고 있는 세공사(細工師)도 전적으로 프롤레타리아처럼 생활하고 느낀다. 그러나 그는 선거권이 없다. 더 많은 프롤레타리아들이 개인영업과 중간상인의 선거권을 박탈하고 있는 규정을 통해서 선거권을 가지지 못하게 된다. 실직하여 생계를 유지하기 위하여 야채상을 개업하거나 신문을 파는 노동자는 선거권을 상실한다.

또 다른 규정은 "노동하지 않고 수입을 얻는 자, 예컨대 자본으로부터 배당을 받고, 기업으로부터 이익을 얻으며, 재산으로부터 소득이 있는" 모든 사람에게 이 권리를 배제하고 있다. 선거권을 박탈당하게 되는 "노동하지 않고 얻는 수입"이 어느 정도이어야 하는가에 대해서는 아무런 언급도 없다. 예금통장을 가지고 있는 것만으로도 그러한 경우에 속하는가? 소도시에 살고 있는 많은 노동자들도 보통 작은 집 한 채 정도는 소유하고 있다. 생존하기 위하여 그들은 임대를 한다. 그들은 그러한 일 때문에 노동하지 않고 얻는 수입이 있는 사람의 범주에 속하게 되는가? 최근에 페테스부르크에서 트로츠키*Trotzky*[19]가 1909년 "혁명의 아성(牙城)"이라 부른(Rußland in der Revolution, S. 83) 오부초브치 공장이 파업을 하였다. 나는 어떤 볼셰비키동지에게 그가 소비에트정부에 대한 이 반항을 어떻게 설명하겠는가고 질문하였다.

"그것은 매우 간단하다. 그곳의 노동자들은 모두 자본가들이다. 모든 노동자가 집을 한 채씩 갖고 있다."는 것이 그의 생각이었다.

사람들은 소비에트공화국의 선거관리규정에 따라 자본가로 낙인찍혀 선거권을 상실하는 것이 어떤 것인가를 보게 된다.

더 이상의 자의를 허용하는 선거권의 개념규정들이 탄력성을 가지는 이유는 입법자가 아닌 대상에 있다. 프롤레타리아의 개념을 법적으

• 19 Leon Trotzky(1879-1940)는 러시아의 혁명가로 본명은 Lev Davydovich Bronstein이다. 그는 남우크라이나의 유대인 농가의 아들로 태어나 마르크스주의 운동에 참가하여 1898년에 체포, 시베리아로 유형되었다. 1902년 탈주에 성공, 런던에서 레닌에 협력했으나 이듬해 제2차 당대회에서는 멘셰비키에 소속되었다. 1905년의 혁명에서 페테스부르크의 소비에트의장이 되었으나 다시 체포되어 탈주하였다. 국외에서 멘셰비키와 볼셰비키의 통일을 위해 노력하다 1914년 미국으로 망명하였다. 1917년 5월 귀국하여 볼셰비키와 공동투쟁을 벌이다 7월말에 정식으로 입당하였다. 10월 혁명때 무장봉기에 공헌하였으며, 혁명 후 외무인민위원이 되었다. 레닌이 사망한 후 당의 노선을 놓고 스탈린과 대립하여 1927년 제명, 1929년 국외로 추방되었다. 이후 각국을 전전하다 1936년부터 멕시코에 정착했으나, 1940년 8월 스탈린이 보낸 자객에게 암살당하였다.

로 일의적(一義的)이고 간략하게 표현하는 일은 결코 성공할 수 없을 것이다.

모든 사람의 선거권을 심사하고, 선거인명부를 작성하는 특정기관의 설치에 대한 규정과 선거절차가 비밀로 행해지느냐 아니면 공개적으로 행해지느냐를 정하는 선거절차에 대한 규정을 나는 발견하지 못했다. 동 헌법 제70조는 "정확한 선거질서는 … 전 러시아중앙위원회의 훈령에 상응하여 **지역(현 縣)**소비에트에 의하여 정해진다."라고 규정하고 있다.

(37)레닌은 소비에트의 사회주의적 성격에 대한 4월 28일자 연설에서 특히 다음과 같은 것을 열거하였다. 1. 선거권자는 피착취노동대중이며, 부르주아지는 배제된다. 2. 관료주의적 형식과 선거의 제한은 어떤 것이든 앞으로는 있을 수 없다. 대중 스스로가 선거의 질서와 시기를 정한다.

따라서 마치 모든 유권자회의가 그들의 임의에 따라 선거절차를 정할 수 있는 것으로 보인다. 그에 따라 프롤레타리아 계급 자체 내에서 불편한 반대요소를 제거할 수 있는 자의와 가능성이 극도로 고조될지도 모른다.

지역(현 縣) 이상의 소비에트에 대한 선거가 간접선거이며, 이것이 동시에 야당에게는 불리하다는 것도 내친 김에 언급해 두겠다.

그럼에도 불구하고 아직까지 소비에트 내에서 야당이 발언할 기회를 얻는 것을 방해받지는 않고 있다.

그러나 사회주의로 "고통없이 이행"하기 위해서는 물론 모든 야당과 비판세력이 침묵할 것이 요구된다. 따라서 6월 14일 전 러시아중앙집행위원회에 의하여 다음과 같은 결정이 내려졌다.

> "사회혁명당(우파와 중앙당)과 멘셰비키의 대표자는 배제되며, 동시에 노동자대표, 군인대표, 농부대표 및 코작대표로 구성되는 모든 소비에트들에게는 위 정당의 대표를 그 중심부에서 축출할 것을 제안한다."

이러한 조치는 특정의 유죄행위를 범한 특정의 사람들에 대한 것이 아니다. 현정부를 비난하는 자는 무조건 체포되며, 사람들은 그를 배제할 필요도 없다. 소비에트공화국의 헌법에는 소비에트의원의 면책특권은 이야기도 되지 않고 있다. 그러나 이는 저 정당들의 기반에 서있는 모든 노동자들이 선기권을 상실한다는 것을 의미할 뿐이다. 그들의 표는 더 이상 문제가 되지 않는다. 그에 대한 특정의 경계는 존재하지 않는다. 소비에트공화국헌법 제23조는 다음과 같이 규정하고 있다. "전체 노동자계급의 이익을 위하여 러시아사회주의연방 소비에트공화국은 권리를 사회주의혁명에 해가 되도록 남용한 모든 개인과 전체집단의 권리를 박탈한다."

이로써 야당은 모두 법외추방 되었다. 왜냐하면 모든 정부는, 따라서 혁명정부도, 야당이 그들의 권리를 남용한다고 생각하기 때문이다. 그러나 그것으로도 아직 사회주의로의 고통 없는 이행을 확실히 하는데 여전히 충분하지 않았다. 볼셰비키는 멘셰비키와 중앙당과 그리고 소비에트 내의 사회혁명주의자 우파의 반대를 전혀 면할 수 없었다.

소비에트 내에서 그들 사이에 그리고 볼셰비키와 연합하여 정부를 구성한 사회혁명주의자 좌파 사이에 대전투가 불붙었다. 그리고 이제 이들 중 대부분은 소비에트에서 축출되었다.

따라서 프롤레타리아 자체 내에서 볼셰비키정부를 지탱하고 있는 정치권에 참여하는 프롤레타리아의 범위는 점점 더 축소되고 있다. **(38)**프롤레타리아 계급독재를 명시하는 요구에서 출발하였으나 볼셰비키정부는 처음부터 프롤레타리아 계급 내부에서 단일 정당의 독재를 요구하였다. 그러나 볼셰비키정부는 얼마동안 소수에 대한 다수 프롤레타리아 계급독재를 가장할 수 있었다. 오늘날에는 그 자체가 의심스럽게 되었다.

그러나 동시에 모든 정부는, 또한 독재정부도, 다수의 표현, 그것도 단순히 프롤레타리아 계급의 다수가 아닌 전체인민의 다수의 표현으로 생각될 필요가 있다. 또한 볼셰비키도 그러한 필요를 면할 수 없다.

7월 6일자 파리 "인민보"Populaire는 롱게*Longuet*[20]와 소비에트공화

•20 사회주의 역사에서 롱게라는 이름은 두 번 나온다. 하나는 프랑스의 언론인으로 프루동주의를 추종했으며, 마르크스의 장녀인 Jenny Marx와 결혼한 Charles Longuet(1839-1903)이고, 다른 하나는 Charles Longuet와 Jenny Marx 사이에서 태어나 Le Populaire지를 창간하고 발행했던 마르크스의 외손자이자 프랑스 사회주의당의 소수파인 롱게파의 지도자였던 Jean Longuet(Jean-Laurent-Frederick Longuet, 1876-1938)이다.

카우츠키가 말하는 롱게를 전자로 소개한 책도 있으나, 모든 정황으로 판단할 때 여기서 카우츠키가 말하는 롱게는 후자임이 분명하다. 롱게파는 1914-1918 제국주의 전쟁 중에 인터내셔널에 대해 이야기하기를 전적으로 거부한 사회주의적 쇼비니스트들(샤이데만 일파, 르노델 일파, 헨더슨 일파, 곰퍼스 일파 등)과 타협정책을 추구하였고, 전시에 혁명투쟁을 거부하고 조국수호를 주장하였다. 10월 혁명 이후에 그들은 프롤레타리아 계급독재의 지지자로 자처하였으나, 실제로는 그것에 반대하였다. 롱게파는 1920년 12월 공인된 개량주의자들과 함께 제2인터내셔널에서 탈당하고, 이른바 2.5인터내셔널(the Vienna Union)에 합세하였다.

국의 런던주재대사 리트비노프 *Litwinoff*의 대담을 보도하였다. 롱게는 특히 다음을 지적하였다.

> "시민 리트비노프, 당신은 당신들의 운동에 대하여 매우 강하게 공감하고 있는 서구의 동지들조차도 헌법제정의회가 해체됨으로써 상처를 받은 것을 알고 계십니다. 본인은 당신에게 이미 1월에 그러한 일을 마지막으로 보았으면 한다고 이야기한 바 있습니다. 당신은 사람들이 당신들에게 행하는 공격을 해소하기 위하여 어떠한 경우를 막론하고 (헌법제정의회를 구성하기 위한) 새 선거를 치러야 한다고 믿지 않으십니까?"

이에 대하여 리트비노프는 다음과 같이 대답하였다.

> "그와 같은 일은 현재의 주어진 상황으로서는 불가능합니다. 소비에트라는 형식에 표현된 민주주의는 ― 대중의 의지의 정확한 표현 ― 현재의 러시아에 상응하는 대표의 유일한 형식입니다. 그 밖에도 최근의 소비에트선거에 대하여 항의했던, 그 선거를 부정하는 자들도 **우리가 확실히 다수가 될 수도 있는** 새로운 헌법제정의회선거에 대하여 이의를 제기하고 있습니다."

리트비노프 동지와 그의 동료들이 그와 같은 확신에 차있다면 왜 그들은 선거에 항의를 하는 것이 문제되도록 하지 않는가?

선거가 전적으로 자유롭게 행해지고 볼셰비키가 다수를 얻게 되면 소비에트정부인 현 정부는 외국에서는 물론 국내에서 그들이 현재의 선거방법과 통치방법에서 얻을 수 있는 것보다 더욱 강력한 도덕적 기반을 얻게 될 것이다. 특히 사회주의 비판에 대한 모든 이의가 배제될 수 있고, 투쟁 중인 프롤레타리아 계급의 전체 인터내셔널은 만장일치로 전력을 다하여 그들의 뒤를 밀어줄 수도 있을 것이다.

사람들이 다수를 차지할 수 있다는 것을 그토록 확신한다면 왜 이러한 어마어마한 이익을 거부하는가? 현재로서는 러시아에 보통선거권이 부적절하고 소비에트조직만이 러시아의 필요에 상응하기 때문인가? 이러한 사실은 사람들이 모든 정부는 자신을 국가와 동일시하고 자신에게 적절치 않은 것은 국가에도 적절치 않다고 선언하는 것을 선호한다는 것을 기억할 때에야 비로소 이해될 수 있다.

물론 한 가지는 인정하지 않으면 안 된다. 오늘날의 상황이 헌법제정의회선거에 착수하는 데 유리하지는 않다. 최초의 헌법제정의회선거가 준비되고 행해졌던 당시에는 아직도 국내는 어느 정도 평온하였다. 오늘날 전 러시아는 내전으로 분열되어 있다. 그러나 이러한 결과가 9개월 된 소비에트공화국에게 소비에트조직이 러시아에 가장 적합한 조직이고 사회주의로의 이행을 가장 고통 없이 가져올 수 있는 조직이라는 증거를 당연히 제공하겠는가?

08

시청각교육

Der Anschauungsunterricht

(39)여기에서 언급된 독재적 방법의 위험성에 대하여 다음과 같은 장점도 있다. 독재적 방법은 뛰어난 시청각교육을 제공한다. 곧 스스로를 옳다고 주장하지 않는 경우에도 독재적 방법은 프롤레타리아 계급의 의미에서 더 이상 돌이킬 수 없는 많은 것을 관철시킬 수도 있다.

우선 시청각교육에 대하여 관찰해보도록 하자. 이 논거는 물론 다음과 같은 고려에서 출발한다. 인민의 다수가 지배하는 민주주의에서 사회주의는 사회주의에 찬성하는 다수를 획득할 때 비로소 관철될 수 있다. 이것은 멀고 힘든 길이다. 만일 정력적이고 목표를 의식하고 있는 소수가 국가권력을 잡고 국가권력을 사회적 조치들을 관철하기 위하여 사용하는 경우 우리는 훨씬 빨리 목표에 도달한다. 그 성과는 즉각적으로 사람들에게 확신을 가지게 하는 효력을 발휘하여 지금까지 반대하던 다수가 재빨리 사회주의로 개종할지도 모른다.

이러한 이야기는 매우 매혹적으로 들린다. 그리고 우리는 이미 이러한 이야기를 늙은 바이틀링의 입을 통하여 들은 바 있다. 잘못이 있다면 입증되어야 하는 것을 바로 전제하고 있다는 점이다. 독재적 방법의 반대자는 바로 소수에 의한 사회주의적 생산은 커다란 인민대중의 협력 없이는 수행될 수 없다는 점에 이의를 제기한다. 그러나 그러한 시도가 실패하면 물론 그는 또한 시청각교육을, 그러나 반대방향의, 곧 매혹적인 강의가 아니라 경악스러운 강의를 한다.

그러한 강의를 통하여 규정되고 사회적 맥락의 연구와 검토를 통하여 규정되지 않는 사람들, 곧 단순한 결과만을 믿는 생각 없는 숭배자들은 그러한 시도가 실패하는 경우 어떠한 원인 때문에 그와 같은 시도가 성공하지 못했는가를 연구하지 않을 것이다. 그들은 관계가 불리하거나 성숙하지 않은 데에서 그 원인을 찾지 않고 사회주의 자체 내에서 그 원인을 찾을 것이며, 사회주의는 전혀 쓸모없다는 결론을 내릴 것이다.

사람들은 이러한 시청각교육을 매우 수상쩍은 측면이 있다고 생각한다.

우리들은 그것을 어떻게 생각해왔는가?

우리는 사회주의의 내용을 평이하게 모든 자에게 자유와 빵을 제공하는 것으로 요약할 수 있다. 이것이야말로 대중들이 사회주의로부터 기대하는 것이며, 그들이 사회주의에 찬성하는 이유이다. 빵과 마찬가지로 자유도 매우 중요한 것이다. 또한 유복한, 부유한 계급 자신도 그들의 자유를 지키기 위하여 투쟁하였으며, 그들의 의견을 지키기 위하여 재산과 피라는 매우 커다란 희생을 종종 감수하여 왔다. 식량에 대한 필요와 마찬가지로 자유와 자기결정에 대한 필요는 인간의 본성상 존재한다.

지금까지 사회민주주의는 인민대중에게 그것이 모든 피압박자, 곧 임금노동자뿐만 아니라 또한 부녀자, 박해받는 종교와 계급, 유대인, 흑인 그리고 중국인 등등의 가장 확고한 자유의 옹호자라는 시청각교육을 하였다. 이러한 시청각교육을 통해서 사회민주주의는 임금노동자의 범위를 훨씬 상회하는 추종자들을 획득하였다.

(40)이제 사회민주주의가 권력을 잡자마자 이러한 시청각교육은 정반대의 것에 의하여 배제되어야 한다. 그들의 최초의 행위는 평등선거권과 언론의 자유의 폐지 및 폭넓은 인민대중의 권리박탈이어야 한다. 그렇기 때문에 이러한 것들에 대해서는 계속 되풀이하여 언급되지 않으면 안 되며, 독재를 통해서 민주주의를 대체하는 것이 문제된다. 위에 있는 1만 명의 정치적 영향력을 분쇄하기 위해서는 그들의 선거권을 박탈하는 것이 필요치 않다. 그들은 개인적인 투표권을 통하여 정치적 영향력을 행사하지 않는다.

프롤레타리아 계급독재가 그들의 권리를 박탈하자마자, 처음부터 사회주의의 적(敵)은 아니었던 모든 소매상인들, 수공업자들, 중농과 대농들, 대부분의 지식인들은 이러한 종류의 시청각교육을 통하여 바로 사회주의의 적으로 변한다. 사회주의가 모든 사람의 자유를 위해 투쟁한다는 이유에서 사회주의를 추종하던 모든 사람들도 똑같이 프롤레타리아 계급독재의 적으로 된다.

그렇게 해서는 이미 이제까지 사회주의자가 아니었던 자 중에서 한 사람도 얻을 수는 없다. 그렇게 하면 사회주의의 적의 숫자를 증가시킬 뿐이다.

그러나 물론 사회주의는 자유뿐만 아니라 빵도 약속한다. 빵은 공산주의독재에 의하여 자유를 박탈당한 자들을 무마하여야 할 것이다.

빵과 놀이를 위하여 자유의 상실을 견디어낸다면 그것은 최선의 대중이 아니다. 그러나 의심을 가지고 공산주의에 반대했던 또는 공산주의의 권리박탈정책을 통하여 소외된 많은 사람들이 물질적 풍요 때문에 공산주의로 개종할지는 의심스럽다. 물질적 풍요가 시청각교육의 영향을 대신하여야 한다면, 이제 이 풍요는 미래의 약속이 되어서는 안 되고 신속하게 현실이 되어야 한다.

이러한 풍요는 무엇으로 달성되어야 하는가? 독재가 필연적이라는 생각은 소수 주민, 곧 무산자로 구성된 소수가 국가권력을 자기의 것으로 만든다는 것을 전제한다. 그러나 프롤레타리아 대중은 평시에는 국가권력에 그 숫자를 통해서만 영향력을 행사할 수 있으며, 그들이 다수를 형성할 때에만 국가권력을 획득할 수 있다. 소수의 프롤레타리아 대중은 비상상황의 병발(併發)을 통해서만, 곧 국가권력이 붕괴하고 국가를 영락하게 하고 빈곤하게 하는 재난을 통해서만 국가의 지배권을 획득할 수 있다.

사회주의, 곧 현대문화 내에서의 일반적 복지는 자본주의가 가져온 생산력의 놀라운 발전과 자본주의가 창출하고 자본가계급의 수중에 집중된 거대한 부를 통해서만 가능해진다. 이러한 부를 예컨대 효과 없는 전쟁과 같은 어리석은 정치를 펴는 데 사용하는 국가는 처음부터 모든 계층에 풍요를 매우 신속하게 전파하는 데 유리한 출발점을 제공하지 않는다.

민주적 정부가 아닌 독재정부가 파산한 국가권력의 후계자가 되는 경우 상황은 더욱 악화된다. 왜냐하면 필연적 결과로서 내전이 뒤따르기 때문이다. 조금 남아있는 물질적 수단마저도 혼란 때문에 황폐해진다.

(41)결국 모든 이를 위한 풍요는 중단 없는 생산의 속행을 의미한다. 자본주의의 파괴는 아직 사회주의가 아니다. 자본주의적 생산이 즉시 사회주의적 생산으로 이행될 수 없는 곳에서는 자본주의적 생산이 계속하여 존속할 수밖에 없다. 그렇지 않으면 생산과정이 중단됨으로써 현대의 프롤레타리아들이 일반적인 실직만큼이나 두려워하는 대량빈곤이 야기된다.

프롤레타리아 계급이 동지적, 노동조합적, 도시적 자치와 국가적 입법과 정부통제에 참여하는 교육을 마치고 수많은 지식인들이 사회주의적 생산에 종사할 마음의 준비가 되어 있는 곳에서만 사회주의적 생산은 혼란 없이 자본주의를 대체할 수 있다. 그리고 그러한 곳에서는 새로운 상황 때문에 자본주의적 생산은 불가능해질 것이다.

프롤레타리아 계급이 소수를 형성할 수밖에 없을 정도로 경제적으로 덜 발전된 나라에서는 프롤레타리아 계급이 이렇게 성숙되기를 기대할 수 없다.

따라서 처음부터 다음과 같은 것을 가정하지 않으면 안 된다. 프롤레타리아 계급이 민주주의와는 반대로 독재를 통해서만 국가권력을 유지할 수 있는 곳에서는 어디서나 사회주의가 처한 어려움이 너무나 커서 독재를 통해서 신속하게 일반적 풍요를 창출할 수 없기 때문에 그러한 방법으로 정치적 권리를 박탈당한 인민대중과 폭력정부를 화해시키는 일은 전적으로 배제될 수밖에 없다.

사실상 우리는 성립된 지 9개월이 지나도록 소비에트공화국이 전반적인 복지의 확대는커녕, 전반적인 궁핍이 존재하고 있는 이유를, 비상상태의 원인이 어디에 있는가를 설명해야 할 강박감을 느끼고 있는 것을 보고 있다.

우리는 볼셰비키 쪽에서 흘러나온 "사회주의혁명에 대한 강령과 러시아에서의 프롤레타리아 계급독재 기간 중의 프롤레타리아 계급의 과제"를 코앞에 두고 있다. 그 중의 한 절은 "상황의 어려움"을 다루고 있다. 그곳의 제28번 강령은 다음과 같다.

> "28. 프롤레타리아 계급은 매우 어렵게 조직적 · 능동적 작업을 수행하고 있다. 내부적인 어려움은 국민경제의 소모와 엄청난 피폐, 게다가 전쟁으로 말미암은 국민경제의 해체; 10월 혁명 이전의 자본가계급의 정책("혼란" 후에 시민적 독재 "질서"를 창출하기 위한 의식적 분열정책); 10월 혁명 후의 부르주아지와 지식인층의 전면 태업; 구 장교, 장군, 부르주아지의 지속적인 반혁명적 무장 · 비무장 봉기; **기술력과 노동자계급 자**

체의 교육부족; 조직경험의 부족; 커다란 소시민층의 존재, 유별나게 분열된 계급 등등이다."

이러한 모든 것은 매우 옳은 이야기이다. 그러나 그것이 미숙한 상황 이외의 다른 것을 입증하는가? 그리고 현재 러시아의 이러한 상황하에서는 사회주의의 의미에서 "시청각교육"을, 곧 무엇 때문에 보여져야 마땅한 것을 현시점에서는 아직도 볼 수 있도록 만들 수 없는가에 대한 이론적 논의를 필요하게 하는 훌륭한 강의를 생각하는 것이 설득력 있다는 것을 입증하지 않는가? (42)그러한 강의를 통해서 이제까지 사회주의에 반대하였고 실제적인 결과를 통해서만 확신하는 사람들을 마땅히 전향시켜야 하는가?

물론 모든 새로운 정부는 예기치 않은 어려움에 봉착할 수 있다. 처음부터 이러한 어려움을 새로운 정부에 부과함으로써 상황을 더 자세하게 검토하지도 않고 새로운 정부로 하여금 사기를 잃게 한다면 그것은 옳지 못한 일이 될 것이다. 그러나 어려움에도 불구하고 사람들은 끝까지 참아내야 하며, 그러면 이 정부가 옳고 반드시 필요하다는 확신을 미리부터 얻을 수 있을 것이 분명하다. 그때에만 사람들은 그 정부를 곤혹스럽게 만들지 않을 것이다. 결과를 신봉하는 자는 항상 믿을 수 없는 사람이다.

그러므로 우리는 이곳에서 다시 우리가 사회주의의 시행에 착수하기 전에 매우 집중적인 선전을 통하여 대중을 계몽하고 확신하도록 노력하지 않으면 안 되게 하는 민주주의로 돌아오게 된다. 우리는 이곳에서도 다시금 확신 대신 폭력이라는 시청각교육을 사용하는 독재의 방법을 부정하지 않으면 안 된다.

이는 사회주의의 실현에 있어 시청각교육이 아무것도 제공할 수 없다는 이야기는 아니다. 그와는 반대로 시청각교육은 사회주의를 실현하는데 커다란 역할을 할 수 있으며 앞으로도 하게 될 것이다. 그러나 독재를 중개함으로써는 아니다.

세계의 다양한 국가들은 매우 다양한 경제적 · 정치적 발전단계에 있다. 어떤 국가가 한편으로는 자본주의적이면 자본주의적일수록 다른 한편으로는 민주적이면 민주적일수록 그 국가는 그만큼 더 사회주의에 가깝다. 그 국가의 자본주의적 산업이 발달되어 있으면 발달되어 있을수록 그 생산력은 그만큼 더 높고, 그 부는 그만큼 더 크고, 노동은 그만큼 더 사회적이고, 프롤레타리아 계급의 수는 그만큼 더 많다. 그리고 어떤 국가가 민주적이면 민주적일수록 그 프롤레타리아 계급은 그만큼 더 잘 조직되어 있고 더 많은 교육을 받는다. 민주주의는 가끔 프롤레타리아 계급의 혁명사상을 방해한다. 그러나 민주주의는 프롤레타리아 계급이 정권을 획득하고 사회혁명을 수행하기 위하여 필요로 하는 프롤레타리아 계급의 성숙을 용이하게 하는, 없어서는 안 될 수단이다. 어떤 나라에서도 충돌은 프롤레타리아 계급과 지배계급 사이에서 끝나지 않는다. 그러나 어떤 나라의 자본주의와 민주주의가 발전되면 발전될수록 프롤레타리아 계급이 그러한 충돌에서 임시적으로 승리할 뿐만 아니라 또한 승리를 영원히 자기의 것으로 만들 수 있는 전망은 그만큼 더 크다.

그러한 조건 하에서 프롤레타리아 계급이 국가의 지배권을 잡는 곳에서는 즉각적으로 경제발전의 방향을 사회주의 쪽으로 향하게 하고 즉각적으로 일반적인 풍요를 증대시키기 위한 물질적 · 이념적 권력수단이 충분하게 존재하게 될 것이다.

그렇게 되면 이러한 것은 경제적 · 정치적 후진국가들에게 진정한 시청각교육을 제공한다. 그러한 나라들의 프롤레타리아 대중은 이제 이구동성으로 동일한 의미의 조치를 요구하게 될 것이다. 그리고 또한 빈곤한 계급의 다른 모든 계층들과 수많은 지식인들도 국가로 하여금 모든 사람이 풍요롭게 되는 길을 선택할 것을 요구하게 될 것이다. 따라서 선진국의 시청각교육을 통해서 아직은 프롤레타리아 계급이 자신의 힘만으로는 국가권력을 획득하고 사회주의를 시행할 수 없는 그러한 나라들에서도 사회주의의 핵심은 억제할 수 없는 것이 될 것이다.

그리고 우리는 이 시점을 먼 장래의 것으로 볼 필요는 없다. 일련의 산업국가들에서 사회주의의 물질적 · 이념적 조건들이 충분히 존재하고 있는 것으로 보인다. (43)프롤레타리아 계급의 정치적 지배의 문제는 단순히 권력의 문제, 특히 단호한 계급투쟁에 대한 프롤레타리아 계급의 단결의 문제이다. 그러나 러시아는 이들 선도적 산업국가에 속하지 않는다. 이제 그곳에서 진행 중인 것은 사실상 최후의 시민혁명이지 최초의 사회주의혁명이 아니다. 그러한 사실은 점점 더 분명해지고 있다. 러시아의 현재의 혁명은 그것이 서유럽의 사회주의혁명과 동시에 일어날 때에만 사회주의적 성격을 가질 수 있을지 모른다.

그러한 발전된 나라의 시청각교육을 통해서 사회발전의 과정이 가

속화될 수 있다는 것에 대해서는 이미 마르크스가 "자본론" 제1판 서문에서 언급한 바 있다.

> "한 국민은 다른 국민으로부터 배워야 하고 배울 수 있다. 한 사회가 그 운동의 자연법칙의 실마리를 잡는다 하더라도 … 그 사회가 발전단계를 뛰어넘거나 생략할 수 없다는 것은 자명하다. 그러나 그 사회는 출산이 주는 고통의 시간을 줄이고 완화시킬 수는 있다."

우리의 볼셰비키 동료들은 마르크스를 수없이 원용하고 있음에도 불구하고 이 문장을 전적으로 잊고 있는 듯하다. 왜냐하면 그들이 설교하고 행하는 프롤레타리아 계급독재는 자명한 발전단계를 건너뛰고 생략하려는 장엄한 시도 이외의 다른 것이 아니기 때문이다. 그들은 사회주의를 분만하는 가장 고통 없는 방법이 사회주의 "출산의 고통을 줄이고 완화시키는" 방법이라고 생각하고 있다. 그러나 사람들이 그림에 주목하는 경우 볼셰비키의 실제는 오히려 초조해하면서 임신기간을 단축시키고 조산하기 위하여 아주 불합리한 도약을 하는 임산부의 모습을 상기시킨다.

그러한 절차의 산물은 보통은 스스로 생존할 수 있는 아이가 아니다.

마르크스는 이곳에서 한 국민이 다른 국민에게 나누어줄 수 있는 시청각교육에 대하여 이야기하고 있다. 그러나 사회주의를 위해서는 또 다른 종류의 시청각교육, 곧 더 발전된 기업형식이 후진기업에게 나누어줄 수 있는 시청각교육이 고려의 대상이 된다.

아마도 자본주의적 경쟁은 도처에서 후진기업을 절멸하려고 시도할지도 모른다. 그러나 위협을 받는 기업이 위협을 하는 기업에 대하여 모든 수단을 동원하여 방어하려는 것은 자본주의적 조건 하에서는 고통스러운 과정이다. 그러므로 사회주의적 생산방식은 기술적으로 살아남은 수많은 기업을 만나게 될 것이다. 특히 대기업이 거의 진보를 하지 않고 점차로 쇠퇴하는 농업에서 그렇다.

그러나 사회주의적 생산은 대기업을 기반으로 해서만 발전될 수 있다. 사회주의적 농업은 우선 현존하는 대기업의 사회화에 한정되지 않으면 안 될 것이다. 그와 함께 사회주의적 농업이 기대할 수 있는 좋은 결과를 목표로 삼는다면, 사회주의적 농업이 농업에서 불충분한 결과만을 목표로 삼는 임금노동 대신에 자유사회화된 인간의 노동을 투입한다면, 사회주의적 대기업 내에서 노동자의 상황은 소농의 상황보다 더 유리하게 형성되고, 사회가 노동자들에게 그에 필요한 수단을 제공하는 경우 사람들은 노동자들이 대량으로 자유의사에 따라 새로운 생산방식으로 이행하리라는 것을 확실히 기대해도 된다.(44)그 이전에는 그러한 것을 기대해서는 안 된다. 농업에서 자본주의는 불충분하게만 사회주의의 기초를 닦았다. 농장소유주가 이론적으로 사회주의의 장점을 확신하려 할 가능성은 전혀 없다. 농업경제를 사회화하는 데에는 시청각교육만이 도움을 줄 수 있다. 그러나 시청각교육은 어느 정도 농업에 있어서의 대기업의 확장을 전제한다. 시청각교육은 지방에서 대기업이 확장되면 확장될수록 그만큼 더 신속하고 철저하게 작용할 것이다.

사회민주주의자들로부터 다비드의 색채를 취하여 가능한 한 더 예리한 형상을 취한 소시민적 민주주의자들의 목표는 모든 농업에서 대기업을 부정하여 그것을 왜소기업으로 분리시키는 것이다. 그것은 농업과 더불어 사회일반에서 사회주의에 대하여 가장 강하게 반대행동을 보인다.

현재 러시아혁명의 가장 뚜렷한 징표는 에두아드 다비드*Eduard David*[21]의 의미에서 행하여지고 있는 그들의 작업이다. 그곳에서는 레닌이 아닌 다비드가 혁명의 고유한 방향을 제시하고 있다.

이것이 러시아혁명이 우리에게 행하고 있는 사회주의적 시청각교육이다. 사회주의적 시청각교육은 사실에 있어서는 시민적 성격을 입증한다.

•21 Eduard David(1863-1930)는 1894년 당내에서 행해진 농업논쟁에서 소농을 지지하는 글을 발표하여 베른슈타인과 함께 수정주의 진영에 합류하였다. 1919년 제헌국회의 의장을 지냈고, 사회민주당 정부에서 내무장관을 역임하기도 하였다.

09

독재의 유산

Die Hinterlassenschaft der Diktatur

a) 농업

독재는 사회주의선전에 가장 훌륭한 시청각교육을 제공하여야 할 뿐만 아니라 또한 그 행동을 통하여 목표를 달성하기보다 스스로를 주장할 수 없고 좌절하는 경우에도 사회주의로 가는 길을 단축시켜야 할 것이다. 따라서 독재의 추종자들은 독재가 다시 제거될 수 없는 많은 것을 남기고 다시 세워질 수 없는 많은 것을 제거하기를 바란다.

다른 많은 견해들과 마찬가지로 이 견해는 프랑스대혁명, 곧 그들에게 적합하지 않은 것을 "시민적"인 것으로 낙인찍어 배척한, 단지 민주주의는 시민적 선입견에 불과한 것이라고 생각하는 자들이 빠져 있는 **시민**혁명의 관찰에 근거하고 있다.

이러한 관찰은 옳다. 그러나 그로부터 이끌어낸 결론은 독재의 옹호자들이 내린 결론과는 다르다. 독재는 민주주의보다 많은 것을 과격하게 해치울 수 있다. 그러나 그 결과는 바로 항상 독재자들이 원했던 것은 아니다. 독재자들이 국가 내의 모든 다른 권력보다 우위에 설 수 있을지는 모르나 독재는 항상 한가지에는, 곧 **사회의 물질적 기반**에는 종속된다. 독재자들의 의사가 아니라 이 기반이 결국 독재의 사회적 영향이 어떤 것이 될 것인지를 결정한다.

프랑스혁명에서 공포정치의 가장 강력한 원동력은 파리의 프롤레타리아들과 반(半)프롤레타리아적 소시민들이었다. 그들이 원했던 것은 부의 평등, 곧 거부(巨富)의 파괴였다. 그러나 그들은 유럽의 어떤 다른 곳에서 있었던 것보다 더 철저하게 봉건적 잔재를 파괴했고 그럼으로써 가장 효과적으로 새로운 대자본이 등장할 수 있는 길을 준비하였다. 공포정치가 전복되자마자 새로운 대자본이 독버섯처럼 높이 솟아올랐다. (45)경제적 평등이 아닌 이러한 것이 저 평등주의자독재의 유산이었다.

현재의 소비에트독재의 경제적 유산이 어떠한 것이 될 것인지를 알기 위하여 우리는 마찬가지로 단순히 그들의 의도와 바람과 방법만을 관찰해서는 안 되고 제국의 경제구조를 관찰하지 않으면 안 된다. 제국의 경제구조는 결정적이다.

이 연구는 많은 사람들에게 마르크스에게서 불타오른 혁명의 불길과는 결합될 수 없는 지루한 꼼꼼한 일로 생각될지도 모른다. 마르크스라면 현재의 상황에서 무엇을 생각하고 어떤 행동을 취했을까에 대해서 확실하게 말할 수 있는 사람은 없다. 그러나 저 지루한 꼼꼼함이 사적 유물론－사적 유물론의 창시는 칼 마르크스의 불멸의 업적에 속한다－과 결합되는 유일한 절차라는 것이 확실히 입증된다. 마르크스라면 인식의 문제에 있어 단순한 영감이 전문적 지식보다 더 높은 지위를 차지한다고 믿는 사람을 공허한 공론가로 보아 쳐다보지도 않았을 것이다.

오늘날까지도 러시아의 경제기반은 농업, 그것도 소농이다. 러시아주민의 대략 5분의 4, 어쩌면 6분의 5는 농업으로 생활한다. 사람들은 1913년(핀란드를 제외한) 러시아에서 도시인구를 2,400만 명, 지방에서 거주하는 인구를 1억 4,700만 명으로 계산하였다. 지방인구의 절대다수는 농민이다. 혁명으로 이러한 상황은 전혀 변하지 않았다. 지난해에 상황은 더욱 악화되었다. 수많은 노동자들이 귀농하였다. 기아는 농가에서보다 도시에서 더 맹위를 떨쳤다.

혁명 전까지 농민들은 반봉건적 압제 하에서 생활하였다. 아마도 1861년의 개혁은 농노제도를 폐지하였으며, 농민들은 형식적으로는 자유인이 되었다. 그러나 그것은 혁명의 소산이 아니라 아버지답게 대토지소유자들이 개혁에서 아무것도 상실하지 않고 오히려 많은 것을 얻게 배려한 가부장적 절대주의의 소산이었다. 농민들은 그들이 개혁 전까지 사용해온 일부농지를 상실하는 것으로 그들의 자유의 값을 지불하지 않으면 안 되었고, 그들에게 할당된 농지에 대하여 비싼 값을 지불하지 않으면 안 되었다. 아마도 농민경제의 평균규모는 서유럽보다 더 컸다. 혁명 전 러시아에서는 5데씨야티네(5헥타르) 이하의 농장을 운영하는 자가 전체 농민경제의 10.6%였음에 반하여 프랑스에서는 5헥타르 미만의 농장을 운영하는 자가 71.4%, 독일에서는 76.5%였다(Maßloff, Die Agrarfrage in Rußland, Stuttgart 1907, S.19). 그러나 러시아의 농업은 농민의 무지, 원시적인 기술, 가축과 비료 등의 부족으로 매우 낙후되어 있어 유럽보다 생산이 떨어진다. 프랑스에서는 1데씨야티네 당 밀 수확량이 70.5푸드(1푸드는 16.48킬로그램), 독일에서는 77푸드임에 반하여 러시아에서는 28.2푸드에 그친다(Maßloff, S. 20).

그래서 농민들은 신분해방 후에 곧 물질적으로 전보다 사정이 악화되었다. 농부들은 영락하였고, 그들의 기업은 확장되지 않고 뒷걸음질 쳤다. 아사(餓死)하지 않기 위하여 농민들은 대토지소유자의 농지를 소작하거나 대토지소유자 스스로가 경영하는 토지에서 임금노동을 하지 않으면 안 되었다.

(46)농민들은 대부분 자신이 제공하는 노동에 대하여 선불을 받지 않으면 안 되었고 그 때문에 채무노예로 전락하였으며, 이는 이전의 농노상태보다 훨씬 괴롭고 희망이 없는 것이었다.

이제 농부들의 생산물이 내적이건 외적이건 시장에서 돈이 된다는 사실을 통하여 사정이 더 나아지지는 않았다. 그렇게 함으로써 농부들은 손에 돈을 쥐었고 돈을 모을 수 있는 가능성을 가지게 되었다. 그러나 그러한 일은 농부들의 영양을 희생해서만 이루어질 수 있었다. 이전에는 판로가 없었기 때문에 농부들은 자신의 생산물의 대부분을 스스로 소모하였다. 이제 판로가 생겼기 때문에 그들은 가능한 한 많이

팔고 가능한 한 조금만 남기게 되었다. 따라서 흉년은 기아의 해가 되었다. 그와 동시에 농부들이 돈을 모을 수 있는 한 그들은 자신의 기업을 개선하는 데 돈을 사용하지 않고 더 많은 땅을 사는 데 사용하였다.

1863년부터 1892년까지 유럽 쪽 러시아에서 다음과 같은 수치의 토지가 매매되었다.

	매수	매도
	(단위 : 백만 루블)	
귀족 …………………………	821	1459
상인 …………………………	318	135
농민 …………………………	335	93

따라서 귀족들의 토지는 감소하였고, 도시부르주아지와 농민들의 토지는 증대하였다. 그러나 지방인구는 더 빠르게 증가하였고 전체 농민들의 땅은 어느 정도 증대되었음에도 불구하고 농민 한 사람에게 평균적으로 귀속되는 면적은 감소하였다. 동시에 입법적으로 후원된 화폐경제의 영향으로 때때로 개별 농민들의 농지지분을 어느 정도 균등하게 했던 촌락공산주의는 점점 더 사라져갔다. 몇몇 개인들은 부유해졌음에 반하여 더 많은 다른 사람들은 빈곤해졌다. 그러나 부농이나 빈농이나 모두 자신들을 구원해줄 것으로 기대했던 대토지소유자의 토지에 대하여 점점 더 욕심을 내게 되었다. 지방에 있어서의 재산관계의 혁명이 그들의 열망이었으며, 그들은 혁명계급이 되었다. 그들의 열망은 도시의 혁명적 지식인층을 통하여 표현되고 형성되었다. 러시아의 사회주의자들은 차르의 절대주의의 전복과 마찬가지로 러시아

를 위하여 토지소유혁명이 불가피하다는 데 대해서 의견이 일치되었다. 그러나 사회주의자들 사이에는 두 가지 노선이 형성되었다. 한 쪽은 원시적 촌락공산주의가 농민들과 전 러시아를 당장 사회주의로, 물론 고유한 사회주의로 진입할 수 있게 한다고 믿었다. 이 노선은 다양한 형태를 취했으나, 결국은 사회혁명주의자의 형태를 취했다. 마르크스주의자들은 이들과 대립하였다. 마르크스주의자들은 다른 나라와 마찬가지로 러시아도 "자연적인 발전단계를 뛰어넘거나 생략할 수는" 없다는 명제를 주장하였다. 곧 마르크스주의자들은 앞으로 올 혁명은 봉건주의의 잔재를 제거하고 자본주의발전의 속도를 신속하게 할 수 있을 뿐이고, 그 기반 위에서 새롭게 획득된 민주주의를 통하여 교육받은 프롤레타리아 계급이 성숙되고 그런 후에야 유럽의 프롤레타리아 계급과 같은 차원에서 유럽의 프롤레타리아 계급과 함께 사회주의를 쟁취할 수 있을 것이라고 주장하였다.

그러나 노선과 관계없이 농민들이 봉건주의의 잔재를 제거하는 사회주의자들의 노력을 지지할 것이라는 데에는 모든 사회주의자들의 의견이 일치되었다. 이러한 것은 1905년의 혁명에서 농민들에게 분명히 의식되었다. (47)그때부터 농민들과 사회주의자들의 협력은 특히 사회혁명주의자들의 중개를 통하여 항상 긴밀한 형태를 취하게 되었다. 따라서 1917년 혁명 후 소비에트조직은 단순히 프롤레타리아 조직일 뿐만 아니라 또한 농민조직으로서 발생하였다.

대토지소유는 혁명을 통하여 유지될 수 없었다. 그것은 금방 분명해졌다. 대토지를 농민들에게 양도하는 것이 불가피하게 되었다. 그러나 그것이 어떤 형식으로 행해져야 할지에 대해서는 의견이 결코 일치되지 않았다. 다양한 해결책들이 생각될 수 있었다. 사회주의적 관점에서 볼 때 가장 합리적인 해결책은 대규모농지를 국유화하여 지금까지 임금노동자로 활동하던 농민들을 통하여 협동조합의 형태로 일하게 하는 것이었다. 그러나 이 해결책은 러시아에는 존재하지도 않는 농장노동형태의 존재를 전제로 한다. 다른 해결책은 대토지가 국유로 되나 소규모로 분할하여 빈곤한 농민들로 하여금 소작토록 하는 것이었다. 그렇게 되었더라면 어느 정도의 사회주의가 실현될 수도 있었을 것이다.

그러나 소농들은 자신의 생산수단을 완전히 사유재산으로 하는 것만이 가능하다는 생각이었다. 이러한 성격을 소농은 도처에서 보여왔고, 촌락공산주의의 전통에도 불구하고 러시아농민들도 그 예외가 아니다. 대토지를 분할하여 분배하는 것이 그들의 계획이었고 그들은 그 계획을 관철시킬 만큼 충분히 강력하였다. 누구도 그들을 방해할 수 없었다.

그럼에도 불구하고 농지를 가장 필요로 하며 또한 사용할 수 있는 사람들에게 농지가 주어지도록 그 분할이 체계적으로 수행되었더라면 농민층의 이해관계에도 바람직했을 것이다. 그러한 체계적인 분할을 관철할 수도 있었을 단 하나의 권위(있는 기관), 곧 국민전체의사의 대변자이자 농민다수를 포괄한 헌법제정의회가 존재하였다.

그러나 헌법제정의회는 너무나 오래 기다리게 하였으며, 농민들은 도처에서 자구책을 강구해야 한다고 노래하기 시작하였다. 그와 동시에 값비싼 많은 생산수단들이 파괴되었다. 그리고 소비에트조직은 헌법제정의회를 통하여 농업문제를 규율할 모든 가능성을 배제하였고 모든 주의 농민들에게 대토지소유자의 농지를 그들이 원하는 대로 취하여 그들의 임의로 분할하도록 일임하였다. 소비에트정부가 내린 결정 중의 하나는 다음과 같다.

> "1. 토지에 대한 지주의 소유권은 아무런 보상없이 즉시 폐지된다.
>
> 2. 모든 가축과 농기구, 농사(農舍) 및 모든 부속물을 포함하는 지주의 재산, 왕실소유지, 수도원의 재산 그리고 교회의 재산은 헌법제정의회가 농지문제를 결정할 때까지 구역농지위원회와 농민대표위원, 지역(현 縣)평의회의 지시에 따라 이양된다."

헌법제정의회에 대한 의뢰는 사문화(死文化)되었다. 사실상 개별구역의 시민들은 토지에 대하여 그들이 원하는 바를 착수할 수 있었다.

그와 더불어 처음부터 많은 대농을 가진 부유한 구역과 오직 난쟁이 농민들(*소농)만을 가진 가난한 구역 사이의 조정은 배제되었다.(48)그러나 개별 구역 내부에서도 누가 농지를 얻을지에 대하여 전혀 보증되지 않았다. 부농들이 숫자나 영향력을 통해서 지배하던 곳에서는 부농들이 부당하게 커다란 농지를 차지하였다. 농지분배에 대한 일반적인 통계는 존재하지 않는다. 그러나 부농들은 보통 농지분배를 가장 잘 모면할 수 있었다고 주장되고 있다.

또한 소비에트공화국도 농지소유의 균형이라는 의미에서 농업문제의 해결을 생각하지 않았던 것은 분명하다. 소비에트공화국 스스로가 이를 자인한다. 소비에트공화국 초기에는 농민소비에트가 **농민**조직 일반을 형성하였다. 현재 소비에트공화국은 소비에트는 프롤레타리아와 **빈농**의 조직을 의미한다고 공포하고 있다. 부유한 농민들은 소비에트(구성원)선거권을 상실한다. 여기에서 빈농은 "프롤레타리아 계급독재"의 사회주의적 농업개혁의 영구적이고 대량적인 산물이라는 것이 인정된다. 아마도 빈농은 많은 촌락에서 소수로 남아 있게 될지도 모른다. 그렇지 않다면 대농과 중농의 선거권을 폐지함으로써 그들을 보호하고자 하는 것은 무익한 일일 것이다. 그러나 어쨌든 빈농은 러시아 농민층의 매우 중요한 부분을 형성하고 있다.

소비에트공화국은 이러한 토지분배문제가 진정되기를 바라고 있는 것으로 보인다. 그리고 소비에트공화국은 그 문제를 잘 처리하였다. 농민의 사유재산권을 가볍게 다룬다면 소비에트공화국의 사활이 문제될 수 있을지도 모른다.

물론 소비에트공화국은 부농과 빈농 사이의 관계에 관여한다. 그러나 새로운 토지분배를 통해서 관여하지는 않는다. 도시의 식량부족을 해결하기 위하여 부농들의 잉여곡물을 공출하는 무장노동자들이 농촌으로 파견되었다. 그 일부는 도시주민들에게, 그 일부는 빈농들에게 배급되었다. 그러한 일은 과도적 비상조치로 간주되며 특정지역 — 대도시의 근방 — 에 한정되었다. 그러한 조치를 일반적으로 관철시키는 데 도시의 무장력은 턱없이 부족할지도 모른다. 어떻든 그러한 조치가 정기적으로 해마다 되풀이된다 하더라도 그러한 조치는 지방에서 빈부의 차이를 줄일 수 없을 것이다. 그러나 아마도 그러한 조치는 결국에 가서는 농업을 전적으로 파괴하는 유효한 수단이 될지도 모른다.

개인적으로 생산되고 생산자가 수요의 충족을 넘어서 생산과잉에 이르는 곳에서는 생산자는 생산을 필요불가결한 최소한에 한정한다. 이것이 임대인들이 농민들에게서 필요불가결한 것을 넘어서는 모든 것을 수탈하는 많은 동양의 전제정국가들에서 농업이 몰락한 이유 중의 하나이다. 러시아에서도 같은 일이 발생할지 모른다. 사회주의는 생산수단과 생산방식을 사회화함으로써 경제적 차이를 조정하고자 한다. 그러한 일을 통해서 사회는 생산의 주인이 된다. 그와 동시에 사회는 생산을 최고도로 높일 수 있고 생산물을 사회적 합목적성과 정의에 따라 분배할 수 있다.

그에 반하여 생산수단에 대한 사적 소유와 사적 생산을 존치시키고 생산자로부터 과잉생산물을 규칙적으로 압류하는 것은 생산을 파괴시키는 것이며, 그것은 동양의 전제정에 기여하든 프롤레타리아 계급독재에 기여하든 마찬가지이다.

(49)그러한 것을 그때그때의 비상조치로만 생각하는 곳에서는 물론 똑같은 것이 적용된다. 그와 같은 것이 때때로 불가피할 수 있다. 아마도 현재의 부농들에 대한 시험도 달리 생각되지 않았다. 그 시험은 러시아사회의 사회구조를 조금도 변화시키지 않는다. 그 시험은 생산과정을 건실하게 하는 데 급박하게 평온과 안정을 필요로 하는 생산과정에 불안과 내란의 새로운 요소를 첨가시킬 뿐이다.

그러나 소비에트독재가 새로운 농지분할을 시도하여 토지를 전적으로 균등하게 나누어줄 수 있는 힘과 의사를 가졌다 하더라도 그러한 일로써 농민들에게 커다란 도움이 되지는 않을 것이다. 왜냐하면 오늘날의 러시아경작지의 원시적 생산에 비추어볼 때 가난을 벗어날 수 있는 만큼의 많은 토지를 모든 농민에게 준다는 것은 충분하지 않기 때문이다.

이미 여러 번 인용된 책에서 마슬로프는 정당하게도 다음과 같이 이야기하고 있다.

> "경제의 균형을 잡으려는 시도는 일반적 빈곤의 기반 위에서만 실현될 수 있다. 생산수단에 대한 사적 소유를 유지하면서 모든 사람들을 부유하게 만들려는 것은 소시민적 · 통속적 유토피아이다. 이러한 종류의 평등이 시행될 수 없다면 그와는 정반대로 많은 지역에서 빈곤의 평등이 존재하고 그러한 상태의 확장은 아마 어느 누구도 열광시키지 못할 것이다. 사람들이 농민의 토지소유를 어느 정도까지 확장시켜준다 하더라도 모든 농민의 생계를 풍요롭게 하기에는 부족한 토지가 주어지게 될 것이다.
>
> 농민의 생활을 소시민적 이상 — 모든 소재산가의 경제적 평등 — 의 테두리 내에 맞추어 집어넣으려는 노력은 공상적일 뿐만 아니라 또한 반동적이기도 하다.(S.240)"

현재의 인구수와 현재의 경작지를 놓고 볼 때 농지를 어떤 방법으로 분배한다 해도 전체 러시아농민을 경제적으로 향상시킬 수는 없다. 그를 위해서는 농업인구에 대하여 개선된 의무교육을 제공하고 이들에게 가축, 연장, 기계 및 인공비료를 더 공급하는 것이 요구되는 더욱 더 고차원의 경영형태로 이행하는 것이 필요하다. 그리고 이러한 것들은 일반적인 왜소경제의 기반 위에서는 매우 어렵게 그리고 매우 시간이 걸려서만 달성될 수 있는 조건들이다.

집약적 자본주의적 농업에의 조건이 러시아에서 약하게만 발달되어 있고 많은 관계가 혁명을 통해서 과도적으로 악화되어 있다면, 고도로 발전된 농업기술을 가진 대기업을 기반으로 해서만 존속할 수 있는 사회주의적 생산을 위한 제 조건은 그곳에서는 전혀 존재하지 않는다. 지식과 매우 완벽한 기계와 과정 및 광범위한 분업을 사용하는 기술이 대기업을 장점 있는 것으로 만든다. 그리고 새로운 생산방식은 대기업이 장점이 있거나 새로운 생산방식이 생산을 향상시키거나 노동을 절약하는 곳에서만 도입되어 뿌리를 내릴 것이다. 원시적 기술과 러시아소농의 무지라는 기반 위에 농업적 대기업을 세우고자 하는 것은 전혀 무의미한 일일 수도 있다. 볼셰비키무리 내의 사람들은 아마 이따금 대토지를 분할하여 농민들에게 분배한 사회주의적 농업의 도입을 이야기하고 있는지도 모른다. (50)우리는 이미 사회주의혁명과 러시아에서의 프롤레타리아 계급독재 기간 중의 프롤레타리아 계급의 과제에 대한 명제들에 대하여 생각해본 바 있다. 그 24번 명제는 다음과 같다.

> "그렇다면 대토지소유자에 대한 완전한 수용을 언급하지 않으면 안 된다. 토지는 '공동(일반)의 재산'으로 선언되었다. 그 다음의 과제는 국가적 경작조직, 소경제 주체를 집단경영을 갖춘 대조직(이른바 '농업콤뮨')에 통합시키는 것이다."

유감스럽지만 사람들이 어떤 것을 과제로 선언한다고 해서 그 과제가 해결되는 것은 아니다. 그 사이에 러시아에서의 집단영농은 아직은 실현될 수 없다는 판단을 받았다. 때와 장소를 불문하고 소농들이 이론적인 확신에 기초하여 집단영농을 받아들인 곳은 아직까지 그 어디에도 없다. 농민조합은 모든 가능한 분야를 구속한다. 그러나 기본적인 것, 곧 농지경작만은 구속하지 못한다. 소농적 기술을 기반으로 한 농경은 도처에서 필연적으로 소수 개별경영의 분리와 토지에 대한 사적 소유를 추구하게 한다. 따라서 유럽과 미국에서 그러했으며, 전 세계에서 그러한 일이 되풀이되고 있다. 러시아 농민은 일반적 법칙에서 벗어날 정도로 기이한 예외적 인간이어야 한단 말인가? 러시아농민을 통상의 인간으로 관찰하고 그 밖의 세계의 농민들과 비교하는 자는 러시아의 현재의 농업을 기초로 해서 사회주의 경제가 성립될 수도 있다는 그러한 기대를 환상으로 선언할 것이다.

오히려 혁명은 그것이 1789년 프랑스에 가져다준 것과 그 나쁜 결과가 독일에 가져다준 똑같은 것을 현재의 러시아에 가져다주었다. 혁명은 봉건주의의 잔재를 일소함으로써 사유재산의 기반을 이전의 그 어느 때보다도 더 순수하고 더 강력하게 표현하였다. 혁명으로 이제까지 토지재산, 곧 대토지재산의 전복에 관심을 가졌던 농민들은 새롭게 창조된, 생산수단의 사적 소유와 상품생산을 새롭게 확립하는 토지재산의 열렬한 옹호자가 되었다. 그러나 이 양자는 그 위에서 필연적으로 자본주의적 생산이 계속 새롭게 시작되고 또한 때에 따라서는 방해받고 스스로를 파괴하기도 하는 기반을 형성한다.

더 가난한 농민들조차도 토지에 대한 사적 소유의 원칙이 포기될 수 있다고 생각하지는 않는다. 그들은 집단영농을 통해서가 아니라 토지지분을 증대시킴으로써, 곧 사적 소유를 증대시킴으로써 그들의 상황을 개선하고자 한다. 대재산이 파괴된 이제 항상 농민들의 특징인 땅에 대한 욕심은 사적 소유에 대한 가장 강력한 버팀목이 되어 있다. 봉건주의가 극복된 모든 국가들에서 농민들은 그러한 것을 입증하고 있다. 그러한 존재로서 농민들은 소유계급의 가장 충실한 보호부대가 된다. 러시아의 경우에도 사정이 달리 진전되지는 않을 것이다.

이러한 것이 러시아의 현재의 "프롤레타리아 계급과 가장 가난한 농민들의 독재"의 가장 확실하고 가장 영속적인 결과일 것이다.

(51)따라서 농민의 혁명에 대한 관심은 자신들의 새로운 사유재산이 확보되자마자 소멸하였다. 농민은 자신들을 희생하여 구 대토지소유를 재건하려는 모든 세력에 대하여 봉기할 것이다. 그러나 농민은 그 이상의 것에 대해서는 아무런 관심도 없다.

그리고 도시 프롤레타리아 계급의 혁명에 대한 관심과 마찬가지로 종전의 결속에 대한 관심도 사라진다.

스스로 사용하기 위한 농민의 생산이 감소하면 할수록 그만큼 더 농민은 시장을 위하여 생산하게 되고 그만큼 더 금전수입에 의존하게 되어 생산물가격에 대한 관심이 증대된다. 이와 같은 것이 봉건제도의 극복 후에 농민을 지배하는 관심사가 될 것이다. 그러나 이러한 사정은 농민을 반대로 그들을 결속하는 공동의 이해관계를 가지는 대토지소유가 아니라 비농업적이고 비도시적이며 비산업적인 주민, 특히 자신들의 수입의 대부분을 부르주아지에게 식량으로 내주어야만 하고 따라서 낮은 식량가격에 최대의 관심을 가지는 노동자로 전락시킬 것이다.

봉건제도가 계속되는 한, 농민과 도시의 하층계급은 최상의 동맹자이다. 이러한 사실은 1525년의 독일농민전쟁에서부터 1789년의 프랑스혁명까지 그들이 행하여온 투쟁에서 입증된다. 시민혁명이 완성되는 순간 농민들이 도시 프롤레다리아 계급으로 이행하는 적대적인 상황이 시작된다. 대토지소유와 마찬가지로 대농이 존재할 뿐만 아니라 스위스에서와 마찬가지로 민주공화국에도 소농이 존재한다.

이러한 사정에로의 농민의 이행은 한꺼번에 일어나지 않고 점진적으로, 즉 봉건제도에 대한 투쟁전통이 후퇴하고 스스로 사용하기 위한 생산이 시장을 위한 생산에 의하여 대체되는 정도에 따라 일어난다. 따라서 우리 계보 내에서도 마르크스가 1871년에 프랑스내전에 관한 글에서 주장한 견해, 즉 농민들이 시민혁명에서 프롤레타리아 계급과 함께 하였듯이 앞으로의 프롤레타리아 혁명에도 참여할 것이라는 견해가 오랫동안 견지되어 왔다. 오늘날에도 지배적인 사회주의자들은 농업강령, 즉 농민을 프롤레타리아 계급투쟁에 합류시키려는 강령을 시도하고 있다. 그러나 현실은 도처에서 프롤레타리아 계급과 농민 간에 대립이 증대되고 있음을 보여주고 있다.

시골에서는 자신도 프롤레타리아인, 즉 농업 생산물을 매매함으로써가 아니라 그들의 노동력을 매매함으로써 생활하는, 즉 날품노동으로 생활하는 자들만이 도시 프롤레타리아 계급과 동일한 관심사를 가지고 있을 뿐이다.

프롤레타리아 계급의 승리는 시골에 날품노동을 확장시키는 데 좌우된다. 이는 더디게만, 즉 종종 농업을 경영하는 대기업의 확대에 의해서가 아니라 시골에 산업체를 이전함으로써 매우 빠르게 수행되는 과정이다. 그 밖에도 프롤레타리아의 승리는 시골인구와 농업인구보다 도시인구와 산업인구가 더 급속하게 증대되는 데 좌우된다. 그리고 이는 급격하게 진행되는 과정이다. 대부분의 산업국가에서는 시골인구는 상대적으로가 아니라 절대적으로 감소하고 있다. (52)독일에서는 1871년 농촌인구가 4,100만 명 중 2,620만 명으로 전체인구의 64%이던 것이, 1910년에는 6,500만 명 중 2,580만 명으로 전체인구의 40%가 되었다. 농업인구는 농촌인구보다 더 적다. 1882년 최초의 직업조사에서 농업인구는 4,520만 명 중 1,920만 명이었으며, 1907년에는 6,170만 명 중 1,770만 명으로 전체인구의 28.7%에 지나지 않았다. 1,770만 명 중 자영농은 1,160만 명, 날품노동자는 560만 명, 나머지는 피고용인이었다. 따라서 농민인구는 독일전체 인구의 6분의 1에 지나지 않는다. 그에 반하여 프롤레타리아 인구는 이미 1907년에 약 3,400만 명으로 전체인구의 절반을 넘는다. 프롤레타리아 인구는 그 이후 분명히 증대하였으며, 전체인구의 거의 3분의 1에 육박하고 있다.

러시아의 사정은 아주 다르다. 우리는 이미 앞에서 농민수가 대단하다는 것을 지적하였다. 농민이 프롤레타리아 계급과 동참한 것이 혁명의 승리를 가능하게 하였으나, 이는 또한 이 혁명의 시민적 성격을 입증하였다. 혁명이 그러한 것으로 완수되고 고정될수록, 즉 새롭게 획득된 농민의 사유재산이 확고해지면 확고해질수록 그만큼 더 한편으로는 자본주의경제를 위한 그리고 다른 한편으로는 농민과 프롤레타리아 계급 간의 대립이 증대할 기반이 마련된다. 이러한 방향에서 일어나는 경제적 경향은 현재 러시아의 단계에서 압도적이며, 가장 난폭한 독재라 하더라도 그러한 경향을 분쇄할 수는 없을 것이다. 그러한 경향은 오히려 농민독재를 더욱 촉진시킬 것이다.

b) 산업

러시아의 산업은 농업과는 다르다. 러시아의 산업은 아직도 원시적인 형태를 띠고 있다. 그러나 그 자본주의적 부분은 바로 그 연륜이 짧기 때문에 매우 근대적이고 고도로 발전된 형태를 보이고 있다. 그리고 또한 러시아의 산업노동자는 시골출신이며 농촌적 사고를 가진 문맹인 경우도 있지만, 적지 않은 숫자는 오늘날 프롤레타리아들이 일반적으로 가까이 할 수 있는 온갖 근대적인 교육의 혜택을 받은 자들로 이루어져 있다. 근대적인 교육의 혜택을 받은 산업노동자들은 반세기 전에 마르크스가 독일노동자들을 자랑스럽게 생각했던 것과 같이 이론적 관심으로 충만하여 있다. 그런데 이러한 관심은 서유럽의 노동자들의 경우 민주적인 사소한 작업들 때문에 너무나도 자주 소멸되곤 했다.

이러한 기반 위에 이미 사회주의적 생산방식이 건설되도록 하여야 하는 것이 아닌가?

따라서 노동자들 자신이 개별 공장과 광산을 각각 자신들이 경영해 나가기 위해서 점유하는 데 사회주의의 본질이 있다고 한다면 사람들은 그렇다고 생각할 수도 있다.

내가 이러한 것을 쓰고 있는 바로 이 순간에(8월 5일) 모스크바로부터 8월 2일자 레닌의 연설이 전하여졌다. 그 연설에서 레닌은 다음과 같은 이야기를 하였음이 분명하다.

"노동자는 공장을 확고히 장악해야 하며, 농부는 농지를 지주에게 돌려주지 않을 것이다."

"공장은 노동자에게, 농지는 농부에게"라는 구호는 아직까지는 사회민주적 요청이 아니라 무정부주의적 · 신디칼리즘적 요청이었다.(53)사회민주주의는 공장과 토지가 사회에 속할 것을 요구하였다.

개별 농민은 일시적 방편으로 다른 기업과 무관하게 자신의 재산을 관리할 수 있다. 그에 반하여 현대적 공장은 사회적 연관의 중심에 놓여 있고 고립시켜 생각할 수 없다. 비록 노동자들이 지적이고 공장을 올바르게 관리할 수 있을 만큼 훈련이 되어 있다 하더라도 공장노동자가 공장을 소유하는 것만으로는 충분하지 않다. 다른 기업의 보급 없이는, 원자재 없이는, 석탄 없이는, 모든 종류의 보조자재 없이는, 상품의 규칙적인 판매 없이는 공장은 단 하루도 가동될 수 없다. 원자재 생산자, 광산 또는 운송수단이 기능하지 않으면, 또한 공장도 기능하지 않는다. 공장을 사회주의적으로 경영하는 것은 전체의 사회적 생산망이 존재한다는 것을 전제로 한다. 사회가 그러한 것을 할 수 있을 때에만 사회주의적 생산은 가능하다.

사회민주주의는 공장을 노동자에게 인도할 것을 요구하지 않고 사회적 생산, 즉 상품생산 대신 사회의 자기필요를 충족시키는 생산을 추구한다. 또한 볼셰비키들도 이제까지는 공장의 국유화를 선언하고 있지 공장을 노동자의 수중에 인도하는 것을 선언하고 있지 않다. 수많은 생산협동조합들의 경험이 보여준 바와 같이 후자는 오직 새로운 형태의 자본주의로의 이행을 의미할 것이다. 이 새로운 소유자들은 자신의 소유를 일감을 찾는 지원자들에게 대항하는 특권적 지위로서 방어하게 될 것이며, 특히 생산협동조합은 러시아 농민들의 토지부족을 심화시킬 수밖에 없을 것이다.

자본주의를 계속적으로 극복하는 일은 공장을 공장에서 일하는 노동자들에게 인도함으로써가 아니라 생산수단을 사회의 소유, 즉 스스로의 필요를 위해서 생산하도록 전체 소비자의 소유로 이전함으로써만 가능하다. 따라서 국가소유 또는 진제 생산수단의 경우 지방자치단체의 소유, 어쩌면 또한 소비협동조합소유로 이전하여야 한다.

우리는 이제 러시아에서도 이러한 방법을 시도하여야 한다. 우리가 그것에 얼마나 성공할지는 아직은 예측할 수 없다. 어떻든 소비에트공화국의 이러한 측면은 우리에게 대단히 관심이 있으나, 아직은 전적으로 베일에 싸여있다. 물론 법령은 없으며, 법령의 결과에 대한 신뢰할만한 소식도 없다. 사회주의적 생산은 포괄적인, 상세한, 신뢰할만하고 빠른 정보를 제공하는 통계 없이는 불가능하다. 그러나 아직까지 소비에트공화국은 그러한 통계를 가지고 있지 않다. 소비에트공화국의 경제적 성과에 대하여 우리가 들은 바는 매우 자가당착적이며 검토가 불가능한 것들이다.

또한 이는 독재의 결과이며 민주주의를 억압한 결과이다. 언론출판의 자유가 결여되어 있고 모든 계급과 정당을 대표하고 자신들의 견해를 표명할 수 있는 중심적인 대의체가 존재하지 않기 때문에, 사실상의 독재자들은 자신들의 기호에 맞는 소식만을 공개하고 있음이 분명하다. 독재자들이 이러한 가능성을 사용할지 여부, 그들의 포고에 대한 신뢰가 결여될지 여부, 그와 동시에 비판이 침묵하지 않고 있고, 비판은 단지 비밀통로만을 시도하고 있다. 비판은 입에서 입을 통하여 전해짐으로써 마치 공개적인 성명처럼 급속히 확산되고 있으나, 공중의 통제를 받지 못하고 있다. (54)소문에는 경계가 없다. 따라서 서로 모순되고 상호 불신감에 가득찬 유언비어들이 사방에서 난무하고 있다.

따라서 현재로서는 소비에트정부라는 사회주의적 시도가 어떤 결과를 가져올지를 확인할 수 없으며, 심지어는 비슷하게 추측할 수조차 없다. 그러나 소비에트정부가 자신을 주장할 수 없다면 그것이 이 영역에서 다시 뒤돌릴 수 없는, 즉 계속되는 무엇인가를 만들어 낼 수 있어야 하는가?

아마 어떤 사람도 소비에트정부가 자본주의를 극단적으로 부정한다는 것을 더 이상 가정하지 않는다. 사회주의정부는 분명히 자본주의적 소유를 부정할 수 있고 자본가들을 프롤레타리아로 변하게 할 수 있다. 그러나 이는 사회주의적 생산의 전치(轉置)와 같은 것을 의미하지는 않는다. 사회주의적 생산이 성공하지 못하는 한 자본주의는 다시 부활할 것이고, 반드시 부활할 것이며, 아마도 매우 급속하게 부활할 것이기 때문에 프롤레타리아 계급독재는 단지 사람의 교체만을 가져올 것이다. 프롤레타리아가 된 이제까지의 자본가의 자리를 자본가가 된 프롤레타리아나 지식인이 채운다. 그와 동시에 적시(適時)에 혼돈 속에서 스스로를 최후의 것으로 주장하고 사태를 정상상태로 이행시킬 정부 편에 선 자들이 가장 좋은 것을 건져낼 것을 기대한다. 이제 이미 소비에트정부는 다양한 약속에서 자본을 구축한 것으로 생각하고 있다. 이미 4월 28일에 레닌은 이미 인용된 연설에서("국제 사회주의 위원회"의 통신에서 고시됨) 자본의 몰수에 지나치게 빨리 착수했다고 고백하였다.

> "우리가 수용을 지금과 같은 속도로 진행시킨다면 우리는 분명히 패배할지도 모른다. 생산을 프롤레타리아의 통제 하에 조직하면 분명히 대자본의 몰수에 이르지 못할 것이다."

그러나 이러한 조직이 문제된다. 독재자로서는 몰수보다 쉬운 것은 없다. 그러나 사회적 노동을 조직하고 가동시키기 위해서는 명령과 적군(赤軍)만 가지고는 충분하지 않다.

그러나 소비에트공화국은 러시아의 자본 이상으로 독일의 자본에 양보하여야 하고 그 요구를 인정해야 할 것이다. 러시아에서 연합국측의 자본이 어느 정도로 관철될지는 아직은 미지수이다. 모든 정황에 비추어볼 때 마치 "프롤레타리아 계급독재"는 그저 독일의 자본과 미국의 자본을 위한 자리를 마련하기 위하여 러시아의 자본을 부정하는 것으로 보인다.

또한 그럴 수 있듯이 항상 소비에트정부에 의하여 준비된 수많은 산업영역의 국유화는 비록 소비에트정부가 전복된다 하더라도 유지될 것이며, 대토지 소유의 분쇄 외에 다시 돌이킬 수 없는 프롤레타리아 계급독재의 제2의 대조치가 시도될 것이다. 이와 같은 사실은 모든 현대국가들에서, 또한 자본주의국가들에서도 일어나는 운동을 보는 것 이상으로 더 개연성이 있다. 전쟁의 필요가 그 운동을 만들어내었고 ― 우리는 미국에서의 철도의 국유화를 기억하고 있다 ― 평화의 필요가 그 운동을 지속시킨다. 우리는 도처에서 재정독점을 각오하여야 한다.

(55)그러나 이러한 사실이 입증하는 바는 국가경제가 아직 사회주의는 아니라는 점이다. 사실이 그러한가 여부는 국가의 성격에 달려 있다.

좌우간 러시아국가는 **농민국가**이다. 오늘날 러시아국가는 과거 어느 때보다 더 농민국가이다. 왜냐하면 이제 농민들은 자신에게 권력이 있다는 것을 알았기 때문이다. 농민은 다른 어디에서보다 자신의 권력을 직접 국가 내에서 행사할 수 있는 형편에 있지 않다. 그러기에는 농민의 생활조건이 여의치 않다. 그러나 농민은 자신의 이해관계를 저지하는 어떠한 권력도, 심지어는 도시 프롤레타리아 계급의 권력이라 하더라도 그것을 용납하지 않을 것이다.

농민의 상품생산에 대응하여 국가산업은 국가 자신의 필요를 위해서가 아니라 시장을 위해서도 생산하여야 한다. 농민층이 국가산업의 가장 커다란 판매영역, 즉 국내시장을 형성할 것이다.

판매하는 농업생산물의 높은 가격에 대하여 농민이 관심을 가지는 것과 마찬가지로 국가는 자신이 구매하는 산업생산물의 낮은 가격에 관심이 있다. 사적 기업에 대하여는 국가로서는 이러한 낮은 가격이 임금노동을 희생해서 성립되든 이윤을 희생해서 성립되든 상관이 없다. 국가는 산업적 개인자본이 높은 이윤을 내는 데 관심이 없다.

그러나 국가경제의 경우에는 사정이 다르다. 국가경제의 이윤이 높을수록 그만큼 세금으로 충당해야 할 국가수입의 총액이 적어지고, 농민국가에서는 주로 농민층으로부터 징수해야 할 국가수입의 총액이 낮아진다. 따라서 농민은 국영기업의 생산물의 낮은 가격과 마찬가지로 국영기업의 높은 이윤에 관심이 있다. 그러나 이는 **낮은 노동임금**을 의미한다.

따라서 우리는 또한 이곳에서도 농민과 산업노동자 사이의 대립, 즉 국가경제가 확장되는 만큼 더 예리해지는 대립의 원천을 보게 된다.

사회주의가 아닌 이러한 대립이 러시아혁명의 진정한 유산이 될 것이다.

물론 그에 대한 책임을 볼셰비즘에 미루는 것은 잘못일 수도 있다. 사람들이 볼셰비즘에 대하여 비난하는 것들 중 많은 것은 이미 존재하고 있던 사정이 필연적으로 나타난 결과이다. 그러나 이미 존재하는 대립을 첨예하게 만들고 그것을 극단까지 몰고 간 것은 독재의 본질에 속한다.

극심한 기아는 독재 때문이 아니라 러시아제정의 재정상의 실정과 전쟁 때문에 초래되었다. 그러나 농업과 운송수단이 종전 후 반년이 지나도록 그렇게 복구되지 못한 것은 내전의 결과이며, 바로 그 내전은 독재 치하에서 반대파의 견해가 표현되는 유일한 형태이고 정치적 이해관계가 역동적인 경우에는 무기의 사용이 불가피하게 된다.

또한 군대의 해산도 볼셰비즘이 이미 봉착하게 되어 있던 절차였다. 그러나 볼셰비즘은 군대의 해산을 더 활발하게 재촉하고 그렇게 함으로써 평화협정을 체결하도록 압박했다고 자랑하였다. 그러나 볼셰비즘 스스로는 평화에 더 이상 열광하지 않았다.

따라서 또한 농민 주도 하에 대토지소유를 분쇄한 것도 볼셰비키들이 정권을 잡기 이전에 이미 시작된 그리고 농민수가 지나치게 많았기 때문에 누구도 저지할 수 없었을 과정이었다. (56)그러나 헌법제정의회를 배제시킨 결과 수용된 대토지소유의 사용에 대한 사회적 영향력은 마지막 흔적까지 소실되었으며, 그 분배는 매우 밀접하게 참여한 이해관계자들의 사적 자의(恣意)에 일임된 채로 남아 있게 되었다.

결국 농민과 산업노동자 사이의 대립의 발생은 또한 피할 수 없는, 자연필연적으로 기존의 경제적 관계에서 성장한 현상이기도 하다. 볼셰비키독재는 이에 대하여 책임이 없다. 그러나 이곳에서도 볼셰비키 지배는 관계를 첨예하게 하거나 심화시키는 관계를 촉진하였다. 헌법제정의회와 군대가 해산됨으로써 러시아를 붕괴와 분열로부터 보호할 수 있었던 두 가지 요소가 상실되었다. 이제 종전 러시아의 풍요한 농장지대가 이로부터 분리되었다. 사정이 변하지 않는다면, 비록 시베리아가 분리되어야 한다 하더라도 곡물이나 식료품 일반을 수출하는 나라가 되지는 않을 것이다. 그럴 경우 러시아의 농산물가격은 외국시장에 의해서가 아니라 국내시장에 의하여 결정될 것이다.

그러나 이와 같은 것이 상품생산 하에서 농민과 산업노동자 사이의 대립이 관철되는 상황이다. 대규모로 농산물을 수출하던 시골에서는 산업과 농업 사이의 대립은 계급대립보다 국가대립의 형태, 즉 산업국가와 농업국가 사이의 대립의 형태를 띠고 있다. 본래의 러시아는 이제 브레스트 — 키토프스키[22] 평화에 의하여 농산물 수출국가이기를 중단하였고 반드시 농민과 산업노동자 사이의 매우 신속하고 매우 격렬한 경제적 투쟁을 유발할 형태를 갖추었다.

그럼에도 불구하고 이러한 투쟁을 전적으로 피할 수는 없다. 선견지명(先見之明)있는 정치를 위하여 그곳에서 대립들이 싸워서 해결되는 기반을 마련하기 위하여 프롤레타리아로 하여금 자신의 힘을 최고로 발현하게 하는 형태를 부여하는 것이 그만큼 중요하게 된다. 자본에 대해서뿐만 아니라 농업에 대해서도 이러한 기반을 마련하는 것이 혁명기간 중 러시아 프롤레타리아 계급의 대변자들에게 가장 중요한 과제였다. 그러나 이러한 과제는 **민주주의**의 가장 확고한 정착 이외의 다른 것을 의미하지는 않았다.

사회적 생산을 초래하는 것만큼이나 중요한 일인 프롤레타리아 해방투쟁의 이러한 과제는 사회적 생산의 초래와는 반대로 농업국가에서도 해결될 수 있다.

•22 제1차 세계대전 중인 1918년 독일과 우크라이나 사이에 체결된 평화조약을 말한다. 이 조약은 평화협정을 얻어내려는 볼셰비키의 노력으로 이루어졌고, 이 조약에 따라 독일은 러시아에서 폴란드와 우크라이나, 발트지역을 할양받았다.

모든 노동계급과 마찬가지로 농민도 민주주의를 요구한다. 스위스나 미국이 입증하듯이 농민은 민주공화국에서 아주 잘 지낼 수 있다. 그러나 자신들이 해방되기 위하여 지방에 국한될 수 없는 국가기구의 지배를 요구하는 산업노동자와는 달리 농민의 이해관계는 자신의 마을을 넘어서지 못한다. 또한 농민은 그가 나폴레옹 1세를 용인하듯이 농민황제이고, 농민의 재산을 보호하며, 농민의 이해관계를 보장하는 황제에게도 관심을 가진다. 러시아의 농민들은 차르의 통치로 돌아가는 데 저항할 것이다. [57]왜냐하면 그들에게 차르의 통치에의 회귀는 죽이고 싶을 정도로 미워하는 과거의 지주에 의한 통치로 돌아가는 것을 연상시키기 때문이다. 그러나 농민들에게 소유를 보장하고 농민들에게 자신의 농지를 경작하고 생산물을 유리하게 판매하는 데 전심할 수 있도록 허용하는 독재자라면 경우에 따라서 농민들은 공화국과 마찬가지로 환영할 수도 있다. 민주주의를 해체함으로써, 사실은 1당독재이고 레닌이 선언하고 있듯이 소수인의 독재로 될 수 있는 1계급의 독재를 선언함으로써 사람들은 이러한 독재자에게 길을 열어준다. 4월 28일자 연설에서 레닌은 다음과 같이 말하였다.

> "우리가 부르주아지의 전적인 제압에 성공하는 만큼 우리에게 소시민적 무정부주의적 요소는 그만큼 더 위험한 것으로 될 것이다. 그에 대한 투쟁은 반드시 폭력에 의해서만 수행될 수 있을 것이다. 우리가 무정부주의자가 아니라면 우리는 국가의 필요성, 즉 자본주의로부터 사회주의로의 이행을 강제할 필요성을 인정하여야 한다. 강제의 형태는 해당 혁명계급의 발전정도와 특별한 상황, 반동적인 전쟁과 마찬가지로 부르

주아지와 소시민의 저항형태에 의하여 결정된다. 따라서 소비에트 민주주의, 곧 사회주의적 민주주의와 **소수인에 의한 독재권력의 행사** 사이에는 원칙적으로 모순이 존재하지 않는다."

우리가 농민으로 하여금 독재, 모든 반대세력의 공권박탈, 모든 적대적 계급에 대한 선거권, 언론의 자유와 조직의 자유를 폐지하는데 익숙하도록 하는 것은 러시아의 프롤레타리아 계급에게 장기적으로 어떤 위험도 발생시킬 수 없다. 도시노동자가 어마어마한 숫자의 러시아 농민과 그들에 의하여 인정된 독재와 갈등에 빠진다면 도시노동자는 어떻게 될까?

그리고 노동자 자신의 독재가 붕괴하면 농민들은 어떻게 될까? 1당독재의 대안(代案)은 1당독재의 부정이다. 그 정당의 실각은 그 정당의 전적인 몰락을 의미하기 때문에 독재의 결과 정권을 장악하고 있는 정당은 청탁(淸濁)을 불문하고 모든 수단을 소유하려고 하지 않으면 안 된다.

민주주의는 전혀 다르다. 민주주의는 다수의 지배를 의미하나, 또한 소수의 보호도 의미한다. 왜냐하면 민주주의는 사람이 어느 계급과 어느 정당에 속하든 모든 사람에게 평등한 권리와 평등한 참여를 보장하는 것을 의미하기 때문이다. 도처에서 프롤레타리아 계급은 민주주의에 대하여 매우 커다란 관심이 있다. 프롤레타리아 계급이 다수를 형성하면 민주주의는 프롤레타리아 계급의 지배수단이 된다. 프롤레타리아 계급이 소수인 곳에서는 민주주의는 프롤레타리아 계급이 스스로를 주장하고 양보를 얻어내며 발현하는 최상의 투쟁기반을 형성한다. 다른 계급과 동맹하는 순간적 상황에 의하여 지배권을 장악한 소수 프롤레타리아 계급이 민주주의, 소수의 권리, 야당을 폐지하여 이러한 상황을 영구화시키고자 하는 것은 근시안적 현실정책, 즉 순간적 정책이다. 프롤레타리아 계급 스스로가 이러한 순간적 상황이 지나고 난 후 프롤레타리아 계급으로 하여금 계속적인 노동, 계속적인 투쟁을 위하여 발을 디딜 수 있게 하는 기반 자체를 파괴한다.

(58)러시아의 프롤레타리아 계급이 훈령을 통해서가 아니라 실제로 현실에서 달성해낸 성과가, 소비에트와 마찬가지로 여러 가지 다양한 색깔을 띠고 있기는 해도 사회주의자들이 우세한 비중을 차지하고 있던 헌법제정회의를 통하여 달성할 수 있었던 것보다 소비에트공화국을 통해서 더 많은 것을 달성하였는지 여부는 의심스럽다. 그러나 소비에트공화국이 붕괴한다면 또한 그와 더불어 러시아의 프롤레타리아 계급이 이룩한 모든 것이 붕괴될 우려가 있다는 것 또한 분명하다.

헌법제정의회가 민주주의를 공고히 하는 데 성공했더라면 또한 산업 프롤레타리아 계급이 민주주의 내에서 그리고 민주주의를 통하여 획득할 수 있었던 모든 성과들도 공고해졌을 것이다. 오늘날에도 우리는 러시아의 프롤레타리아 계급이 혁명의 모든 성과에 기만되지 말기를, 독재가 러시아 인민 속에 있는 민주적 의식을 절멸시키는 데 성공하지 않기를, 끝으로 내전의 모든 갈등과 혼란이 성공적으로 극복되기를 기대하고 있다.

러시아 프롤레타리아 계급의 미래는 독재가 아니라 민주주의에 있다.

10

새로운 이론

Die neue Theorie

우리는 프롤레타리아 계급을 위하여 독재의 방법은 이론의 일반적 관점으로부터도 또한 러시아의 사정이라는 특수한 관점으로부터도 좋은 결과를 약속하지 않는다는 것을 보았다. 그럼에도 불구하고 독재의 방법은 바로 이러한 상황으로부터 이해된다.

차리즘에 대한 투쟁은 오래 전부터 사회적 관계에 기반을 두고 있지 않은, 폭력에 의해서 전복되지 않으면 안 되는, 적나라한 폭력에 의해서 겨우 유지되는 통치체제에 대한 투쟁이었다. 이러한 사정 때문에 혁명가들의 경우에도 쉽게 폭력의 문화가 형성될 수 있었고, 이런 문화는 경제적 관계가 아니라 그것을 뛰어 넘는 특수한 상황에 근거해서도 폭력을 사용할 수 있다는 생각을 팽배하게 만들었다. 황제에 대한 투쟁이 비밀리에 행해진 외에도 모반이 민주주의가 아닌 폭력의 습관과 관례를 발전시켰다.

물론 절대주의에 대한 투쟁의 다른 영향은 이러한 요소들과 대립된다. 우리는 이미 민주주의와는 정반대로 절대주의는 커다란 연관과 커다란 목표를 부활시키고 이론적 관심을 환기시키는 순간적 목적을 위한 작은 일을 한다는 것을 지적하였다. 그러나 오늘날에는 사회의 유일한 혁명이론, 즉 칼 마르크스의 이론만이 존재한다.

그 이론은 러시아 사회주의의 이론이 되었다. 이제 그 이론은 바로 우리의 의지와 능력이 물질적 관계에 의하여 제약됨을 가르치고 있으며, 물질적 관계를 무시하고자 하는 강한 의지가 무능함을 보여주고 있다. 이 이론은 적나라한 폭력의 문화에 반대하며 사회민주주의자들이 미래의 혁명에서 자신들의 행동에 일정한 한계가 있다는 것을 보여주고 있다. 미래의 혁명은 러시아의 경제가 후진적이므로 우선 시민혁명일 수 있을 것이라는 것이다.

이제 제2의 혁명이 발발하였고 갑자기 사회주의자들의 수중에 그들 자신도 놀라버린 권력이 장악되었다. 왜냐하면 이 혁명의 결과 군대, 재산 및 시민적 질서의 매우 견고한 버팀목이 완전히 해체되었기 때문이다. 그리고 동시에 폭력에 의하여 이러한 질서의 도덕적 버팀목도 전적으로 파괴되었다. (59)교회도 지식인들도 자신의 권위를 주장할 수 없었다. 지배는 국가 내의 최하층계급, 곧 노동자와 농민의 몫이 되었으나, 농민은 스스로가 통치할 수 있는 계급이 아니다. 농민들은 자진해서 모든 것을 희생해서라도 그들에게 즉각적인 평화와 그들의 토지에 대한 열망을 즉각적으로 만족시켜줄 것을 약속한 프롤레타리아당의 지도를 받아들였다. 그 정당이 프롤레타리아에게 평화와 빵을 약속하였기 때문에 같은 정당에 프롤레타리아 대중이 쇄도하였다.

그렇게 해서 볼셰비키당은 세력을 획득하였으며, 그 결과 정치권력을 장악하였다. 이로써 결국 마르크스와 엥겔스가 사회주의의 도래를 위하여 주장한 전제조건, 곧 프롤레타리아 계급에 의한 정치권력의 획득이 달성된 것이 아니있는가? 물론 경제이론은 러시아의 사회적 조건에서 사회주의혁명이 방금 달성될 수 있다는 것에 반대하며, 이러한 이론적 견해를 뒷받침하는 사실은 새로운 정권은 결코 프롤레타리아 계급의 단일지배가 아니라 모든 부분이 자기 영역에서 다른 부분을 마음대로 지배하는 것을 주장하는 프롤레타리아적 요소와 시민적 요소의 연정이라는 것을 말해주었다. 프롤레타리아는 농촌에서 농민들을, 농민들은 공장에서 프롤레타리아들을 방해하지 않았다.

어쨌든 세계사에서 처음으로 사회주의정당이 거대한 나라에서 지배정당이 되었다. 물론 이는 대단한, 투쟁적 프롤레타리아 계급으로서는 영광스러운 결과이다.

그러나 사회주의정당은 사회주의를 관철시키는 것 이외의 다른 목적을 위하여 자신의 권력을 사용할 수 있겠는가? 사회주의정당은 즉시 그 일에 착수해야 했고 고려하지 않고 주저하지 않고 자신을 반대하는 모든 장애들을 제거해야 했다. 그와 동시에 급속하게 획득한 커다란 인기에도 불구하고 국가 내의 다수를 획득하지 못한 새로운 정권과 민주주의가 갈등을 일으키게 되는 경우에는 민주주의를 위해서는 그만큼 더 해롭게 될 것이다. 그렇게 되면 민주주의는 독재에 의하여 대체되고, 그만큼 러시아에서 인민의 자유는 아주 새로운 것이어서 인민대중 속에 깊은 뿌리를 내리지 못하게 될 것이다. 이제 독재의 과제는 사회주의를 관철시키는 것이다. 이러한 시청각교육은 자기 나라에서 아직도 저항하는 요소들을 계속적으로 일소할 뿐만 아니라 다른 자본주의국가의 프롤레타리아들로 하여금 본받게 하여 혁명에 대한 불길이 치솟도록 하여야 할 것이다.

이는 물론 모든 프롤레타리아, 모든 사회주의자에게 장엄한 모험과 매혹적인 사고과정이다. 우리가 그것을 위하여 반백년 동안 투쟁하여 온 것, 우리가 종종 그렇게 지척에 있다고 믿어 왔던 것, 그러나 항상 되풀이하여 연기되어 온 것이 드디어 달성된 것이다! 모든 나라의 프롤레타리아들이 볼셰비즘에 열광했던 것은 결코 놀라운 일이 아니다. 프롤레타리아 지배의 현실은 이론적 숙고보다 더 비중이 있다. 그리고 일반적 승리의식은 이웃나라의 사정을 서로 몰랐기 때문에 더 조장되었다. 몇몇 사람들만이 외국을 연구하고 있으며, 대부분의 사람들은 외국에서도 근본적으로 사정은 우리와 같다고 가정하고 있다. 그런 가정을 하지 않는 곳에서는 외국에 대한 환상적인 견해를 옳다고 생각한다.

(60)따라서 도처에서 동일한 제국주의가 지배하고 있다는 안이한 생각이, 따라서 또한 서유럽의 인민은 러시아의 인민들이 그런 것처럼 정치혁명에 친근하리라는 러시아 사회주의자들의 기대가, 그리고 다른 한편에서는 사회주의를 위한 제 요소가 서유럽에 있어서와 마찬가

지로 러시아에도 존재하리라는 기대가 지배하고 있다.

그렇다면 일단 군대가 전적으로 해산되고 헌법제정의회가 부정된 후에 수행되었던 것은 일단 미리 예정된 수순에 따른 결과에 지나지 않았다.

비록 만족스럽지는 않다 하더라도 모든 것은 아주 잘 이해가 된다. 그에 반하여 우리의 볼셰비키 동지들이 그들의 행위를 러시아의 특유한 사정 때문으로, 곧 그들의 생각에 따르면 그들에게는 독재나 해산 이외의 다른 선택의 여지가 없었던 특수한 관계의 급박성 때문인 것으로 설명하려 하지 않은 점은 이해하기 어렵다. 오히려 그들은 그들의 행동에 근거를 제공하기 위하여 일반적인 타당성을 주장하는 전혀 새로운 이론을 설계하는 데 이행하였다.

우리는 그것을 우리에게 매우 공감적일 수밖에 없는 그들의 경향, 즉 그들의 커다란 이론적 관심으로부터 설명한다.

볼셰비키들은 마르크스주의자이다. 그들은 그들이 접근할 수 있는 프롤레타리아 계층들에게 마르크스주의에 대한 열광을 불어넣었다. 그러나 그들의 독재는 어떤 인민도 자명하게 발전단계를 뛰어넘거나 생략할 수 없다는 마르크스 이론과 모순되었다. 그에 대한 마르크스의 근거부여는 어디서 찾아낼 수 있는가?

사람들은 1875년에 마르크스가 편지에서 한 번 사용한 프롤레타리아 계급독재에 관한 몇 마디 말을 시의적절하게 상기해내었다. 아마도 마르크스가 그 말로써 표현하고자 한 바는 **정부형태**가 아닌 정치**상황**이었다. 이제 그 말은 즉시 정부형태의 표시에, 그것도 소비에트의 지배로써 주어진 정부형태에 사용되었다.

그런데 그 당시 마르크스는 예컨대 특정 상황에서는 프롤레타리아 계급독재가 올 수 있다는 것과 같은 말을 한 바 없다. 그는 이러한 상황을 사회주의로 이행하기 위하여 불가피한 것으로 표현하였다. 물론 그는 거의 동시에 영국과 미국과 같은 나라들에서는 사회주의에로의 평화로운 이행이 가능할 것이며, 이는 독재가 아니라 민주주의를 기반으로 해서만 달성될 수 있을 것이라고 선언하였다. 따라서 그는 독재라는 말로써 민주주의의 파기를 생각하지 않았다는 것을 스스로 확인하였다. 독재의 옹호자는 그 때문에 아연실색해서는 안 된다. 마르크스가 언젠가 프롤레타리아 계급독재가 피할 수 없다고 선언했기 때문에, 그들은 소비에트 헌법, 소비에트의 적의 권리박탈은 마르크스 자신에 의하여 프롤레타리아 계급의 본질에 상응하는 것으로, 프롤레타리아 계급지배와 피할 수 없이 결합된 정부형태로 인정되었다고 공포하였다. 정부형태로서 프롤레타리아 계급독재는 프롤레타리아 계급지배와 마찬가지로 오랫동안, 사회주의가 일반적으로 관철되고 그럼으로써 모든 계급적 차이가 소멸될 때까지 계속되어야 한다. 이로써 독재는 평온한 시대가 오자마자 민주주의가 다시 자리해야 하는 일시적 비상수단이 아니라 오랫동안 우리가 그에 순응해야 하는 상태로 생각된다.

(61)그에 상응하여 "사회혁명강령" 제9번과 제10번은 다음과 같이 말하고 있다:

9. 지금까지 우리는 이러한 독재의 형태를 연구하지 않고 프롤레타리아 독재의 필연성을 가르쳐왔다. 러시아 사회주의혁명은 이 형태를 완성시켰다. 그것은 프롤레타리아와 (러시아에서) 빈곤한 농민층의 **계속적** 독재로서 소비에트공화국의 형태이다. 그와 동시에 다음과 같은 것을 주의하는 것이 중요하다. 이곳에서 이야기되는 것은 좁은 의미에서의 일시적 현상이 아니라, **전 역사시기 동안**의 국가형태이다. 여기에서는 바로 새로운 국가형태를 조직해야 하며, 이는 부르주아지에 대한 소수의 특정 조치와 혼동되어서는 안 된다. 이러한 조치는 거대한 과제와 투쟁에 적응하여야 하는 특수한 국가조직의 기능에 불과하다.

10. 따라서 프롤레타리아 독재의 의미는 이른바 부르주아지에 대한 **영속적인 전쟁상태**에 있다. 따라서 공산주의자들의 "폭력행위"를 열망하는 모든 자들은 무엇이 도대체 독재인가를 완전하게 이해하고 있음이 분명하다. 혁명 자체는 "적나라한 폭력" 행위이다. 독재란 말은 모든 언어에서 바로 폭력정권을 의미한다. 여기에서 중요한 것은 폭력의 계급적 내용이다. 이로써 혁명적 폭력이 역사적으로 정당화된다. 혁명상황이 곤란에 처해 있을수록 독재가 더 예리해져야 하는 것 또한 전적으로 분명하다.

그러나 이로써 독재의 정부형태가 계속적으로 존속하여야 할 뿐 아니라 또한 모든 나라에도 의당 도입되어야 한다는 것이 기정사실화된다. 이제 러시아에서 금방 획득한 일반적 자유가 다시 폐지되었다면, 같은 일이 프롤레타리아 계급이 승리한 후에 인민의 자유가 이미 깊은 뿌리를 내린, 일반적 자유가 1세기 이상 성립되어 있는, 인민이 일반적 자유를 반복되는 유혈혁명에서 획득하고 주장해온 나라들에서도 의당 그렇게 되어야 한다는 것이다. 새로운 이론은 매우 진지하게 이와 같은 것을 주장하고 있다. 그리고 더욱 이상한 것은 새로운 이론이 아직도 구 제정의 억압을 기억하고 이제 그 압제로부터 완전히 벗어난 것을 기뻐하는 — 마치 장색(匠色)으로 승진한 도제가 그가 이전에 가지고 있던 회초리를 자신의 후배인 도제에게 물려주면서 기뻐하듯이 — 러시아 노동자들에게만 지지를 받고 있는 것이 아니라는 점이다. 아니, 새로운 이론은 심지어 스위스와 같은 오래된 민주주의에서도 지지를 받고 있다. 그러나 이보다 더 이상하고 더 이해되지 않는 것이 또 있다.

완전한 민주주의는 어느 곳에서도 발견되지 않는다. 도처에서 우리는 변화와 개선을 위하여 노력해야 한다. 스위스에서도 인민입법과 비례선거제도 및 여성선거권을 획득하기 위하여 투쟁이 행해지고 있다. 미국에서는 최고재판관의 권력과 선출방법이 시급히 제한될 필요가 있다. 관료적이고 군사적인 국가들에서 민주주의를 위하여 그리고 프롤레타리아 계급이익을 관철시키기 위하여 제기해야 하는 민주적 요청들은 아직도 많이 남아 있다. 그리고 이러한 투쟁의 가운데서 매우 과격한 투사들은 적들에게 소리치고 있다. 우리가 소수, 곧 야당을 보호하기 위하여 요구하는 것을 우리는 우리 스스로가 소수, 곧 야당으로 남아 있는 동안에만 원하려고 한다. 우리가 다수가 되는 순간, 곧 정부권력을 장악하는 순간, 우리가 이제까지 우리를 위하여 요구했던 모든 것, 곧 선거권, 언론의 자유, 조직의 자유 등을 너희들에게는 폐지하는 것이 우리의 첫 번째 행위가 될 것이다.

(62)사회주의혁명강령은 이에 대하여 전혀 숨김없이 다음과 같이

말하고 있다.

17. 민주공화국 및 또한 일반적 자유들(즉 또한 부르주아지를 위한)에 대한 종전의 요청은 이미 지나간 시기, 즉 준비와 세력축적의 시기에는 정당하였다. 시민의 언론이 노동자에게 유해한 동안에는 노동자는 언론의 자유를 필요로 하였다. 그럼에도 불구하고 이 시기에 노동자는 시민적 언론을 폐지하라는 요청을 내놓을 수 없었다. 그래서 프롤레타리아 계급은 일반적 자유들, 심지어는 반동적 집회, 비밀노동자 조직의 자유까지를 요구하였다.

18. 지금은 자본을 직접 공격하고, 제국주의 강도국가를 직접 진압하고 분쇄하며, 부르주아지를 직접 억압하는 시기이다. 따라서 현 시기에서 일반적 자유들(곧 반혁명적 부르주아지를 위해서도)을 원칙적으로 방어하는 것은 불필요할 뿐만 아니라 바로 유해하기도 하다는 것은 전적으로 분명하다.

19. 이와 같은 것은 언론, 사회적 반역자들의 조직들에 대해서도 적용된다. 후자는 반혁명의 가장 능동적 요소임이 폭로되었다. 후자는 심지어 프롤레타리아 정부에 반항하여 무장봉기를 하기도 한다. 이전의 장교들과 진압된 재정자본의 지갑에 의존하여 그들은 다양한 모반을 정열적으로 조직하는 자들이 된다. 그들은 프롤레타리아독재를 불구대천의 원수로 적대시한다. 그렇기 때문에 그들도 그에 상응하여 취급되어야 한다.

20. 그러나 노동자계급과 빈곤한 농민층이 문제되는 한, 그들은 가장 완전한 자유를 소유한다.

그들은 실제로 가장 완전한 자유를 소유하는가?

그러나 또한 프롤레타리아이자 사회주의자인 "사회반역자"는 야당을 형성하기 때문에 시민적 야당과 마찬가지로 공권이 상실되어야 한다. 그러나 우리는 그에 대하여 매우 격분하여 전력을 다하여 시민적 정부가 그의 야당에 대하여 동일한 처방을 적용하고자 하는 것과 투쟁해서는 안 되는가?

시민적 정부가 현재의 그리고 그에 상응하는 실제와 같이 사회주의적 요구를 언급할 수 있다면 물론 우리는 그것을 추구하여야 하나, 그러나 우리는 그렇게 함으로써 단지 후일의 성공을 추구할 것이다.

종종 그렇듯이 우리는 자유주의자들이 정권을 잡았을 때와 야당이었을 때가 다르다고, 곧 그들이 정권을 잡으면 그들의 이전의 민주적 요구를 희생시킨다고 자유주의자들을 비난하여 왔다. 이제 자유주의자들은 적어도 저 요청들을 형식적으로도 입밖에 올리지 않을 만큼 영리하다. 그들은 다음과 같은 원칙에 따라 행동한다. 사람들은 그렇게 행동할지언정 그렇게 말하지는 않는다.

사회주의혁명강령을 기초한 자는 의심의 여지없이 존경스럽다. 그러나 그가 영리한지는 의심스럽다. 그러나 독일 사회민주주의자들의 영리함에서 우리가 보존해야 할 것은 그들이 오늘 그것을 얻기 위하여 투쟁하는 민주주의를 승리한 날에는 희생시키리라는 것을 공개적으로 선언하는 것이다! 그렇게 되면 그들은 그들의 민주적 제 원칙을 반대로 전도시킨다는 것 또는 그들은 심지어 민주적 제 원칙을 가지고 있지 않다는 것, 그들에게 민주주의는 단순히 정부의 전권을 추구하기 위한 사다리, 곧 그들이 정상에 다다르는 순간 더 이상 필요가 없어서

차버리는 사다리에 불과하다는 것, 그들은 한 마디로 말하자면 혁명적 기회주의자라는 것이다.

(63)러시아 혁명가들이 권력을 유지하기 위하여, 위험에 처한 민주주의를 구원하기 위해서가 아니라 민주주의에 반대하여 자신을 주장하기 위하여 독재의 방법을 취한다면 그것은 러시아 혁명가들에게도 근시안적인 순간정책일 것이다. 그러나 이러한 것은 이해할 수 있다.

이와는 반대로 아직까지 권력을 잡지 못한, 오히려 현재도 약한 야당에 불과한 독일 사회민주주의자들이 이 이론을 채택한다면 그것은 이해할 수 없다. 독재와 광범위한 인민대중의 권리박탈의 방법에서 우리가 일반적으로 판단하는 무엇인가를 보고 러시아에 제공하듯이 기껏해야 그렇게 예외적인 상황의 생산물로 보는 대신에 오히려 그들은 독일 사회민주주의자들도 초래하고자 노력하고 있는 상황으로서 이러한 방법을 희생시키는 데로 이행한다.

이러한 주장이 철두철미 잘못인 것만은 아니다. 이러한 주장은 매우 위험하며, 이러한 주장이 일반적으로 받아들여진다면 우리 당의 선전력은 매우 마비될 것이다. 왜냐하면 분파주의적 광신자들의 소규모 집단을 제외하고는 아마도 전 독일의 프롤레타리아 계급 및 모든 국제 프롤레타리아 계급이 일반적 민주주의의 원칙을 사랑하기 때문이다. 프롤레타리아 계급은 새로운 특권계급을 만들어내고 새로운 권리 없는 계급을 만들어냄으로써 지배를 시작하는 모든 생각을 거절할 것이다. 프롤레타리아 계급은 전체 인민의 일반적 권리에 대한 요구에 대하여 정신적으로 유보하는, 사실상 자신의 특권만을 추구하는 모든 생각을 거절할 것이다. 그리고 프롤레타리아 계급은 오늘 이미 스스로 자신의 민주주의에 대한 요청은 단순한 거짓이라는 것을 엄숙하게 선언하는 익살스러운 부당한 요구를 마찬가지로 거절할 것이다.

러시아에서의 정부형태로서의 독재는 일찍이 바쿠닌[23]의 무정부주의와 마찬가지로 이해될 수 있다. 그러나 이해한다는 것은 아직 인정한다는 것을 의미하지는 않는다. 우리는 후자와 마찬가지로 전자도 단연코 부정하여야 한다. 독재는 어떤 나라에서 인민의 다수와 대립하여 지배하고 이 지배를 그 나라에서 확보하는 사회주의정당의 수단이 아니라 단지 자신의 힘을 넘어서는, 그 해결에 소진되고 소모되는 과제 앞에 자신을 세우는 수단에 불과하다는 것이 입증되었다. 그와 동시에 독재는 너무 쉽게 사회주의사상 자체에 위험을 가져오며, 그 발전을 조장하는 대신 저해한다.

다행스럽게도 독재의 실패가 아직 혁명의 실패를 의미하는 것은 아니다. 독재의 실패는 볼셰비키독재가 시민적 독재에 대한 단순한 전주곡이 될 때에만 혁명의 실패를 의미할 것이다. 혁명으로 이룩된 본질적인 것들은 독재를 민주주의로 대체하는 것이 적시에 성공할 때에만 보전될 것이다.

---

[23] Mikhail Aleksandrovich Bakunin(1814-76)은 러시아의 혁명가이자 무정부주의자이다. 그는 1848년 프라하 봉기, 1849년 드레스덴 봉기, 1863년 폴란드의 무장봉기에 참가했고, 1868년 스위스로 이주하여 사회민주동맹을 설립했으며, 제1인터내셔널에서는 마르크스에 대하여 반대입장을 취하였다.

Die Diktatur des Proletariats

프롤레타리아 계급독재 원본

Die Diktatur des Proletariats

Von

Karl Kautsky

Preis 2 Kronen (Mark 1·50)

Wien 1918
Verlag der Wiener Volksbuchhandlung Ignaz Brand & Co.

Inhaltsverzeichnis.

1. Das Problem.

Die jetzige russische Revolution hat zum erstenmal in der Weltgeschichte eine sozialistische Partei zur Beherrscherin eines großen Reiches gemacht. Ein weit gewaltigeres Ereignis als die Besitznahme der Herrschaft über die Stadt Paris durch das Proletariat im März 1871. Jedoch in einem wichtigen Punkte stand die Pariser Kommune über die Sowjetrepublik. Jene war das Werk des gesamten Proletariats. Alle sozialistischen Richtungen nahmen an ihr Teil, keine schloß sich von ihr aus oder wurde von ihr ausgeschlossen.

Dagegen ist die sozialistische Partei, die heute Rußland regiert, an die Macht gekommen im Kampf gegen andere sozialistische Parteien. Sie übt ihre Macht unter Ausschließung anderer sozialistischer Parteien aus ihren regierenden Körperschaften.

Der Gegensatz der beiden sozialistischen Richtungen beruht nicht auf kleinen persönlichen Eifersüchteleien, er ist der Gegensatz zweier grundverschiedener Methoden: der demokratischen und der diktatorischen. Beide Richtungen wollen dasselbe: das Proletariat und damit die Menschheit durch den Sozialismus befreien. Aber den Weg, den die einen gehen, halten die anderen für einen Irrweg, der ins Verderben führt.

Es ist unmöglich, einem so riesenhaften Ereignis wie dem proletarischen Ringen in Rußland teilnahmslos gegenüberzustehen. Jeder von uns fühlt sich gedrängt, Partei zu nehmen, leidenschaftlich Partei zu nehmen. Um so mehr gedrängt, da jene Probleme, die heute unsere russischen Genossen beschäftigen, morgen auch für Westeuropa praktische Bedeutung gewinnen können, ja da sie heute schon die Art unserer Propaganda und Taktik entscheidend beeinflussen.

Unsere Parteipflicht jedoch ist es, uns nicht eher in dem russischen Bruderzwist für die eine oder andere Seite zu entscheiden, ehe wir nicht die Argumente beider gründlich geprüft haben.

Daran wollen uns manche Genossen hindern. Sie erklären es für unsere Pflicht, uns unbesehen für jene Richtung des russischen Sozialismus auszusprechen, die am Ruder ist. Jede andere Haltung gefährde die Revolution und den Sozialismus selbst. Das heißt aber nichts anderes, als bereits für bewiesen annehmen, was doch gerade zu untersuchen ist: daß die eine Richtung den richtigen Weg eingeschlagen habe und wir sie ermuntern müssen, ihn fortzusetzen.

Freilich stellen wir uns mit der Forderung freiester Diskussion schon auf den Boden der Demokratie. Die Diktatur heischt nicht Widerlegung der gegnerischen Ansicht, sondern die gewaltsame Unterdrückung ihrer Aeußerung. So stehen sich die beiden Methoden der Demokratie und der Diktatur schon unversöhnlich gegenüber, ehe die Diskussion begonnen hat. Die eine fordert, die andere verbietet sie.

Einstweilen herrscht jedoch in unserer Partei noch nicht die Diktatur; es wird noch frei bei uns diskutiert. Und wir betrachten es nicht nur als unser Recht, sondern als unsere Pflicht, unsere Meinungen frei zu äußern, weil nur nach Anhören aller Argumente eine sachgemäße, fruchtbare Entscheidung möglich ist. Eines Mannes Rede ist bekanntlich keines Mannes Rede. Man muß sie billig hören beide.

Wir wollen daher im folgenden untersuchen, welche Bedeutung die Demokratie für das Proletariat besitzt, was wir unter der Diktatur des Proletariats zu verstehen haben und welche Bedingungen die Diktatur als Regierungsform für den Befreiungskampf des Proletariats schafft.

2. Die Demokratie und die Eroberung der politischen Macht.

Man unterscheidet mitunter zwischen der Demokratie und dem Sozialismus, also der Vergesellschaftlichung der Produktionsmittel und der Produktion in der Weise, daß man sagt, diese sei unser Endziel, der Zweck unserer Bewegung, die Demokratie bloßes Mittel zu diesem Zweck, das unter Umständen untauglich, ja sogar hinderlich sein könne.

Genau genommen ist jedoch nicht der Sozialismus unser Endziel, sondern dieses besteht in der Aufhebung „jeder Art der Ausbeutung und Unterdrückung, richte sie sich gegen eine Klasse, eine Partei, ein Geschlecht, eine Rasse". (Erfurter Programm.)

Wir suchen dieses Ziel zu erreichen durch Unterstützung des proletarischen Klassenkampfes, weil das Proletariat als unterste Klasse sich nicht befreien kann, ohne alle Ursachen von Ausbeutung und Unterdrückung aufzuheben, und weil das industrielle Proletariat diejenige unter den ausgebeuteten und unterdrückten Schichten ist, die an Kraft, Kampffähigkeit und Kampfeslust immer mehr wächst und deren schließlicher Sieg unvermeidlich ist. Darum muß heute jeder wahrhafte Gegner von Ausbeutung und Unterdrückung den proletarischen Klassenkampf mitkämpfen, welcher Klasse immer er entstammen möge.

Die sozialistische Produktionsweise setzen wir uns in diesem Kampfe deshalb als Ziel, weil sie bei den heute gegebenen technischen und ökonomischen Bedingungen als das einzige Mittel erscheint, unser Ziel zu erreichen. Würde uns nachgewiesen, daß wir darin irren, daß etwa die Befreiung des Proletariats und der Menschheit überhaupt auf der Grundlage des Privateigentums an Produktionsmitteln allein oder am zweckmäßigsten zu erreichen sei, wie noch Proudhon annahm, dann müßten wir den Sozialismus über Bord werfen, ohne unser Endziel im geringsten aufzugeben, ja wir müßten es tun, gerade im Interesse dieses Endzieles.

Demokratie und Sozialismus unterscheiden sich also nicht darin, daß die eine Mittel ist und der andere Zweck. Beide sind Mittel für den gleichen Zweck.

Der Unterschied zwischen beiden liegt wo anders. Sozialismus als Mittel zur Befreiung des Proletariats ohne Demokratie ist undenkbar. Allerdings ist gesellschaftliche Produktion auch auf anderer als demokratischer Grundlage ~~nötig~~. Bei unentwickeltem Verhältnis konnte eine kommunistische Wirtschaft geradezu eine Basis des Despotismus werden. Das konstatierte Engels schon 1875 mit Bezug auf den Dorfkommunismus, wie er sich in Rußland und Indien bis in unsere Tage erhalten hat. (Soziales aus Rußland, „Volksstaat", 1875.)

Die niederländische Kolonialpolitik basierte in Java eine Zeitlang unter dem sogenannten „Kultursystem" die Organisation der landwirtschaftlichen Produktion für die das Volk ausbeutende Regierung auf den Bodenkommunismus.

Das großartigste Beispiel einer nichtdemokratischen Organisation gesellschaftlicher Arbeit aber hat im 18. Jahrhundert der Jesuitenstaat von Paraguay gegeben. Die Jesuiten als überlegene Klasse organisierten dort mit diktatorischer Gewalt die Arbeit der indianischen Urbevölkerung in einer tatsächlich bewunderungswürdigen Weise, ohne Anwendung von Gewalt, ja unter Gewinnung der Anhänglichkeit ihrer Untertanen.

Für moderne Menschen jedoch wäre ein derartiges patriarchalisches Regime unerträglich. Es ist nur möglich unter Umständen, wo die Herrscher an Wissen hoch über den Beherrschten stehen, und diese absolut nicht in der Lage sind, sich zu gleicher Höhe zu erheben. Eine Schicht oder Klasse, die einen Befreiungskampf führt, kann sich ein derartiges System der Bevormundung nicht als Ziel setzen, sie muß es entschieden ablehnen.

Für uns also ist Sozialismus ohne Demokratie undenkbar. Wir verstehen unter dem modernen Sozialismus nicht bloß gesellschaftliche Organisierung der Produktion, sondern auch demokratische Organisierung der Gesellschaft. Der Sozialismus ist demnach für uns untrennbar verbunden mit der Demokratie. Kein Sozialismus ohne Demokratie.

Jedoch ist der Satz nicht ohneweiters umzukehren. Demokratie ist sehr wohl möglich ohne Sozialismus. Selbst die reine Demokratie ist denkbar ohne Sozialismus, zum Beispiel in kleinbäuerlichen Gemeinwesen, in denen völlige Gleichheit der ökonomischen Bedingungen für jedermann auf der Grundlage des Privateigentums an Produktionsmitteln besteht.

Auf jeden Fall kann man sagen, daß Demokratie möglich ist ohne Sozialismus und vor ihm. Und diese vorsozialistische Demokratie haben offenbar jene im Auge, die meinen, die Demokratie verhalte sich zum Sozialismus wie das Mittel zum Zweck, wobei sie sich jedoch meist beeilen hinzuzufügen, daß sie eigentlich kein Mittel zum Zweck sei. Diesem Nachsatz muß auf das entschiedenste widersprochen werden. Er würde, wenn er allgemeine Annahme fände, unsere Bewegung auf die verhängnisvollsten Bahnen lenken.

Warum soll die Demokratie ein untaugliches Mittel für die Erreichung des Sozialismus sein?

Es handelt sich um die Eroberung der politischen Macht. Man erklärt, wenn in einem bisher bürgerlich regierten demokratischen Lande die Möglichkeit ersteht, daß die Sozialdemokraten bei den Parlamentswahlen die Mehrheit bekommen, würden die herrschenden Klassen alle ihnen zu Gebote stehenden Gewaltmittel aufwenden, um eine Herrschaft der Demokratie zu verhindern. Darum könne das Proletariat nicht durch die Demokratie, sondern nur durch die Revolution die politische Macht erobern.

Kein Zweifel, wo das Proletariat in einem demokratischen Staat an Macht zunimmt, muß man mit Versuchen der herrschenden Klassen rechnen, durch Gewaltmittel die Ausnutzung der Demokratie durch die aufstrebende Klasse zu vereiteln. Aber damit ist doch nicht die Wertlosigkeit der Demokratie für das Proletariat erwiesen. Wenn die herrschenden Klassen unter den hier erörterten Voraussetzungen zur Gewalt greifen, so geschieht es doch gerade deswegen, weil sie die Folgen der Demokratie fürchten. Und ihre Gewalttaten wären nichts anderes als ein Umsturz der Demokratie.

Also nicht die Wertlosigkeit der Demokratie für das Proletariat ergibt sich aus den erwarteten Versuchen der herrschenden Klassen, die Demokratie abzuschaffen, sondern vielmehr die Notwendigkeit für das Proletariat, die Demokratie mit Nägeln und Zähnen aufs äußerste zu verteidigen. Freilich, wenn man dem Proletariat einredet, die Demokratie sei doch im Grunde eine wertlose Dekoration, dann wird es die nötige Kraft zu ihrer Verteidigung nicht aufbringen. Doch hängt die Masse des Proletariats überall zu sehr an ihren demokratischen Rechten, als daß zu erwarten ist, sie würde sie willenlos fahren lassen. Im Gegenteil ist vielmehr zu erwarten, sie werde ihre Rechte mit einem solchen Nachdruck verteidigen, daß, wenn die Gegenseite das Volksrecht durch Gewalttat zu vernichten sucht, deren entschlossene Abwehr zu einem politischen Umsturz wird. Das ist um so eher zu erwarten, je höher das Proletariat die Demokratie schätzt, je leidenschaftlicher es an ihr hängt.

Anderseits darf man aber auch nicht glauben, daß der hier gezeichnete Gang der Ereignisse überall unvermeidlich sei. So kleinmütig brauchen wir doch nicht zu sein. Je demokratischer der Staat, desto abhängiger sind die Machtmittel der Staatsgewalt, auch die militärischen, von der Volksstimmung (Miliz). Diese Machtmittel können da, auch in der Demokratie, ein Mittel zur gewaltsamen Niederhaltung proletarischer Bewegungen werden, wenn das Proletariat noch numerisch schwach ist, zum Beispiel in einem Agrarstaat, oder wo es politisch schwach ist, weil unorganisiert und geistig unselbständig. Erstarkt aber das Proletariat in einem demokratischen Staat soweit, daß es zahlreich und kraftvoll genug wird, die politische Macht durch Anwendung der gegebenen Freiheiten zu erobern, dann wird es der „kapitalistischen Diktatur" recht schwer fallen, die nötigen Machtmittel aufzubieten, um die Demokratie gewaltsam aufzuheben.

Marx hielt es in der Tat für möglich, ja für wahrscheinlich, daß in England wie in Amerika das Proletariat auf friedlichem Wege die politische Macht erobere. Nach dem Schluß des Haager Kongresses der Internationale von 1872 hielt Marx in einer Volksversammlung in Amsterdam eine Rede, in der er unter anderem ausführte:

„Der Arbeiter muß eines Tages die politische Gewalt in der Hand haben, um die neue Organisation der Arbeit zu begründen. Er muß die alte Politik umstürzen, welche die alten Institutionen aufrechterhält, wenn er nicht, wie die alten Christen, die solches vernachlässigt und verachtet hatten, auf das »Reich von dieser Welt« verzichten soll.

Aber wir haben nicht behauptet, daß die Wege, um zu diesem Ziele zu gelangen, überall dieselben seien.

„Wir wissen, daß man die Institutionen, die Sitten und das Herkommen der verschiedenen Gegenden berücksichtigen muß, und wir leugnen nicht, daß es Länder gibt wie Amerika, England und, wenn ich Eure Einrichtungen besser kännte, würde ich vielleicht hinzufügen Holland, wo die Arbeiter auf friedlichem Weg zu ihrem Ziele gelangen können. Doch nicht in allen Ländern ist dies der Fall."

Ob sich die Marxsche Erwartung erfüllt, bleibt abzuwarten.

Sicher gibt es in den genannten Staaten Schichten der besitzenden Klassen, deren Neigung zu Gewalttätigkeiten gegenüber dem Proletariat wächst. Daneben aber auch andere Schichten, deren Respekt vor der wachsenden Macht des Proletariats und deren Wunsch, es durch Konzessionen bei guter Laune zu erhalten, zunimmt. Trotzdem der Kriegszustand überall für die Zeit seiner Dauer die politische Bewegungsfreiheit der Volksmassen stark einengt, hat er doch dem englischen Proletariat eine bedeutende Erweiterung des Wahlrechtes gebracht. Es läßt sich heute noch gar nicht absehen, wie die Demokratie in den verschiedenen Staaten die Formen der Eroberung der politischen Macht durch das Proletariat beeinflussen und inwieweit sie bewirken wird, daß dabei von hüben und drüben gewalttätige Methoden vermieden und bloß friedliche angewendet werden. Auf keinen Fall wird das Bestehen der Demokratie dabei belanglos sein. In einer demokratischen Republik, in der die Volksrechte seit Jahrzehnten, vielleicht Jahrhunderten festgewurzelt sind, Rechte, die das Volk durch Revolutionen eroberte und behauptete oder erweiterte, wobei es auch die herrschenden Klassen zum Respekt vor der Volksmasse erzog, in einem solchen Gemeinwesen werden die Formen des Ueberganges sicher andere sein als in einem Staat, in dem eine Militärdespotie bisher unumschränkt über die stärksten Machtmittel gegenüber der Volksmasse verfügte und gewöhnt ist, sie dadurch im Zaume zu halten.

Doch mit dem Einfluß der Demokratie auf die Formen des Ueberganges zum proletarischen Regime ist ihre Bedeutung für uns in der vorsozialistischen Zeit nicht erschöpft. Am wichtigsten wird sie für uns in diesem Zeitraum durch ihren Einfluß auf die Reifung des Proletariats.

3. Demokratie und Reife des Proletariats.

Der Sozialismus erheischt besondere historische Bedingungen, die ihn möglich und notwendig machen. Das ist wohl allgemein anerkannt. Jedoch besteht keineswegs Einigkeit unter uns in Bezug auf die Frage, welches die Bedingungen, die erfüllt sein müssen, damit ein moderner Sozialismus möglich werde, wann ein Land reif sei für den Sozialismus. Diese Uneinigkeit in einer so wichtigen Frage ist nicht erhebend, immerhin hat die Notwendigkeit, uns jetzt mit dem Problem zu beschäftigen, etwas Erfreuliches. Denn diese Notwendigkeit rührt daher, daß der Sozialismus für die meisten von uns aufgehört hat, etwas zu sein, was sie erst nach Jahrhunderten erwarten, wie uns noch bei Kriegsbeginn so mancher Umlerner versicherte. Der Sozialismus ist als praktische Frage auf die Tagesordnung der Gegenwart gesetzt.

Welches sind nun die Vorbedingungen der Durchführung des Sozialismus?

Jedes bewußte menschliche Handeln setzt einen Willen voraus. Der **Wille** zum Sozialismus ist die erste Bedingung seiner Durchführung. Dieser Wille wird geschaffen durch den Großbetrieb. Wo der Kleinbetrieb in der Gesellschaft überwiegt, da besteht die Masse der Bevölkerung aus den Besitzern der Betriebe. Die Zahl der Besitzlosen ist gering. Wer besitzlos ist, der sieht sein Ideal in der Erlangung eines kleinen Besitzes. Dieser Wunsch kann unter Umständen revolutionäre Formen annehmen, aber die soziale Revolution wird da keine sozialistische sein; sie will bloß die vorhandenen Güter neu verteilen in einer Weise, daß ein jeder ein Besitzender wird. Der Kleinbetrieb erzeugt stets den Willen zur Erhaltung oder Gewinnung des Privateigentums an den Produktionsmitteln, mit denen man arbeitet, nicht den Willen zum gesellschaftlichen Eigentum, zum Sozialismus.

Dieser Wille ersteht in den Massen erst dort, wo der Großbetrieb schon sehr entwickelt ist und wo seine Ueberlegenheit über den Kleinbetrieb außer Frage steht, wo die Auflösung des Großbetriebes ein Rückschritt, ja unmöglich wäre, wo die Arbeiter der Großbetriebe zum Eigentum an den Produktionsmitteln nur in gesellschaftlicher Form gelangen können, wo die Kleinbetriebe, soweit sie sich erhalten, immer mehr verkümmern, so daß deren Besitzer aus ihnen keinen Wohlstand mehr ziehen. So erwächst der **Wille** zum Sozialismus.

Gleichzeitig ersteht aber mit dem Großbetrieb auch die materielle **Möglichkeit** seiner Durchführung. Je größer die Zahl der Betriebe im Land und je größer die Unabhängigkeit der einzelnen voneinander, desto schwerer ist es, sie gesellschaftlich zu organisieren. Die Schwierigkeit schwindet in dem Maße, in dem die Zahl der Betriebe sich mindert und die Beziehungen zwischen ihnen immer regelmäßiger und fester werden. Endlich muß aber neben dem **Willen** und der materiellen Grundlage, gewissermaßen dem **Rohstoff** des Sozialismus, auch noch die **Kraft** vorhanden sein, die ihn verwirklicht. Diejenigen, die den Sozialismus wollen, müssen stark werden, stärker als diejenigen, die ihn nicht wollen.

Auch dieser Faktor wird durch die Entwicklung des Großbetriebes geschaffen. Dieser heißt Vermehrung der Zahl der Proletarier, derjenigen, die ein Interesse am Sozialismus haben, Verminderung der Zahl der Kapitalisten. Das heißt relative Verminderung im Verhältnis zur Zahl der Proletarier. Im Verhältnis zu den nichtproletarischen Zwischenschichten, Kleinbauern und Kleinbürgern mag die Zahl der Kapitalisten eine Zeitlang wachsen. Aber am raschesten im Staate wächst das Proletariat.

Alle diese Faktoren entspringen direkt aus der ökonomischen Entwicklung. Sie kommen nicht von selbst, ohne menschliches Zutun, aber sie kommen von selbst, ohne proletarisches Zutun, einzig durch das Wirken der Kapitalisten, die ein Interesse am Wachsen ihrer Großbetriebe haben. Diese Entwicklung ist in erster Linie eine städtische und industrielle. Die agrarische bietet nur einen schwachen Nachhall von ihr. Von den Städten, von der Industrie, nicht aber von der Landwirtschaft wird der Sozialismus ausgehen. Damit er aber verwirklicht wird, ist noch ein vierter Faktor notwendig neben den schon erwähnten: das Proletariat muß nicht nur ein Interesse am Sozialismus haben, es muß nicht bloß seine materiellen Bedingungen vorfinden und die Kraft haben, sich ihrer zu bemächtigen, es muß auch die Fähigkeit haben, sie festzuhalten und richtig anzuwenden. Nur dann ist der Sozialismus als dauernde Produktionsweise zu verwirklichen.

Zu der Reife der Verhältnisse, der nötigen Höhe der industriellen Entwicklung muß also auch die Reife des Proletariats hinzutreten, soll der Sozialismus möglich werden. Dieser Faktor wird aber nicht durch die industrielle Entwicklung, durch das Wirken des kapitalistischen Strebens nach Profit, ohne Zutun des Proletariats geschaffen. Er muß von diesem im Gegensatz zum Kapital errungen werden.

Unter der Herrschaft des Kleinbetriebes verfallen die Besitzlosen in zwei Schichten: für die einen, Handwerksgesellen oder jüngeren Bauernsöhne ist die Besitzlosigkeit nur ein Uebergangsstadium. Sie erwarten, eines Tages Besitzende zu werden, haben ein Interesse am Privateigentum. Was sonst noch an Besitzlosen vorhanden ist, bildet das Lumpenproletariat, eine für die Gesellschaft überflüssige, ja lästige Schicht von Schmarotzern ohne Bildung, ohne Selbstbewußtsein, ohne Zusammenhalt. Sie sind wohl gewillt, wo sie können, Besitzende zu expropriieren, aber weder gewillt, noch imstande, eine neue Wirtschaftsform aufzubauen.

Die kapitalistische Produktionsweise bemächtigt sich dieser Besitzlosen, deren Scharen in den Anfängen des Kapitalismus massenhaft anschwellen. Aus überflüssigen, ja schädlichen Schmarotzern verwandelt er sie in die unentbehrlichsten ökonomischen Grundlagen der Produktion und damit der Gesellschaft. Er vergrößert damit ebenso wie durch die Vermehrung ihrer Zahl ihre Kraft, aber er beläßt sie in ihrer Unwissenheit, Roheit, Unfähigkeit. Er sucht sogar die gesamte arbeitende Klasse auf ihr Niveau herabzudrücken. Ja durch Ueberarbeit, Eintönigkeit und Geistlosigkeit der Arbeit, Arbeit von Frauen und Kindern drückt er die arbeitenden Klassen oft noch unter das geistige Niveau des früheren Lumpenproletariers herab. Die Verelendung des Proletariats nimmt da in erschreckendem Maße zu.

Aus ihr erwuchs der erste Anstoß zum Sozialismus als Streben, dem zunehmenden Massenelend ein Ende zu bereiten. Dieses Elend schien aber auch das Proletariat für immer unfähig zu machen, sich selbst zu befreien. Bürgerliches Mitleid sollte es retten, sollte ihm den Sozialismus bringen.

Bald zeigte sich, daß von diesem Mitleid nichts zu erwarten sei. Eine ausreichende Kraft, den Sozialismus durchzuführen, konnte man nur von jenen erwarten, die ein Interesse an ihm hatten, den Proletariern. Aber waren die nicht hoffnungslos verkommen? Immerhin nicht alle. Noch gab es einzelne Schichten, die sich Kraft und Mut zum Kampf gegen das Elend bewahrt hatten. Diese kleine Schar sollte leisten, was die Utopisten nicht vermocht, sollte durch einen Handstreich die Staatsmacht erobern und durch sie dem Proletariat den Sozialismus bringen. Dies die Auffassung Blanquis und Weitlings. Die Proletarier, die zu unwissend und verkommen waren, sich selbst zu organisieren und zu verwalten, sollten durch eine aus ihrer Elite gebildete Regierung organisiert und verwaltet werden, von oben herab, etwa wie die Jesuiten in Paraguay die Indianer organisiert und verwaltet hatten.

Weitling erwartete die Diktatur eines einzelnen, der an der Spitze einer siegreichen Revolutionsarmee den Sozialismus durchführen werde. Er nannte ihn einen Messias:

> Einen neuen Messias sehe ich mit dem Schwerte kommen, um die Lehre des ersten zu verwirklichen.
>
> Er wird durch seinen Mut an die Spitze der revolutionären Armee gestellt werden, wird mit ihr den morschen Bau der alten gesellschaftlichen Ordnung zertrümmern, die Tränenquellen in das Meer der Vergessenheit leiten und die Erde in ein Paradies verwandeln." (Aus: „Garantien der Harmonie und Freiheit." 3. Auflage, 1849, S. 312.)

Eine großartige, begeisternde Erwartung. Sie beruht aber einzig auf der Zuversicht, die revolutionäre Armee werde den richtigen Mann schon finden. Wenn man aber diesen Messiasglauben nicht hegte, wenn man zu der Ueberzeugung gelangte, daß nur das Proletariat sich selbst befreien könne, daß der Sozialismus verurteilt sei, eine Utopie zu bleiben, so lange das Proletariat nicht die Fähigkeiten der Selbstverwaltung in allen Organisationen, deren es sich bemächtigt, also auch im Staat erlangt hat — wurde da nicht die Aussichtslosigkeit des Sozialismus proklamiert, angesichts der Verelendung des Proletariats durch den Kapitalismus? So schien es. Doch Praxis und Theorie zeigten bald einen Ausweg. In England wurde zuerst das industrielle Proletariat eine Massenerscheinung, dort fand es aber auch einige Ansätze demokratischer Rechte, einige Möglichkeiten der Organisation und der Propaganda, und die Bourgeoisie rief es in ihren Kämpfen mit dem Adel ums Wahlrecht selbst auf, sich zu rühren.

In den Gewerkschaften und den Chartisten erstanden die Anfänge der Arbeiterbewegung, des Widerstandes des Proletariats gegen die Verelendung und die Rechtlosigkeit, begannen seine Streiks, seine großen Kämpfe ums Wahlrecht und den Normalarbeitstag.

Marx und Engels erkannten frühzeitig die Bedeutung dieser Bewegung. Nicht die „Verelendungstheorie" kennzeichnet Marx und Engels. Die hatten sie mit allen Sozialisten gemein. Sie erhoben sich über diese, indem sie nicht nur die kapitalistische Tendenz der Verelendung erkannten, sondern auch die proletarische Gegentendenz, und in dieser, im K l a s s e n k a m p f, den großen Faktor erkannten, der das Proletariat erheben und mit den Fähigkeiten ausrüsten solle, deren es bedarf, soll es nicht nur gelegentlich einmal die politische Macht an sich reißen, was ein Zufallserfolg sein kann, sondern auch imstande sein, die Macht zu behaupten und zu benutzen. Der proletarische Klassenkampf, als Kampf von Massen, setzt aber die Demokratie voraus. Wenn auch nicht gerade die „unbedingte" und „reine Demokratie", so doch soviel von Demokratie als notwendig ist, Massen zu organisieren und regelmäßig aufzuklären. Das kann niemals ausreichend auf geheimem Wege geschehen. Einzelne Flugblätter können eine ausgedehnte Tagespresse nicht ersetzen. Geheim lassen sich Massen nicht organisieren, und vor allem, kann eine geheime Organisation nicht eine demokratische sein. Sie führt stets zur Diktatur eines einzelnen oder einer kleinen Zahl leitender Köpfe. Die gewöhnlichen Mitglieder können da nur ausführende Werkzeuge sein. Ein derartiger Zustand wird bei völligem Fehlen der Demokratie für unterdrückte Schichten notwendig gemacht, jedoch die Selbstverwaltung und Selbständigkeit der Massen wird dabei nicht gefördert, wohl aber das Messiasbewußtsein der Leiter, ihre diktatorischen Gewohnheiten.

Derselbe Weitling, der so sehr die Messiasrolle hervorhob, er sprach höchst wegwerfend von der Demokratie:

„Die Kommunisten sind noch ziemlich unentschieden über die Wahl ihrer Regierungsform. Ein großer Teil derselben in Frankreich neigt sich der Diktatur hin, weil sie wohl wissen, daß die Volksherrschaft, so wie sie die Republikaner oder vielmehr die Politiker verstehen, nicht geeignet ist, für die Uebergangsperiode aus einer alten zu einer neuen, vollkommenen Organisation. Cabet hat trotzdem das Prinzip der Volksherrschaft den Republikanern abgeborgt, weiß jedoch sehr klug demselben während der Uebergangsperiode eine fast unmerkliche Diktatur anzuhängen. Owen endlich, der Chef der englischen Kommunisten, will, daß jedes Mannesalter sein bestimmtes Amt zu verrichten habe, und also die höchsten Leiter der Verwaltung auch zugleich die ältesten Mitglieder derselben sind. Alle Sozialisten — mit Ausnahme der Fourieristen, denen jede Regierungsform gleich ist — sind darüber einverstanden, daß die Regierungsform, welche man Volksherrschaft nennt, ein sehr untauglicher, ja selbst gefährlicher Notanker für das junge, erst zu verwirklichende Prinzip der Gemeinschaft sei." (Garantien 2c. S. 147.)

Weitling geht noch weiter. Er will von Demokratie auch in der sozialistischen Gesellschaft nichts wissen:

„Wenn der Begriff »Volksherrschaft« passend sein soll, so müssen auch a l l e herrschen; dies kann aber niemals der Fall sein, darum ist es auch keine Herrschaft des Volkes, sondern die zufällige Herrschaft e i n i g e r im Volke." (S. 148.)

Weitling will, daß das größte Genie regiere. Dieses soll durch Lösung von Preisaufgaben vor wissenschaftlichen Versammlungen erkannt werden. Ich habe Weitling ausführlicher zitiert, damit man sieht, daß die Verachtung der Demokratie, die uns jetzt als neueste Weisheit präsentiert wird, recht alten Datums ist und einem ganz primitiven Zustand der Arbeiterbewegung entspringt. Zu derselben Zeit, zu der Weitling das allgemeine Wahlrecht und die Preßfreiheit verächtlich abwies, kämpften die Arbeiter Englands um diese Rechte, und Marx und Engels stellten sich auf ihre Seite.

Seitdem hat die Arbeiterklasse ganz Europas in zahlreichen, oft blutigen Kämpfen ein Stück Demokratie nach dem anderen erobert. Und im Ringen um Gewinnung, Behauptung, Erweiterung der Demokratie sowie in steter Ausnützung jedes bißchens Demokratie zur Organisation, zur Propaganda, zur Erzwingung sozialer Reformen hat das Proletariat von Jahr zu Jahr an Reife gewonnen, ist es aus der tiefststehenden zur höchststehenden Schicht der Volksmassen geworden.

Hat es dadurch schon die Reife erlangt, die der Sozialismus erheischt? Und sind auch dessen sonstige Bedingungen schon gegeben? Diese Frage wird heute sehr umstritten, von den einen ebenso entschieden bejaht, wie von den anderen verneint. Beides erscheint mir etwas voreilig. Die Reife zum Sozialismus ist nicht etwas, was sich statistisch feststellen und berechnen läßt, ehe wir so weit sind, praktisch die Probe aufs Exempel zu machen. Auf jeden Fall tut man unrecht, bei der Erörterung der Frage die materiellen Vorbedingungen des Sozialismus zu sehr in den Vordergrund zu schieben, wie das so häufig geschieht. Gewiß, ohne eine gewisse Höhe des Großbetriebs ist kein Sozialismus möglich, aber wenn man behauptet, der Sozialismus werde erst dann durchführbar, wenn der Kapitalismus nicht mehr imstande sei, sich weiter zu entwickeln, so fehlt jeder Beweis dafür, warum dem so sein muß. Richtig ist nur, daß der Sozialismus um so leichter durchführbar wird, je mehr der Großbetrieb entwickelt ist, also je weniger Betriebe gesellschaftlich zu organisieren sind. Doch gilt das nur für das Problem vom Standpunkt eines bestimmten Staates aus gesehen. Der Vereinfachung des Problems in diesem Rahmen wirkt jedoch entgegen, daß mit dem Wachstum des Großbetriebs das Wachstum seines Marktes, die Zunahme der internationalen Arbeitsteilung und des internationalen Verkehrs und damit stete Erweiterung und Komplizierung des Problems der gesellschaftlichen Organisierung der Produktion Hand in Hand geht. Es liegt indes kein Grund vor, anzunehmen, daß in den modernen Industriestaaten mit ihrem Bankwesen und ihren Unternehmerorganisationen eine Organisierung des größten Teils der Produktion von Gesellschaftswegen durch Staat, Gemeinde, Konsumgenossenschaften nicht heute schon möglich sein sollte.

Entscheidend ist nicht mehr der materielle, sondern der persönliche Faktor: Ist das Proletariat stark und intelligent genug, diese gesellschaftliche Regelung selbst in die Hand zu nehmen? Das heißt, besitzt es die Kraft und die Fähigkeit, die Demokratie aus der Politik in die Oekonomie zu übertragen? Das läßt sich mit Bestimmtheit nicht voraussagen, das ist auch ein Faktor, der in verschiedenen Staaten sehr verschieden entwickelt ist und der im gleichen Lande zu verschiedenen Zeiten sehr schwanken kann. Denn ausreichende Kraft und Fähigkeit sind relative Begriffe. Dasselbe Ausmaß von Kraft kann heute unzureichend sein, wenn die Gegner stark sind, und morgen völlig ausreichen, wenn diese einen moralischen oder ökonomischen oder militärischen Zusammenbruch erleiden.

Und ebenso kann dasselbe Ausmaß von Fähigkeiten heute versagen, wenn man in einer höchstverwickelten Situation ans Ruder kommt, und es kann morgen allen Anforderungen gewachsen sein, wenn inzwischen klarere, einfachere oder materiell besser fundierte Verhältnisse eingetreten sind. Nur die Praxis kann in jedem Fall zeigen, ob das Proletariat schon wirklich reif ist zum Sozialismus. Mit Bestimmtheit läßt sich nur folgendes sagen: Das Proletariat nimmt unaufhörlich zu an Zahl, Kraft und Intelligenz, es nähert sich immer mehr dem Zeitpunkt seiner Reife. Wohl läßt sich nicht von vornherein ermessen, wann dieser Zeitpunkt erreicht ist. Es läßt sich nicht bestimmt sagen, er sei schon da, wenn das Proletariat die Mehrheit im Volke bildet und dieses in seiner Mehrheit den Willen zum Sozialismus bekundet. Dagegen kann man allerdings mit Bestimmtheit annehmen, ein Volk sei zum Sozialismus noch nicht reif, solange die Mehrheit der Volksmasse dem Sozialismus feindlich gegenübersteht, von ihm nichts wissen will.

So ist es auch hier wieder die Demokratie, die nicht nur die Reife des Proletariats am ehesten herbeiführt, sondern auch am ehesten erkennen läßt, wann sie eingetreten ist.

4. Die Wirkungen der Demokratie.

Der moderne Staat ist ein stramm zentralisierter Organismus, eine Organisation, die die größte Macht innerhalb der modernen Gesellschaft bildet und das Schicksal jedes einzelnen in der eingreifendsten Weise beeinflußt, was am riesenhaftesten zutage tritt im Falle eines Krieges. Da bekommt jeder zu fühlen, wie sehr seine Existenz von der Politik der Staatsgewalt bestimmt wird.

Was ehedem für den einzelnen die Gentilgenossenschaft, dann die Gemeinde gewesen, das wird nun der Staat. Waren aber jene Gemeinschaften in ihrer Anlage demokratisch organisiert, so erhebt sich dagegen die moderne Staatsgewalt, Bürokratie und Armee, über der Bevölkerung, ja sie gewinnt solche Kraft, daß sie zeitweise sogar über die gesellschaftlich und ökonomisch herrschenden Klassen politisch hinauswächst und eine absolute Regierung bildet.

Doch dieser Zustand dauert nirgends an. Die absolute Herrschaft der Bürokratie führt zu ihrer Verknöcherung und zum Versinken in endlosen zeitraubenden Formalismus. Und das gerade in der Zeit, in der der industrielle Kapitalismus erwächst, die revolutionärste Produktionsweise, die es gibt, die alle ökonomischen und gesellschaftlichen Bedingungen einem steten Wechsel unterwirft, dem Geschäftsleben ein rasches Tempo verleiht und rascheste Entschlüsse heischt.

Dabei führt die absolute Herrschaft der Bürokratie zur Willkür und Bestechlichkeit; ein System gesellschaftlicher Produktion wie das kapitalistische, in dem jeder Produzent von zahlreichen anderen abhängig ist, bedarf aber zu seinem Gedeihen der Sicherheit und der Gesetzlichkeit der gesellschaftlichen Beziehungen.

Der absolute Staat geriet daher in immer größeren Widerspruch mit den Produktionsbedingungen, wurde eine Fessel für sie. Es wurde dringend notwendig, die Organe der Staatsgewalt der öffentlichen Kritik zu unterwerfen, neben die staatliche Organisation freie Organisationen der Staatsbürger zu setzen, die Selbstverwaltung der Gemeinden und Provinzen herzustellen, dem bürokratischen Apparat die Macht der Gesetzgebung zu nehmen und ihn der Kontrolle einer von der Bevölkerung freigewählten zentralen Versammlung, eines Parlaments zu unterwerfen.

Die Kontrolle der Regierung ist die wichtigste Aufgabe des Parlaments, darin ist es durch keine andere Institution ersetzbar. Es ist denkbar, wenn auch praktisch kaum möglich, der Bürokratie die Gesetzgebung in der Weise aus der Hand zu nehmen, daß die Gesetze durch Kommissionen von Fachleuten ausgearbeitet und dann dem Volke zur Entscheidung vorgelegt werden. Aber auch die eingefleischtesten Verfechter der direkten Gesetzgebung durchs Volk sprechen nicht von einer direkten Kontrolle der Regierung durch das Volk. Die Tätigkeit der den Staatsorganismus leitenden zentralen Körperschaft kann nur durch eine andere zentrale Organisation überwacht werden, nicht durch eine unorganisierte formlose Masse wie das Volk.

Die hier dargelegten Bestrebungen zur Ueberwindung der absoluten Macht der Staatsgewalt sind allen Klassen eines modernen Staates eigen, mit Ausnahme derjenigen, die an dieser Macht teilhaben. Also allen, mit Ausnahme der Bürokraten, Offiziere, des Hofadels und der Hofkirche, sowie der großen Bankiers, die mit dem Staate lukrative Geldgeschäfte machen. Vor dem vereinten Drängen der anderen Klassen, darunter auch des Landadels, der niederen Geistlichkeit, der industriellen Kapitalisten, mußte das absolute Regime weichen. Es mußte mehr oder weniger Preßfreiheit, Versammlungsfreiheit, Organisationsfreiheit und ein Parlament gewähren. Diese Entwicklung hat sich in allen Staaten Europas siegreich durchgesetzt.

Aber dabei wollte jede Klasse der neuen Staatsform eine Gestaltung geben, die ihren besonderen Interessen am meisten zustatten kam. Dieses Streben trat besonders zutage in den Kämpfen um die Gestaltung des Parlaments, das heißt in den Kämpfen ums Wahlrecht.

Die Parole der unteren Klassen, des „Volkes", wurde das allgemeine Wahlrecht. Nicht nur die Lohnarbeiter, sondern auch die Kleinbauern und Kleinbürger haben ein Interesse an diesem Wahlrecht. Diese Klassen zusammen bilden überall unter allen Umständen die große Mehrheit der Bevölkerung. Ob die Proletarier in ihr überwiegen, hängt von der Höhe der ökonomischen Entwicklung ab. Keineswegs aber hängt es von dieser ab, ob in der Bevölkerung die arbeitenden Klassen überhaupt überwiegen. Die Ausbeuter bildeten stets nur eine kleine Minderheit der Bevölkerung.

Dem Ansturm dieser Massen kann sich auf die Dauer kein modernes Staatswesen entziehen, dazu kommt, daß jedes andere Wahlrecht als das allgemeine, in der heutigen Gesellschaft zu Absurditäten führt. In der kapitalistischen Gesellschaft mit ihrem steten Wechsel der Verhältnisse können die Klassen nicht zu festgefügten Ständen erstarren. Alle sozialen Verhältnisse sind in stetem Fluß. Ein ständisches Wahlrecht wird schon dadurch ausgeschlossen. Eine Klasse aber, die nicht als Stand organisiert wird, bildet eine formlose, fließende Masse, die genau abzugrenzen ganz unmöglich ist. Eine Klasse ist eine ökonomische Kategorie, keine juristische, die Klassenzugehörigkeit selbst eine stets wechselnde. Gar mancher Kleinhandwerker, der bei vorherrschendem Kleinbetrieb sich als Besitzender fühlen wird, empfindet bei vorherrschendem Großbetrieb als Proletarier, wird zu einem wirklichen Proletarier, wenn ihn auch die Statistik zu den besitzenden und selbständigen Unternehmern zählen mag. Es gibt auch kein Zensuswahlrecht, das den Besitzenden ein dauerndes Monopol auf das Parlament verleihen würde. Jede Periode der Geldentwertung kann es über den Haufen werfen. Ein Bildungszensus endlich wird immer mehr gegenstandslos durch die Fortschritte der Volksbildung.

So wirken die verschiedensten Faktoren zusammen, um das allgemeine, gleiche Wahlrecht als das einzige rationelle in der heutigen Gesellschaft erscheinen und es immer mehr vordringen zu lassen.

Vor allem ist es das einzig rationelle vom Standpunkt des Proletariats als unterster Klasse der Bevölkerung, dessen wirksamste Waffe seine Zahl ist, das sich erst dann befreien kann, wenn es auch zur zahlreichsten Klasse der Bevölkerung geworden ist, wenn die kapitalistische Gesellschaft soweit entwickelt ist, daß nicht mehr Bauern und Kleinbürger in den arbeitenden Klassen überwiegen.

Aber das Proletariat hat auch ein Interesse daran, daß das Wahlrecht nicht nur ein allgemeines und gleiches, sondern ein unterschiedsloses ist, daß nicht etwa Frauen und Männer oder Lohnarbeiter und Besitzende in verschiedenen Kurien wählen. Jede derartige Teilung bringt nicht bloß die Gefahr mit sich, daß einzelne Schichten, die ihrer ganzen sozialen Lage nach zum Proletariat gehören, aber formell seine Lohnarbeiter sind, von ihm abgetrennt werden, sie erzeugt auch die noch viel größere Gefahr, den Sinn des Proletariats zu verengern. Seine große historische Aufgabe entspringt daraus, daß das gesellschaftliche Gesamtinteresse zusammenfällt mit seinem dauernden Klasseninteresse, was nicht immer gleichbedeutend ist mit seinen augenblicklichen Sonderinteressen.

Es gehört zur Reife des Proletariats, das sein Klassenbewußtsein auf die höchste Stufe erhoben ist durch sein Verständnis der großen gesellschaftlichen Zusammenhänge und Ziele, ein Verständnis, das nur der wissenschaftliche Sozialismus zu völliger Klarheit erhebt, das aber nicht nur durch seine Theorie, sondern auch durch seine Praxis gefördert und verbreitet wird, wenn der Proletarier in die Politik mit dem Hinblick auf die Gesamtheit eingreift und nicht bloß im Hinblick auf seine besonderen Interessen. Jede Beschränkung auf die beruflichen Interessen verengert den Sinn; dies bildet eine der Schattenseiten des Nurgewerkerschaftertums, hier liegt die Ueberlegenheit der sozialdemokratischen Parteiorganisation. Hier liegt auch die Ueberlegenheit eines unterschiedslosen gegenüber einem Wahlrecht, das die Wähler nach Kategorien einteilt.

In den Kämpfen um die hier erwähnten politischen Rechte ersteht die moderne Demokratie, reift das Proletariat. Damit ersteht aber auch ein neuer Faktor: der Schutz der Minoritäten, der Opposition im Staate. Die Demokratie bedeutet Herrschaft der Majorität. Sie bedeutet aber nicht minder Schutz der Minderheit.

Die absolute Herrschaft der Bürokratie richtet sich auf ewige Dauer ein. Die gewaltsame Unterdrückung jeder Opposition ist ihr Lebensprinzip. Fast überall konnte sie nur dadurch beseitigt werden, daß ihre Gewalt gewaltsam gebrochen wurde.

Anders steht es in der Demokratie. Sie bedeutet, wie schon gesagt, Herrschaft der Majorität. Aber Majoritäten wechseln. In der Demokratie kann sich kein Regime auf ständige Dauer einrichten.

Schon die Machtverhältnisse der Klassen sind nicht etwas Beständiges, am allerwenigsten im kapitalistischen Zeitalter. Aber noch rascher als die Macht der Klassen wechselt die Macht der Parteien. Und diese sind es, die in der Demokratie um die Herrschaft ringen.

Auch hier darf man nicht vergessen, was so oft geschieht, daß die Vereinfachungen der Abstraktion der Theorie wohl unentbehrlich sind, die Wirklichkeit klar erkennen zu lassen, daß sie aber nur „in letzter Linie“ gelten und zwischen ihnen und der Wirklichkeit viele Zwischenglieder bestehen.

Eine Klasse kann herrschen, aber nicht regieren, denn eine Klasse ist eine formlose Masse, regieren kann jedoch nur eine Organisation. Die politischen Parteien sind es, die in der Demokratie regieren. Eine Partei ist aber nicht gleichbedeutend mit einer Klasse, obwohl jede in erster Linie ein Klasseninteresse vertritt. Ein und dasselbe Klasseninteresse kann man in sehr verschiedener Weise vertreten durch verschiedene taktische Methoden. Je nach deren Verschiedenheit spalten sich die Vertreter desselben Klasseninteresses in verschiedene Parteien. Vor allem werden dabei entscheiden die Fragen nach der Stellung zu anderen Klassen und Parteien. Nur selten verfügt eine Klasse über soviel Kraft, daß sie allein den Staat beherrschen kann. Kommt eine Klasse ans Ruder und vermag sie sich aus eigener Kraft nicht zu behaupten, dann sucht sie daher einen Verbündeten. Sind für sie verschiedene Verbündete möglich, so werden in den Vertretern des herrschenden Klasseninteresses verschiedene Meinungen und Parteiungen entstehen.

So vertraten in England während des 18. Jahrhunderts Whigs und Tories das gleiche Grundbesitzerinteresse. Doch jene suchten es zu fördern durch Vereinigung mit den städtischen Bourgeois auf Kosten der Krone und ihrer Machtmittel, diese dagegen glaubten das Königtum sei der stärkste Hort ihrer Interessen. Ebenso vertreten heute in England und auch anderswo Konservative und Liberale das gleiche kapitalistische Interesse. Doch die einen glauben, es werde am besten gewahrt im Bunde mit dem Grundbesitz durch gewaltsame Niederhaltung der Arbeiterklasse. Die anderen fürchten von dieser Politik schlimme Konsequenzen und suchen die Arbeiterklasse durch kleine Konzessionen, vor allem auf Kosten des Grundbesitzes, ruhig zu erhalten.

Aehnlich wie mit den ökonomisch und sozial herrschenden Klassen und ihren Parteien geht es mit den aufstrebenden Klassen und ihren Parteien.

Partei und Klasse brauchen also nicht zusammenzufallen. Eine Klasse kann sich in verschiedene Parteien spalten, eine Partei aus Angehörigen verschiedener Klassen bestehen. Eine Klasse kann herrschend bleiben und doch ein Wechsel der regierenden Partei eintreten, wenn die Mehrheit der herrschenden Klasse meint, die Methode der bisher regierenden Partei sei unzulänglich und die ihrer Konkurrentin zweckmäßiger.

Viel rascher als die Herrschaft der Klassen wechselt daher in einer Demokratie die Regierung der Parteien.

Keine ist unter diesen Umständen sicher, am Ruder zu bleiben, jede muß mit der Möglichkeit rechnen, zur Minorität zu werden, aber keine ist von vornherein durch die Natur des Staates — wenn er eine wirkliche Demokratie ist — verurteilt, es dauernd zu bleiben.

Aus diesen Verhältnissen erwächst in einer Demokratie ein Schutz der Minoritäten, der um so wirksamer wird und dem Wunsch jeder Partei, sich mit allen Mitteln an der Macht zu erhalten, um so erfolgreicher widersteht, je tiefer gewurzelt die Demokratie ist, je länger sie dauert und die politischen Sitten beeinflußt.

Welche Bedeutung der Schutz der Minoritäten für die Anfänge der sozialistischen Parteien hat, die überall als sehr kleine Minoritäten beginnen, und wie sehr er den Reifungsprozeß des Proletariats beeinflußt, ist klar. In seinen eigenen Reihen wird der Schutz der Minoritäten sehr wichtig. Jede neue Lehre, sei sie theoretischer, sei sie taktischer Natur, wird bei ihrem Aufkommen nur von Minderheiten vertreten. Unterdrückt man diese gewaltsam, statt mit ihnen zu diskutieren, so erspart sich die Mehrheit viel Mühe und Unbequemlichkeit. Sie kann auch unter Umständen manche überflüssige Arbeit dadurch sparen, denn nicht jede Lehre bedeutet deswegen, weil sie neu ist und nur von der Minderheit vertreten wird, auch schon einen Fortschritt. Das meiste von dem, was als neuer Gedanke auftritt, ist schon lange vorher geäußert und durch Diskussion oder Praxis als unhaltbar erkannt worden. Nur die Unwissenheit bringt den alten Kram immer wieder von neuem vor. Wieder andere Gedanken sind originell, aber dabei völlig verkehrt. Doch so wenige auch von neuen

Gedanken und Ideen einen wirklichen Fortschritt darstellen mögen, so ist doch jede Weiterentwicklung nur durch neue Ideen möglich, die zunächst nur als Ideen von Minderheiten auftreten. Jede Unterdrückung aller Ideen der Minderheiten in der Partei bedeutet daher eine Schädigung des proletarischen Klassenkampfes und eine Hemmung des Reifungsprozesses der Arbeiterklasse. Die Welt stellt uns immer wieder vor neue noch unbekannte Probleme, die mit den herkömmlichen Mitteln nicht zu lösen sind.

So mühsam es auch sein mag, aus dem Wust vorgeschlagener Neuerungen das wirklich Wertvolle herauszulesen, es ist eine unerläßliche Arbeit, soll unsere Bewegung nicht versteinern und immer mehr zur Höhe ihrer Aufgaben emporwachsen. Und was für die Partei gilt, gilt nicht minder für den Staat. Schutz der Minoritäten ist eine unerläßliche Bedingung der demokratischen Entwicklung, nicht minder wichtig, wie die Herrschaft der Majorität.

Noch ein Kennzeichen der Demokratie kommt hier in Betracht: die Form, die sie den politischen Kämpfen gibt. Ich habe darüber schon 1893 gehandelt in der „Neuen Zeit“ in einem Artikel über „einen sozialdemokratischen Katechismus“, ich habe meine Ausführungen dann wiederholt 1909 in meinem „Weg zur Macht!“ Einiges daraus sei hier wiederholt:

> „Die Koalitionsfreiheit, die Preßfreiheit und das allgemeine Wahlrecht (unter Umständen auch die allgemeine Wehrpflicht) stellen nicht bloß Waffen dar, die das Proletariat der modernen Staaten vor den Klassen voraus hat, welche die revolutionären Kämpfe der Bourgeoisie ausfochten; diese Einrichtungen verbreiten auch über die Machtverhältnisse der einzelnen Parteien und Klassen und über den Geist, der sie beseelt, ein Licht, welches zur Zeit des Absolutismus fehlte. Damals tappten die herrschenden Klassen ebenso wie die revolutionären im dunkeln herum. Da jede Aeußerung einer Opposition unmöglich gemacht war, konnten weder die Regierungen noch die Revolutionäre ihre Kräfte kennen. Jede der beiden Parteien war ebenso der Gefahr ausgesetzt, sich zu überschätzen, solange sie sich nicht im Kampfe mit dem Gegner gemessen hatte, wie sich zu unterschätzen, sobald sie eine einzige Niederlage erlitten hatte, und dann die Flinte ins Korn zu werfen. Dies ist wohl einer der wichtigsten Gründe, warum in die Zeit der revolutionären Bourgeoisie so viel Putsche fallen, die mit einem Schlag niedergeworfen, so viele Regierungen, die mit einem Schlag gestürzt wurden, daher die Aufeinanderfolge von Revolution und Konter-Revolution.
>
> Ganz anders heute, wenigstens in Ländern mit einigermaßen demokratischen Institutionen. Man hat diese Institutionen das Sicherheitsventil der Gesellschaft genannt. Wenn man damit sagen will, daß das Proletariat in einer Demokratie aufhört, revolutionär zu sein, daß es sich damit zufrieden gibt, seiner Entrüstung und seinen Leiden öffentlich Ausdruck zu geben, und daß es auf die politische und soziale Revolution verzichtet, dann ist diese Benennung falsch. Die Demokratie kann die Klassengegensätze der kapitalistischen Gesellschaft nicht beseitigen, und deren notwendiges Endergebnis, den Umsturz dieser Gesellschaft, nicht aufhalten. Aber eins kann sie: sie kann nicht die Revolution, aber sie kann manchen verfrühten, aussichtslosen Revolutionsversuch verhüten und manche revolutionäre Erhebung überflüssig machen. Sie verschafft Klarheit über die Kräfteverhältnisse der verschiedenen Parteien und Klassen; sie beseitigt nicht deren Gegensätze und verschiebt nicht deren Endziele, aber sie wirkt dahin, die aufstrebenden Klassen zu hindern, daß sie sich jeweilen an die Lösung von Aufgaben machen, denen sie noch nicht gewachsen sind, und sie wirkt

auch dahin, die herrschenden Klassen davon abzuhalten, Konzessionen zu verweigern, zu deren Verweigerung sie nicht mehr die Kraft haben. Die Richtung der Entwicklung wird dadurch nicht geändert, aber ihr Gang wird steter, ruhiger. Das Vordringen des Proletariats in den Staaten mit einigermaßen demokratischen Institutionen wird nicht durch so auffallende Siege bezeichnet, wie das der Bourgeoisie in ihrer revolutionären Zeit, aber auch nicht durch so große Niederlagen. Seit dem Erwachen der modernen sozialdemokratischen Arbeiterbewegung in den Sechzigerjahren hat das europäische Proletariat nur eine große Niederlage erlebt, in der Pariser Kommune 1871. Damals litt Frankreich noch an den Folgen des Kaiserreiches, das dem Volke wahrhaft demokratische Institutionen vorenthalten hatte, das französische Proletariat war erst zum geringsten Teil zum Selbstbewußtsein gelangt, und der Aufstand war ihm aufgezwungen worden.

Die demokratisch-proletarische Methode des Kampfes mag langweiliger erscheinen als die der Revolutionszeit der Bourgeoisie; sie ist sicher weniger dramatisch und effektvoll, aber sie erfordert auch weit weniger Opfer. Das mag einem schöngeistigen Litratentum sehr gleichgültig sein, das in Sozialismus macht, um einen interessanten Sport und interessante Stoffe zu finden, nicht aber jenen, die den Kampf wirklich zu führen haben.

Diese sogenannte ‚friedliche Methode‘ des Klassenkampfes, die sich auf die unmilitärischen Mittel, Parlamentarismus, Streiks, Demonstrationen, Presse und ähnliche Pressionsmittel beschränkt, hat in jedem Lande um so mehr Aussicht, beibehalten zu werden, je wirksamer dort die demokratischen Institutionen sind, je größer die politische und ökonomische Einsicht und die Selbstbeherrschung der Bevölkerung.“

Aus diesen Gründen erwartete ich, daß die soziale Revolution des Proletariats ganz andere Formen annehmen werde, als die der Bourgeoisie, daß die proletarische Revolution im Gegensatz zur bürgerlichen mit den „friedlichen“ Mitteln ökonomischer, gesetzgebender und moralischer Art und nicht mit den Mitteln physischer Gewalt überall dort ausgefochten würde, wo die Demokratie sich eingewurzelt hat. („Weg zur Macht“, S. 53.)

Und das ist heute noch meine Meinung.

Natürlich hat jede Einrichtung nicht bloß Lichtseiten, auch an der Demokratie kann man Schattenseiten entdecken.

Wo das Proletariat rechtlos ist, vermag es wohl keine Massenorganisationen zu entwickeln, in normalen Zeiten nicht Massenkämpfe zu führen; da vermag nur eine Elite todesmutiger Kämpfer in dauernde Opposition gegen das herrschende Regime zu treten. Aber diese Elite wird tagtäglich auf die Notwendigkeit hingewiesen, ja förmlich auf sie draufgestoßen, dem gesamten System ein gründliches Ende zu bereiten. Unbeirrt durch kleine Ansprüche des politischen Alltags, wird der Geist ausschließlich auf die größten Probleme hingelenkt und gelehrt, stets die gesamten sozialen und politischen Zusammenhänge in Betracht zu ziehen.

Nur eine kleine Schicht des Proletariats tritt da in den Kampf, aber sie ist erfüllt von höchstem theoretischen Interesse und von jener Begeisterung, die nur hohe Ziele erwecken.

Ganz anders wirkt die Demokratie auf den Proletarier, dem ja in der heutigen Produktionsweise nur wenige Stunden im Tage zu freier Verwendung zu Gebote stehen. Die Demokratie entwickelt Massenorganisationen mit massenhafter Verwaltungsarbeit; sie ruft die Staatsbürger auf zur Diskutierung und Erledigung zahlreicher Fragen des Alltags, oft der kleinlichsten Art. Immer mehr wird die ganze freie Zeit des Proletariers von der „Kleinarbeit" in Anspruch genommen, beschäftigen ihn immer mehr kleine Augenblickserfolge. Im engen Kreise aber verengert sich der Sinn. Verständnislosigkeit für die Theorie, ja schließlich deren Mißachtung, Opportunismus an Stelle großer Grundsätze nehmen da immer mehr überhand. Konnten daher Marx und Engels den theoretischen Sinn der deutschen Arbeiter gegenüber denen Westeuropas und Amerikas preisen, so würden sie heute die gleiche Ueberlegenheit an theoretischem Interesse bei den russischen Arbeitern gegenüber den deutschen finden.

Und dennoch kämpfen überall die klassenbewußten Proletarier und ihre Vertreter für die Erringung der Demokratie, haben viele von ihnen ihr Herzblut dafür geopfert.

Sie wissen eben, ohne die Demokratie geht es nicht. Die erhebenden Wirkungen des Kampfes gegen den Despotismus bleiben auf eine Elite beschränkt, ergreifen nicht die ganze Masse. Auf der anderen Seite aber darf man die verphilisternden Wirkungen der Demokratie auf den Proletarier nicht übertreiben. Einmal sind sie eine Folge des Mangels an freier Zeit, unter dem das Proletariat leidet, nicht der Demokratie an sich. Es wäre ja sonderbar, wenn der Besitz der Freiheit den Menschen notwendig kleinlicher und beschränkter machen müßte als die Unfreiheit. Je mehr die Demokratie dahin wirkt, daß die Arbeitszeit verkürzt wird, desto größer der Betrag an freier Zeit, über die der Arbeiter verfügt, desto mehr vermag er von ihr neben der unerläßlichen Kleinarbeit der Beschäftigung mit größeren umfassenderen Problemen zu widmen.

Und die Anregung dazu bleibt nicht aus. Denn was immer die Demokratie leisten kann, die Gegensätze, die aus der kapitalistischen Produktionsweise entspringen, vermag sie allein nicht zu bewältigen, solange sie diese Produktionsweise nicht überwindet. Im Gegenteil, die Gegensätze in der kapitalistischen Gesellschaft wachsen, erzeugen immer wieder große Konflikte, stellen die Proletarier immer wieder vor große Probleme, die ihren Geist über den Alltag erheben. In der Demokratie bleibt diese Erhebung aber dann nicht mehr die bloße Erhebung einer Elite, sondern sie wird zu einer Erhebung der Volksmasse selbst, die sich gleichzeitig in alltäglicher Praxis zur Selbstverwaltung geschult hat.

In der Demokratie denkt und spricht das Proletariat nicht ununterbrochen bloß von der Revolution, wie unter dem Despotismus. Es kann Jahre, ja ganze Jahrzehnte lang in bloßer Kleinarbeit aufgehen, doch schließlich müssen überall immer wieder Situationen auftreten, die revolutionäres Denken und Streben in ihm entzünden.

Wo das aber in einer Demokratie Aktionen hervorruft, da ist die Wahrscheinlichkeit weit größer als in einer Despotie, daß es nicht vorzeitig geschieht, nicht im vergeblichen Ansturm, und daß der Sieg, wenn er einmal errungen wird, nicht wieder verlorengeht, sondern erfolgreich behauptet wird. Und das ist schließlich wichtiger als die bloße nervenkitzelnde Sensation eines neuen Revolutionsdramas.

5. Die Diktatur.

Die Demokratie bildet die unerläßliche Grundlage für den Aufbau einer sozialistischen Produktionsweise. Und nur unter den Wirkungen der Demokratie erlangt das Proletariat jene Reife, deren es bedarf, um den Sozialismus durchführen zu können. Die Demokratie endlich bietet den sichersten Gradmesser für seine Reife. Zwischen beiden Stadien, der Vorbereitung für den Sozialismus und dem durchgeführten Sozialismus, die beide der Demokratie bedürfen, steht jedoch ein drittes Stadium, steht das des Ueberganges, nachdem das Proletariat die politische Macht erobert, den Sozialismus aber ökonomisch noch nicht durchgeführt hat. In diesem Zwischenstadium soll die Demokratie nicht nur nicht notwendig, sondern schädlich sein.

Diese Auffassung ist nicht neu. Wir haben sie schon als die Weitlings kennengelernt. Aber sie stützt sich auf ein Wort von Karl Marx. In seinem Brief zur Kritik des Gothaer Parteiprogramms, die er im Mai 1875 schrieb, (abgedruckt in der „Neuen Zeit", IX. 1., S. 502 ff.) heißt es (S. 573):

> „Zwischen der kapitalistischen und der kommunistischen Gesellschaft liegt die Periode der revolutionären Umwandlung der einen in die andere. Der entspricht auch eine politische Uebergangsperiode, deren Staat nichts anderes sein kann als die revolutionäre Diktatur des Proletariats."

Marx hat es leider unterlassen, näher anzuführen, wie er sich diese Diktatur vorstellt. Buchstäblich genommen bedeutet das Wort die Aufhebung der Demokratie. Aber freilich buchstäblich genommen bedeutet es auch die Alleinherrschaft eines einzelnen, der an keinerlei Gesetze gebunden ist. Eine Alleinherrschaft, die sich von einem Despotismus dadurch unterscheidet, daß sie nicht als ständige Staatseinrichtung, sondern als eine vorübergehende Notstandsmaßregel gedacht ist.

Der Ausdruck „Diktatur des Proletariats", also Diktatur nicht eines einzelnen, sondern einer Klasse, schließt bereits aus, daß Marx hiebei an eine Diktatur im buchstäblichen Sinne des Ausdrucks gedacht hat.

Er sprach hier nicht von einer Regierungsform, sondern einem Zustande, der notwendigerweise überall eintreten müsse, wo das Proletariat die politische Macht erobert hat. Daß er hier keine Regierungsform im Auge hatte, wird schon dadurch bezeugt, daß er der Ansicht war, in England und Amerika könne sich der Uebergang friedlich, also auf demokratischem Wege vollziehen.

Wohl sichert die Demokratie noch nicht den friedlichen Uebergang. Sicher aber ist dieser ohne Demokratie nicht möglich.

Doch um zu erfahren, was Marx über die Diktatur des Proletariats dachte, dazu brauchen wir gar kein Rätselraten. Wenn Marx 1875 nicht mehr ausführte, was er unter der Diktatur des Proletariats verstehe, so geschah es wohl deshalb, weil er sich wenige Jahre vorher in seiner Schrift über den „Bürgerkrieg in Frankreich" (1871) darüber geäußert hatte. Dort erklärte er:

> „Die Kommune war wesentlich eine Regierung der Arbeiterklasse, das Resultat des Kampfes der hervorbringenden gegen die aneignende Klasse, die endlich entdeckte politische Form, unter der die ökonomische Befreiung der Arbeit sich vollziehen konnte."

Also die Pariser Kommune war, wie das Engels in seiner Einleitung zur dritten Auflage der Marxschen Schrift ausdrücklich feststellt, „die Diktatur des Proletariats".

Sie war aber gleichzeitig nicht die Aufhebung der Demokratie, sondern beruhte auf ihrer weitestgehenden Anwendung auf der Grundlage des allgemeinen Stimmrechts. Die Regierungsgewalt sollte dem allgemeinen Stimmrecht unterworfen werden.

„Die Kommune bildete sich aus den durch allgemeines Stimmrecht in den verschiedenen Bezirken von Paris gewählten Stadträten .... Das allgemeine Stimmrecht sollte dem in Kommunen konstituierten Volke dienen, wie das individuelle Stimmrecht jedem anderen Arbeitgeber dazu dient, Arbeiter &c. auszusuchen u. s. w." (S. 46, 47.)

Immer wieder spricht hier Marx vom allgemeinen Stimmrecht des gesamten Volkes, nicht vom Wahlrecht einer besonderen privilegierten Klasse. Die Diktatur des Proletariats war ihm ein Zustand, der bei überwiegendem Proletariat aus der reinen Demokratie notwendig hervorgeht.

Auf Marx dürfen sich also diejenigen nicht berufen, die für die Diktatur im Gegensatz zur Demokratie eintreten. Natürlich ist damit noch nicht bewiesen, daß sie unrecht haben. Nur müssen sie sich nach anderen Beweisgründen umsehen.

Bei Untersuchung der Frage muß man sich hüten, die Diktatur als Zustand mit der Diktatur als Regierungsform zu verwechseln. Nur das Anstreben der letzteren ist eine strittige Frage in unseren Reihen. Die Diktatur als Regierungsform ist gleichbedeutend mit der Entrechtung der Opposition. Ihr wird das Wahlrecht genommen, die Preß- und Vereinsfreiheit. Die Frage ist die, ob das siegreiche Proletariat dieser Maßregeln bedarf, ob mit ihrer Hilfe am besten oder gar nur durch sie der Sozialismus erreichbar ist.

Da ist zunächst zu bemerken, daß wir, wenn wir von der Diktatur als Regierungsform sprechen, nicht von der Diktatur einer Klasse sprechen können. Denn eine Klasse kann, wie wir schon bemerkten, nur herrschen, nicht regieren. Will man unter der Diktatur also nicht einen bloßen Zustand der Herrschaft verstehen, sondern eine bestimmte Regierungsform, dann darf man nur von der Diktatur entweder eines einzelnen oder einer Organisation sprechen, also nicht vom Proletariat, sondern von einer proletarischen Partei. Da kompliziert sich aber sofort das Problem, sobald das Proletariat selbst in verschiedene Parteien zerfällt. Die Diktatur einer dieser Parteien ist dann keineswegs mehr die Diktatur des Proletariats, sondern die Diktatur eines Teils des Proletariats über einen anderen Teil. Die Situation kompliziert sich noch mehr, wenn die sozialistischen Parteien gespalten sind, wegen ihrer Spaltung gegenüber nichtproletarischen Schichten, wenn etwa die eine Partei ans Ruder kommt durch ein Bündnis zwischen städtischen Proletariern und Bauern. Dann wird die Diktatur des Proletariats nicht bloß zu einer Diktatur von Proletariern über Proletarier, sondern auch von Proletariern und Bauern über Proletarier. Die Diktatur des Proletariats nimmt da recht sonderbare Formen an.

Aus welchen Gründen soll nun die Herrschaft des Proletariats eine Form annehmen und annehmen müssen, die unvereinbar ist mit der Demokratie? Wer sich auf das Marxsche Wort von der Diktatur des Proletariats beruft, darf nicht vergessen, daß dabei nicht von einem Zustand die Rede ist, der unter besonderen Umständen eintreten **kann**, sondern von einem, der unter allen Umständen eintreten **muß**.

Nun darf man wohl annehmen, daß das Proletariat in der Regel nur dort zur Herrschaft kommen wird, wo es die Mehrheit der

Bevölkerung darstellt oder doch wenigstens hinter sich hat. Die Waffe des Proletariats in seinen politischen Kämpfen ist neben seiner ökonomischen Unentbehrlichkeit seine Massenhaftigkeit. Nur dort, wo es die Massen, die Mehrheit der Bevölkerung hinter sich hat, darf es erwarten, über die Machtmittel der herrschenden Klassen zu obsiegen. Das nahmen auch Marx und Engels an. Darum erklärten sie im Kommunistischen Manifest:

> „Alle bisherigen Bewegungen waren Bewegungen von Minoritäten, aber im Interesse von Minoritäten. Die proletarische Bewegung ist die selbständige Bewegung der ungeheuren Mehrzahl im Interesse der ungeheuren Mehrzahl."

Das traf auch zu für die Pariser Kommune. Die erste Sache des neuen revolutionären Regimes war die Befragung des allgemeinen Stimmrechtes. Die Wahl, in größter Freiheit vorgenommen, ergab fast in allen Bezirken von Paris starke Majoritäten für die Kommune. Es wurden 65 Revolutionäre gewählt, gegen 21 Oppositionelle, davon 15 direkte Reaktionäre und 6 radikale Republikaner gambettistischer Art. Unter den 65 Revolutionären waren alle damaligen Richtungen des französischen Sozialismus vertreten. So sehr sie sich bekämpften, sie übten keine Diktatur gegeneinander aus.

Ein Regime, das so sehr in den Massen wurzelt, hat nicht die mindeste Veranlassung, die Demokratie anzutasten. Es wird sich nicht immer von Gewalttätigkeiten freihalten können, in Fällen, wenn Gewaltat geübt wird, um die Demokratie zu unterdrücken. Der Gewalt kann man nur mit Gewalt begegnen.

Aber ein Regime, das die Massen hinter sich weiß, wird die Gewalt nur anwenden, um die Demokratie zu schützen, und nicht, um sie aufzuheben. Es würde geradezu Selbstmord üben, wollte es seine sicherste Grundlage beseitigen, das allgemeine Stimmrecht, eine starke Quelle gewaltiger moralischer Autorität.

Die Diktatur als Aufhebung der Demokratie konnte also nur in Ausnahmefällen in Frage kommen, wenn ein außerordentliches Zusammentreffen günstiger Umstände es einer proletarischen Partei gestattet, die politische Macht an sich zu reißen, obwohl sie die Mehrheit der Bevölkerung nicht für sich oder gar entschieden gegen sich hat.

In einem Volke, das seit Jahrzehnten politisch geschult ist und in dem Parteien feste Gestalt angenommen haben, ist ein derartiger Zufallssieg schwer möglich. Er allein deutet schon auf recht rückständige Verhältnisse hin. Wenn sich in einem solchen Falle das allgemeine Stimmrecht gegen die sozialistische Regierung ausspricht: soll diese nun das tun, was wir bisher von jeder Regierung verlangt haben, sich dem Ausspruch des Volkes beugen, mit dem festen Willen, auf der Grundlage der Demokratie den Kampf um die Staatsmacht weiterzuführen, oder soll sie, um sich zu behaupten, die Demokratie umstoßen?

Wodurch kann eine Diktatur sich gegen den Willen der Volksmehrheit am Ruder erhalten?

Zwei Wege kommen für sie in Betracht: der des Jesuitismus, oder der des Bonapartismus.

Wir haben schon auf den Jesuitenstaat in Paraguay hingewiesen. Das Mittel, wodurch die Jesuiten dort ihre Diktatur behaupteten, war ihre kolossale geistige Ueberlegenheit über die von ihnen organisierten Ureinwohner, die ohne sie völlig hilflos waren.

Kann in einem europäischen Staat eine sozialistische Partei eine derartige Ueberlegenheit erlangen? Das ist völlig ausgeschlossen: Wohl wächst das Proletariat geistig in seinem Klassenkampf über die anderen arbeitenden Klassen, Kleinbürger und Kleinbauern empor, aber nicht ohne daß auch diese gleichzeitig an politischem Interesse und Verständnis zunehmen. Der Abstand zwischen diesen verschiedenen Klassen wird nie ein überwältigender.

Neben den Klassen der Handarbeit wächst aber auch eine Schicht von Intellektuellen, die immer zahlreicher wird, immer unentbehrlicher für den Produktionsprozeß, deren Beruf in der Erwerbung von Wissen, in der Uebung und Entwicklung von Intelligenz besteht.

Diese Schicht nimmt eine Mittelstellung zwischen Proletariat und Kapitalistenklasse ein, sie ist nicht direkt am Kapitalismus interessiert, steht jedoch dem Proletariat mißtrauisch gegenüber, so lange sie es nicht für reif hält, seine Geschicke selbst in die Hand zu nehmen. Selbst solche Mitglieder der gebildeten Klassen, die für die Befreiung des Proletariats aufs wärmste eintreten, wie zum Beispiel die utopischen Sozialisten, verhalten sich in den Anfängen des Klassenkampfes ablehnend zur Arbeiterbewegung. Das ändert sich erst, wenn das Proletariat in seinem Kampfe wachsende Reife bekundet. Das Zutrauen, das die für den Sozialismus eintretenden Intellektuellen zum Proletariat gewinnen, ist nicht zu verwechseln mit dem Zutrauen, das seit dem 4. August 1914 die Liberalen und Zentrumsleute, ja die Regierungen selbst in Deutschland zu den Regierungssozialisten gewonnen haben. Das Vertrauen ersterer Art entspringt der Ueberzeugung, daß das Proletariat die Kraft und Fähigkeit erlangt habe, sich selbst zu befreien. Das Vertrauen der zweiten Art kam auf mit der Ueberzeugung, die betreffenden Sozialisten nähmen den Befreiungskampf des Proletariats nicht mehr ernst.

Ganz ohne oder gar gegen die Intellektuellen ist eine sozialistische Produktion nicht einzurichten. Unter Verhältnissen, in denen die Mehrheit der Bevölkerung einer proletarischen Partei mißtrauisch oder ablehnend gegenübersteht, wird das gleiche erst recht von der Masse der Intellektuellen gelten. Da wird die siegreiche proletarische Partei dem Rest der Bevölkerung nicht nur nicht intellektuell weit überlegen sein, sie wird darin sogar hinter ihren Gegnern zurückstehen, auch wenn in sozialen Dingen im allgemeinen ihr theoretischer Standpunkt ein höherer sein sollte.

Der Weg von Paraguay ist also in Europa nicht gangbar. So bleibt nur der andere Weg übrig, den Napoleon I. am 18. Brumaire 1799 und sein Neffe, der dritte Napoleon am 2. Dezember 1852 einschlugen: der des Regierens mit Hilfe der Ueberlegenheit einer zentralisierten Organisation über die unorganisierte Volksmasse und der Ueberlegenheit militärischer Gewalt, die daher rührt, daß der bewaffneten Macht der Regierung entweder nur eine waffenlose oder eine des Kampfes der Waffen müde Volksmasse gegenübersteht.

Kann auf dieser Grundlage eine sozialistische Produktionsweise aufgebaut werden? Diese Produktionsweise bedeutet die Organisierung der Produktion durch die Gesellschaft. Sie erheischt die ökonomische Selbstverwaltung durch die ganze Volksmasse. Staatliche Organisierung der Produktion durch eine Bürokratie oder durch die Diktatur einer einzelnen Volksschicht bedeutet nicht Sozialismus. Er bedarf organisatorischer Schulung breiter Volksmassen, setzt zahlreiche freie

Organisationen ökonomischer wie politischer Art voraus und bedarf vollster Organisationsfreiheit. Die sozialistische Organisation der Arbeit soll keine Kasernenorganisation sein.

Die Diktatur einer Minderheit, die dem Volke vollste Organisationsfreiheit gewähren wollte, würde damit ihre eigene Macht untergraben. Suchte sie sich dagegen zu behaupten durch Unterbindung dieser Freiheit, dann hemmte sie die Entwicklung zum Sozialismus, statt sie zu fördern.

Ihre kraftvollste Stütze findet die Diktatur einer Minderheit stets in einer ergebenen Armee. Aber je mehr sie die Gewalt der Waffen an Stelle der Majorität setzt, desto mehr drängt sie auch jede Opposition dahin, ihr Heil im Appell an die Bajonette und Fäuste zu suchen, statt im Apell an die Wahlstimmen, der ihr versagt ist; dann wird der Bürgerkrieg die Form der Austragung politischer und sozialer Gegensätze. Wo nicht vollständige politische und soziale Apathie oder Mutlosigkeit herrscht, wird die Diktatur einer Minderheit stets von gewaltsamen Putschen oder einem ständigen Guerillakrieg bedroht, die leicht zu langwierigen bewaffneten Erhebungen größerer Massen anwachsen, deren Bekämpfung alle militärischen Kräfte der Diktatur in Anspruch nimmt. Diese kommt dann aus dem Bürgerkrieg nicht mehr heraus, ist in steter Gefahr, durch ihn gestürzt zu werden.

Für den Aufbau der sozialistischen Gesellschaft gibt es aber kein größeres Hindernis wie den inneren Krieg. In dem heutigen Stadium weitgehender geographischer Arbeitsteilung ist der industrielle Großbetrieb überall auf das stärkste abhängig von der Sicherheit des Verkehrs sowie von der Sicherheit der Verträge. Schon ein äußerer Krieg würde den sozialistischen Aufbau aufs äußerste stören, selbst dann, wenn der Feind nicht ins Land eindränge. Mit Recht haben die russischen Sozialisten aller Richtungen in der jetzigen russischen Revolution die Notwendigkeit des Friedens für den gesellschaftlichen Wiederaufbau betont. Noch weit verderblicher für die gesellschaftliche Wirtschaft als ein äußerer Krieg wird ein Bürgerkrieg, der sich notwendigerweise im Innern des Landes abspielt und der es ebenso verwüstet und lahmlegt wie eine feindliche Invasion, der dabei jedoch viel grausamer ist.

Im Kampf der Staaten gegeneinander handelt es sich in der Regel nur um einen Gewinn oder eine Einbuße von Macht der einen oder der anderen Regierung, nicht gleich um deren ganze Existenz. Nach dem Krieg aber wollen und sollen die verschiedenen kriegführenden Regierungen und Völker in Frieden, wenn auch nicht immer in Freundschaft leben.

Ganz anders stehen die Parteien im Bürgerkrieg zueinander. Die führen nicht den Krieg, um der Gegenseite einige Konzessionen zu entreißen, und dann mit ihr in Frieden zu leben. Und im Bürgerkrieg geht es auch nicht so zu wie in der Demokratie, in der die Minderheiten geschützt sind, so daß jede Partei, die in die Minderheit gerät und auf die Regierung verzichten muß, damit keineswegs auf ihre politische Tätigkeit verzichtet oder diese auch nur einzuschränken braucht; und in der jeder Partei, die in die Minderheit gerät, stets das Recht bleibt, nach der Mehrheit zu trachten und sich dadurch der Regierung zu bemächtigen.

Im Bürgerkrieg kämpft jede Partei um ihre Existenz, droht dem Unterliegenden völlige Vernichtung. Dieses Bewußtsein macht Bürgerkriege leicht so grausam. Namentlich eine Minderheit, die sich nur durch militärische Macht am Ruder erhält, neigt dazu, ihre Gegner in blutigster Weise niederzuhalten und sie in wilder Schlächterei zu dezimieren, wenn sie in einem Aufstande bedroht wurde und es ihr gelang, ihn niederzuschlagen. Die Pariser Junitage von 1848 und die blutige Maiwoche von 1871 haben das mit furchtbarer Deutlichkeit gezeigt.

Ein System chronischen Bürgerkrieges ebenso wie seine Alternative unter der Diktatur, die völlige Apathie und Mutlosigkeit der Massen macht den Aufbau eines sozialistischen Produktionssystems so gut wie unmöglich. Und da sollte die Diktatur einer Minderheit, die den Bürgerkrieg oder die Apathie naturnotwendig erzeugt, das souveräne Mittel sein, den Uebergang vom Kapitalismus zum Sozialismus zu bewirken!

Mancher verwechselt den Bürgerkrieg mit der sozialen Revolution, hält ihn für deren Form und ist geneigt, die im Bürgerkrieg unvermeidlichen Gewalttätigkeiten damit zu entschuldigen, daß ohne solche eine Revolution nicht möglich sei. Es sei immer so gewesen in jeder Revolution und werde immer so sein.

Indes gerade wir Sozialdemokraten sind nicht der Meinung, daß das, was immer so gewesen ist, nun auch immer so sein müsse. Unsere Bilder von der Revolution haben wir uns geformt nach den Beispielen der bisherigen *bürgerlichen* Revolutionen. Die *proletarische* Revolution wird sich unter ganz anderen Bedingungen vollziehen als jene.

Die bürgerlichen Revolutionen brachen aus in Staaten, in denen ein Despotismus, gestützt auf ein vom Volke getrenntes Heer, alle freien Regungen unterdrückte, wo es keine Freiheit der Presse, der Versammlungen, der Vereine, kein allgemeines Wahlrecht gab, wahrhafte Volksvertretungen nicht bestanden. Da nahm der Kampf gegen die Regierung notwendig die Form des Bürgerkrieges an. Das heutige Proletariat wird, wenigstens in Westeuropa zur politischen Macht kommen, in Staaten, in denen seit Jahrzehnten die Demokratie, wenn auch nicht die „reine", so doch ein gewisses Ausmaß von Demokratie tiefe Wurzeln gefaßt hat, auch das Militär nicht mehr so ganz wie ehedem vom Volke losgelöst ist. Es bleibt abzuwarten, wie sich unter diesen Bedingungen die Eroberung der politischen Macht des Proletariats vollzieht, das dort die Mehrheit des Volkes darstellt. Auf keinen Fall brauchen wir anzunehmen, daß sich in Westeuropa die Vorgänge der großen französischen Revolution wiederholen werden. Wenn das heutige Rußland soviel Aehnlichkeit mit dem Frankreich von 1793 aufweist, so beweist das nur, wie nahe es dem Stadium der bürgerlichen Revolution steht.

Man muß unterscheiden zwischen der *sozialen Revolution*, der *politischen Revolution* und dem *Bürgerkrieg*.

Die *soziale Revolution* ist eine tiefgehende Umwandlung des ganzen gesellschaftlichen Gebäudes, herbeigeführt durch die Begründung einer neuen Produktionsweise. Das ist ein langwieriger Prozeß, der jahrzehntelang andauern kann und für dessen Abschluß feste Grenzen nicht zu ziehen sind. Er wird um so mehr gelingen, je friedlicher die Formen, in denen er sich vollzieht. Innerer wie äußerer Krieg sind seine Todfeinde. Eingeleitet wird eine soziale Revolution in der Regel durch eine politische Revolution, durch eine plötzliche Verschiebung der Machtverhältnisse der Klassen im Staate, wodurch eine bisher von der politischen Macht ausgeschlossene Klasse sich des Regierungsapparates bemächtigt. Die politische Revolution ist ein plötzlicher Akt, der sich sehr rasch vollziehen und zu seinem Abschluß gelangen kann. Seine Formen hängen von der Form des Staates ab, in dem er sich vollzieht. Je mehr die Demokratie herrscht, nicht bloß formal, sondern tatsächlich in der Kraft der arbeitenden Massen verankert, um so größer die Wahrscheinlichkeit, daß die politische Revolution eine friedliche sein wird. Je mehr sich dagegen das bisher herrschende System nicht auf die Mehrheit der Bevölkerung stützt, sondern eine Minderheit darstellt, die sich nur durch militärische Machtmittel am Ruder hält, um so größer die Wahrscheinlichkeit, daß die politische Revolution die Form eines Bürgerkrieges annimmt.

Doch auch in letzterem Falle haben die Verfechter der sozialen Revolution ein dringendes Interesse daran, daß der Bürgerkrieg nur eine vorübergehende, rasch sich abspielende Episode bleibt, daß er nur dazu dient, die Demokratie herbeizuführen und zu befestigen, und daß ihrem Wirken die soziale Revolution übergeben wird, das heißt, daß diese augenblicklich nicht weitergeht, als die Mehrheit der Volksmasse zu gehen geneigt ist, weil darüber hinaus die soziale Revolution, so wünschenswert die sofortige Realisierung ihrer Endziele für weitersehende Geister wäre, nicht die nötigen Bedingungen fände, Dauerndes zu schaffen.

Aber hat nicht die Schreckensherrschaft der Proletarier und Kleinbürger von Paris, also die Diktatur einer Minderheit, in der großen französischen Revolution ungeheure Wirkungen von höchster historischer Bedeutung hervorgerufen?

Sicher. Doch welcher Art waren sie? Jene Diktatur war ein Kind des Krieges, den die verbündeten Monarchen Europas gegen das revolutionäre Frankreich führten. Diesen Ansturm siegreich abgeschlagen zu haben, das war die historische Leistung der Schreckensherrschaft. Sie bewies damit wieder einmal deutlich die alte Wahrheit, daß die Diktatur besser imstande ist, Krieg zu führen als die Demokratie. Sie bewies aber keineswegs, daß die Diktatur die Methode des Proletariats ist, soziale Umgestaltungen in seinem Sinne durchzuführen und die politische Macht zu behaupten.

An Energie läßt sich die Schreckensherrschaft von 1793 nicht überbieten. Trotzdem gelang es den Pariser Proletariern nicht, sich dadurch an der Macht zu halten. Die Diktatur wurde eine Methode, durch die sich die verschiedenen Fraktionen der proletarischen und kleinbürgerlichen Politik untereinander bekämpften, und schließlich wurde sie die Methode, jeder proletarischen und kleinbürgerlichen Politik ein Ende zu machen.

Die Diktatur der unteren Schichten ebnet den Weg für die Diktatur des Säbels.

Wollte man nach dem Beispiel der bürgerlichen Revolutionen sagen, die Revolution sei gleichbedeutend mit Bürgerkrieg und Diktatur, dann müßte man auch die Konsequenz ziehen und sagen: die Revolution ende notwendigerweise in der Herrschaft eines Cromwell oder Napoleon.

Das ist aber keineswegs der notwendige Ausgang einer proletarischen Revolution, dort, wo das Proletariat die Mehrheit der Nation bildet und diese demokratisch organisiert ist. Und nur dort sind die Bedingungen sozialistischer Produktion gegeben.

Wir können unter der Diktatur des Proletariats nichts anderes verstehen, als seine Herrschaft auf der Grundlage der Demokratie.

6. Konstituante und Sowjet.

Der Gegensatz zwischen Demokratie und Diktatur hat eine hoch aktuelle Bedeutung jetzt gewonnen in der russischen Revolution.

Die Sozialisten Rußlands traten in sie gespalten ein. Sie zerfielen in Sozialrevolutionäre und Marxisten. Die Sozialrevolutionäre waren in erster Linie Vertreter der Bauernschaft, die in Rußland im Gegensatz zum ganzen übrigen Europa noch ein revolutionärer Faktor war und daher mit dem sozialistischen Proletariat Hand in Hand gehen konnte. Ihnen gegenüber standen die Marxisten, die Vertreter des industriellen Proletariats. Sie verfielen wieder in zwei Richtungen, die Menschewiki, die annahmen, auf der gegebenen ökonomischen Grundlage Rußlands könne die Revolution nur eine bürgerliche sein, wenn sie nicht zusammenfalle mit einer europäischen sozialistischen Revolution, und die Bolschewiki, die stets an die Allmacht des Willens und der Gewalt glaubten und nun, ohne Rücksicht auf Rußlands Rückständigkeit, die Revolution sofort zu einer sozialistischen gestalten wollten.

Im Laufe der Revolution vertieften sich die Gegensätze. Die Menschewiki hielten es für ihre Aufgabe, bis eine konstituierende Nationalversammlung eine definitive Regierung gebildet habe, an einer provisorischen Koalitionsregierung teilzunehmen. Die Bolschewiki wollten noch vor dem Zusammentritt der Konstituante diese provisorische Regierung stürzen und durch ihre Parteiregierung ersetzen. Dazu kam ein tiefer Gegensatz in der Friedensfrage. Die Menschewiki wollten ebensosehr den sofortigen Frieden wie die Bolschewiki, sie wollten ihn beide auf der Basis von Zimmerwald — keine Annexionen und Kontributionen. Beide Richtungen waren in Zimmerwald gewesen und die Menschewiki hatten dort zur Mehrheit gehört. Aber die Menschewiki wollten den allgemeinen Frieden und sie wollten, daß alle Kriegführenden die Parole annehmen: Keine Annexionen und Kontributionen. Solange dies nicht erreicht sei, solle die russische Armee Gewehr bei Fuß schlagfertig bleiben. Die Bolschewiki dagegen forderten den sofortigen Frieden um jeden Preis, sie waren bereit, wenn es sein müsse, ihn als Sonderfrieden zu schließen, und sie suchten ihn zu erzwingen, indem sie die ohnehin schon große Desorganisation der Armee nach Kräften förderten.

Sie wurden unterstützt durch die allgemeine Kriegsmüdigkeit großer Massen im Heere wie im Volke, sowie durch die anscheinende Tatlosigkeit der provisorischen Regierung, die wohl an politischen und sozialen Reformen weit mehr leistete als irgendeine bürgerliche Regierung im gleichen Zeitraum, aber doch nicht soviel, als von einer revolutionären Regierung erwartet wurde. Die Wahl der Konstituante konnte nicht so rasch vollzogen werden, als gewünscht wurde. Zunächst war der alte Beamtenapparat zu erneuern, demokratische Stadt- und Landschaftsvertretungen mußten geschaffen werden. Auch begegnete die Aufstellung der Wählerlisten in dem riesigen Reiche, dessen letzte Volkszählung 1897 stattgefunden hatte, ungeheuren Schwierigkeiten. So verschob sich die Erwählung der Konstituante immer wieder.

Vor allem aber wollte der Frieden nicht kommen. Welche Faktoren immer daran schuld sein mochten, die Staatsmänner der Entente verstanden es nicht, wie notwendig es damals für sie selbst war, ihre Bereitschaft für einen Frieden ohne Annexionen und Kontributionen zu bekunden. Sie verfolgten eine Politik, durch die dem russischen Volke die Entente als das Hindernis des Friedens erschien und mit der Entente die mit ihr im Einvernehmen stehende provisorische Regierung. Das war ein Grund, warum ein Teil der Menschewiki, die Internationalisten, die Loslösung von der Entente forderte und der provisorischen Regierung oppositionell entgegentrat. Doch gingen sie nie so weit, wie die Bolschewiki. Diese letzteren gewannen unter solchen Umständen an Boden auf Kosten der Menschewiki und der provisorischen Regierung, und es gelang ihnen, diese im November des vorigen Jahres zu stürzen. Ihre propagandistische Kraft erwies sich als so groß, daß sie imstande waren, einen Teil der Sozialrevolutionäre auf ihre Seite zu ziehen. Die linken Sozialrevolutionäre gingen hinfort mit den Bolschewiki, in deren Regierung sie eintraten, die rechten sowie das Zentrum blieben auf seiten der Menschewiki.

Ihre Kraft zogen die Bolschewiki aus den großen Erwartungen, die sie rege machten. Sollten sie ihre Kraft bewahren, mußten sie diesen Erwartungen gerecht werden. War das möglich?

Die bolschewistische Revolution war aufgebaut auf der Voraussetzung, daß sie den Ausgangspunkt bilde zu einer allgemeinen europäischen Revolution; daß die kühne Initiative Rußlands die Proletarier ganz Europas aufrufe, sich zu erheben.

Unter diesen Voraussetzungen war es natürlich gleichgültig, welche Formen der russische Separatfriede annahm, welche Verstümmelungen und Lasten er dem russischen Volke auferlegte, welche Auslegung der Selbstbestimmung der Völker er brachte. Dann war es auch gleichgültig, ob Rußland wehrfähig war oder nicht. Die europäische Revolution bildete nach dieser Auffassung die beste Wehr der russischen Revolution, sie mußte allen Völkern auf bisher russischem Gebiet volle und wahre Selbstbestimmung bringen.

Eine Revolution in Europa, die dort den Sozialismus brachte und befestigte, mußte aber auch das Mittel werden, die Hindernisse zu beseitigen, die in Rußland der Durchführung sozialistischer Produktion durch die ökonomische Rückständigkeit des Landes bereitet wurden.

Das war alles sehr logisch gedacht und wohl begründet, sobald man die Voraussetzung zugab: daß die russische Revolution unfehlbar die europäische entfesseln müsse. Was aber dann, wenn es nicht dazu kam?

Die Voraussetzung ist bisher nicht eingetroffen. Und nun werden die Proletarier Europas angeklagt, daß sie die russische Revolution im Stiche gelassen und verraten hätten. Es ist eine Anklage gegen Unbekannte, denn wen will man verantwortlich machen für die Haltung des europäischen Proletariats?

Es ist ein alter marxistischer Grundsatz, daß Revolutionen sich nicht machen lassen können, daß sie aus den Verhältnissen entspringen. Die Verhältnisse Westeuropas sind aber so verschieden von denen

Rußlands, daß eine Revolution dort nicht auch schon notwendigerweise eine hier hervorrufen muß.

Als 1848 in Frankreich die Revolution ausbrach, sprang sie sofort auf das östlich davon gelegene Europa über. Sie machte jedoch halt an der russischen Grenze. Und umgekehrt, als 1905 in Rußland die Revolution ihre Fesseln brach, bewirkte das westlich davon einige stärkere Wahlrechtsbewegungen, jedoch nichts, was man als Revolution hätte bezeichnen können.

Doch dürfte man es den Bolschewiki nicht allzusehr verübeln, wenn sie eine europäische Revolution erwarteten. Auch andere Sozialisten taten desgleichen und sicher gehen wir Zuständen entgegen, die eine große Verschärfung der Klassenkämpfe bringen und eine Reihe von Ueberraschungen herbeiführen können. Und wenn die Bolschewiki bisher mit ihrer Erwartung der Revolution irrten, sind nicht auch ein Bebel, ein Engels, ein Marx manchmal einem gleichen Irrtum unterlegen? Das ist nicht zu leugnen. Aber diese haben nie eine Revolution für einen bestimmten Termin in Aussicht gestellt und nie ihre Taktik darauf eingerichtet, daß die Existenz der Partei daß der Fortgang des proletarischen Klassenkampfes abhängig gemacht wurde vom Eintreten der Revolution, daß das Proletariat vor das Dilemma gestellt wurde: Revolution oder Bankrott.

Wie alle Politiker haben auch sie mitunter in ihren Erwartungen geirrt. Aber nie hat ein derartiger Irrtum es vermocht, sie auf eine falsche Bahn, in eine Sackgasse zu locken.

Unsere bolschewistischen Genossen hatten alles auf die eine Karte der allgemeinen europäischen Revolution gesetzt. Als diese Karte nicht herauskam, waren sie in eine Bahn gedrängt, die ihnen unlösbare Aufgaben stellte. Sie sollten Rußland verteidigen ohne Armee gegen mächtige und rücksichtslose Feinde. Sie sollten ein Regime des Wohlstandes für alle begründen in einem Zustand allgemeiner Auflösung und Verarmung. Je weniger die materiellen und intellektuellen Bedingungen vorhanden waren für alles, was sie anstrebten, desto mehr mußten sie sich gedrängt fühlen, das Fehlende zu ersetzen durch den Zwang nackter Gewalt, durch die Diktatur. Sie mußten das um so mehr, je mehr in den Volksmassen die Opposition gegen sie wuchs. So wurde es unvermeidlich, daß sie die Diktatur an Stelle der Demokratie setzten.

Wenn die Bolschewiki sich getäuscht hatten in ihrer Erwartung, sie brauchten bloß an die Regierung zu kommen, um die europäische Revolution zu entfesseln, so nicht minder in der Erwartung, sie brauchten bloß das Staatsruder zu ergreifen und die Mehrheit der Bevölkerung würde sich jubelnd um sie scharen. Wohl hatten sie als Opposition unter den durch die Lage Rußlands gegebenen Bedingungen eine große propagandistische Kraft entwickelt, wie wir schon bemerkten. Zu Beginn der Revolution noch ein kleines Häuflein, waren sie schließlich so stark geworden, daß sie die Staatsmacht an sich rissen. Aber hatten sie die Masse der Bevölkerung hinter sich?

Das sollte die Konstituante zeigen, die auch die Bolschewiki, wie die anderen Revolutionäre verlangt, ja eine Zeitlang ungestüm gefordert hatten; die Konstituante, die nach dem allgemeinen, gleichen, direkten und geheimen Wahlrecht zu erwählen war.

Unmittelbar nach der Eroberung der Regierung durch die Bolschewiki wurde das neue Regime bestätigt durch den zweiten allrussischen Kongreß der Sowjets. Allerdings unter dem Widerspruch einer starken Minderheit, die den Kongreß protestierend verließ. Aber auch die Mehrheit lehnte noch nicht den Gedanken der Konstituante ab. Der die Sowjetregierung bestätigende Beschluß begann mit den Worten: „Zur Regierung des Landes ist bis zur Einberufung der konstituierenden Versammlung eine provisorische Arbeiter- und Bauernregierung zu bilden, die der »Rat der Volkskommissäre« genannt wird".

Hier wurde also noch die konstituierende Versammlung als über dem Rat der Volkskommissäre stehende Instanz anerkannt.

Am 3. November wurde von der Regierung die Stadtduma von Petrograd aufgelöst mit der Begründung, sie stehe im Widerspruch zu den Anschauungen der Bevölkerung, die sich in der Revolution vom 7. November und „bei den Wahlen zur Konstituante" offenbarten. Die Neuwahlen wurden auf Grund des bestehenden allgemeinen Stimmrechts ausgeschrieben. Bald jedoch fand man ein Haar in den Wahlen zur Konstituante. Am 7. Dezember veröffentlichte das allrussische Exekutivkomitee der Sowjets einen Beschluß, in dem es sagte:

> „Wie auch immer die Wahleinrichtung einer aus gewählten Vertretern bestehenden Körperschaft geartet sein mag, als wahrhaft demokratisch und als tatsächlich den Willen des Volkes darstellend kann diese nur angesehen werden, wenn das Einspruchsrecht der Wähler gegen ihre Abgeordneten anerkannt und angewendet wird. Dieser Grundsatz der wahrhaften Demokratie gilt, wie für alle Repräsentativkörperschaften, so auch für die konstituierende Versammlung .... Der Kongreß der Räte der Arbeiter-, Soldaten- und Bauerndeputierten, der auf paritätischer Grundlage einberufen ist, hat das Recht für alle städtischen, landschaftlichen und sonstigen Vertretungskörper, die konstituierende Versammlung nicht ausgeschlossen, eine Neuwahl anzuberaumen. Auf Verlangen von mehr als der Hälfte der Wähler des betreffenden Wahlbezirkes müssen die Räte eine Neuwahl anberaumen."

Die Forderung, daß die Mehrheit der Wähler jederzeit einen Abgeordneten abberufen kann, der mit ihren Anschauungen nicht mehr im Einklang steht, entspricht vollkommen den Grundsätzen der Demokratie.. Dagegen ist es von diesem Standpunkt aus nicht zu erklären, wieso die Sowjets dazu kommen sollen, Neuwahlen anzuordnen. Indes weiter ging man der konstituierenden Versammlung gegenüber damals noch nicht. Man tastete weder die Einrichtung der Versammlung selbst, noch das Wahlrecht dazu an.

Doch trat es immer deutlicher hervor, daß die Wahlen den Bolschewiki nicht die Mehrheit gegeben hatten. Daher veröffentlichte die „Prawda" vom 26. Dezember 1917 eine Reihe von Thesen über die Konstituante, die Lenin entworfen und das Zentralkomitee angenommen hatte. Besonders wichtig unter ihnen sind zwei. Die eine erklärte, die Wahlen hätten kurz nach dem Sieg der Bolschewiki stattgefunden, ehe noch die Sozialrevolutionäre sich spalteten. Die linken und die rechten Sozialrevolutionäre hätten daher eine gemeinsame Kandidatenliste gehabt. Also ergäben die Wahlen kein klares Bild von der wirklichen Stimmung der Massen.

Wer dieser Ansicht war, für den ergab sich angesichts des oben zitierten Erlasses vom 7. Dezember die Konsequenz: Anberaumung von Neuwahlen zur Konstituante in den Wahlkreisen, in denen Sozialrevolutionäre gewählt waren. Zu welchem Zweck hätte man sonst jenen Beschluß gefaßt? Doch am 26. Dezember war er schon vergessen. Und plötzlich ertönt jetzt ein ganz anderes Lied in dem andern der beiden Leninschen Sätze, die uns hier beschäftigen. Nachdem er uns gezeigt, daß die eben gewählte Konstituante nichts tauge, weil sie die wahre Stimmung der gesamten Volksmasse nicht zum Ausdruck bringe, erklärt er, daß überhaupt jede nach allgemeinem Stimmrecht, also von den Massen gewählte Konstituante nichts tauge:

> „Die Republik der Sowjets stellt nicht nur eine höhere Form der demokratischen Einrichtungen dar (im Vergleich mit der bürgerlichen Republik und der Konstituante als ihrer Krönung), sie ist auch die einzige Form, die den schmerzlosesten Uebergang zum Sozialismus ermöglicht."

Nur schade, daß man zu dieser Erkenntnis erst kam, nachdem man in der Konstituante in der Minderheit geblieben war. Ehedem hatte sie niemand stürmischer verlangt als Lenin.

Der Konflikt mit der Konstituante wurde nun unvermeidlich. Er endete mit einem Sieg der Sowjets, deren Diktatur als dauernde Regierungsform Rußlands proklamiert wurde.

7. Die Sowjetrepublik.

Die Sowjetorganisation ist ein Produkt der russischen Revolution von 1905. Das Proletariat trat damals in Massenaktionen ein, für die es einer Massenorganisation bedurfte. Die geheimen Organisationen der Sozialdemokraten wie der Sozialrevolutionäre hatten nur Hunderte von Mitgliedern umfaßt, die einige Tausende von Arbeitern beeinflußten. Politische und gewerkschaftliche Massenorganisationen hatten sich unter dem zaristischen Absolutismus nicht bilden können. Die einzigen Massenorganisationen von Arbeitern, die die Revolution vorfand, waren die vom Kapital selbst geschaffenen: die einzelnen Betriebe. Sie wurden jetzt die Organisationen des proletarischen Massenkampfes. Jeder Betrieb verwandelte sich nun aus einer Stätte materieller Produktion in eine Stätte politischer Propaganda und Aktion. Die Arbeiter eines jeden Betriebes traten zusammen und wählten Delegierte, die sich zu einem Delegiertenrat, einem Sowjet, vereinigten. Es waren die Menschewiki, die den Anstoß zu dieser so bedeutungsvollen Bewegung gaben. So wurde eine Form proletarischer Organisation geschaffen, die umfassendste von allen, weil sie alle Lohnarbeiter in sich begriff. Sie hat machtvolle Aktionen ermöglicht und im Bewußtsein der Arbeiter tiefen Eindruck gemacht. Als die zweite russische Revolution im März 1917 ausbrach, erstand auch sofort wieder die Sowjetorganisation. Und diesmal, der seit der ersten Revolution gewachsenen Reife des Proletariats entsprechend, auf höherer Grundlage. Die Sowjets von 1905 waren lokale Körperschaften geblieben, auf einzelne Städte beschränkt. Die von 1917 waren nicht nur weit zahlreicher, sie traten auch in enge Verbindung miteinander, die einzelnen Sowjets vereinigten sich zu größeren Verbänden, die wieder sich zusammenfanden zu einer das ganze Reich umfassenden Organisation, deren Organ zeitweise allrussische Sowjetkongresse wurden, sowie ein dauerndes zentrales Exekutivkomitee.

Heute schon kann die Sowjetorganisation auf eine große und ruhmvolle Geschichte zurückblicken. Und eine noch gewaltigere steht ihr bevor, und zwar nicht in Rußland allein. Ueberall stellt es sich heraus, daß gegenüber den riesenhaften Kräften, über die das Finanzkapital ökonomisch und politisch verfügt, die bisherigen Methoden ökonomischen und politischen Kampfes des Proletariats versagen. Sie sind nicht aufzugeben, sie bleiben unerläßlich für normale Zeiten, werden aber zeitweise vor Aufgaben gestellt, denen sie nicht genügen können, wo nur eine Zusammenfassung aller politischen und ökonomischen Machtmittel der Arbeiterklasse Erfolg verspricht.

Die russische Revolution von 1905 hatte in der deutschen Sozialdemokratie die Idee des Massenstreiks zum Durchbruch gebracht. Der Parteitag von 1905 erkannte ihn an. Der von 1906 suchte dann Empfindlichkeiten und Befürchtungen der Gewerkschaftsbeamten aus dem Wege zu räumen. Er beschloß über den Massenstreik:

> „Sobald der Parteivorstand die Notwendigkeit eines politischen Massenstreiks für gegeben erachtet, hat derselbe sich mit der Generalkommission der Gewerkschaften in Verbindung zu setzen und alle Maßnahmen zu ergreifen, die erforderlich sind, um die Aktion erfolgreich durchzuführen."

Nach allen Erfahrungen mit dem Massenstreik wissen wir heute, daß dieser Beschluß gründlich verfehlt war. Einmal deshalb, weil ein Massenstreik um so mehr Erfolg verspricht, je mehr er unerwartet aus einer bestimmten Situation mit spontaner Plötzlichkeit hervorbricht. Seine Anordnung durch Partei- und Gewerkschaftsbehörden nach vorhergehender Verständigung macht umständliche Vorbereitungen nötig, die jeden Erfolg vereiteln können.

Dazu kommt noch, daß die gewerkschaftliche Bürokratie immer mehr allen großen spontanen Aktionen widerstrebt. Die Gewerkschaften bleiben unbedingt notwendig. Das Proletariat ist um so stärker, je größer die Mitgliederzahlen und die Geldmittel seiner Gewerkschaften. Ausgedehnte, dauernde Organisationen mit vielen Mitteln sind aber nicht möglich, ohne eine dauernde geschulte Verwaltung, also eine Bürokratie. Die Gewerkschaftsbürokratie ist ebenso unentbehrlich wie die Gewerkschaften selbst. Sie hat ihre Schattenseiten ebenso wie der Parlamentarismus oder die Demokratie, bleibt aber ebenso unerläßlich wie diese für die Befreiung des Proletariats.

Damit ist jedoch nicht gesagt, daß alle ihre Ansprüche anzuerkennen sind. Sie soll auf das beschränkt werden, was ihre erste Aufgabe und wobei sie nicht zu ersetzen ist, auf die Verwaltung der gewerkschaftlichen Fonds, auf die Arbeit für Ausdehnung der Organisation, auf die Beratung der Arbeiter bei ihren Kämpfen. Aber sie taugt nicht für die Leitung jener gewaltigen Massenkämpfe, die immer mehr die Signatur der Zeit werden. Gewerkschafter wie Parlamentarier können hier vermöge ihrer Erfahrungen und ihres Wissens erfolgreich wirken, die eigentliche Leitung wird immer mehr den Betriebsvertretungen, den Arbeiterräten zufallen. In verschiedenen Ländern außerhalb Rußlands, so in England, haben solche Einrichtungen (shops assistants oder shops stewards) neben den Gewerkschaften schon eine große Rolle in Massenkämpfen gespielt.

Die Sowjetorganisation ist also eine der wichtigsten Erscheinungen unserer Zeit. Sie verspricht in den großen Entscheidungskämpfen zwischen Kapital und Arbeit, denen wir entgegengehen, von ausschlaggebender Bedeutung zu werden.

Dürfen wir aber von den Sowjets noch mehr verlangen? Die Bolschewiki, die mit den linken Sozialrevolutionären in den russischen Arbeiterräten nach der Novemberrevolution von 1917 die Mehrheit erlangten, gingen nach der Sprengung der Konstituante daran, aus dem Sowjet, der bis dahin die Kampforganisation einer Klasse gewesen war, die Staatsorganisation zu machen. Sie hoben die Demokratie auf, die das russische Volk in der Märzrevolution erobert hatte. Dementsprechend hörten die Bolschewiki auf, sich Sozialdemokraten zu nennen. Sie bezeichnen sich als Kommunisten.

Freilich wollen sie nicht ganz auf die Demokratie verzichten. Lenin bezeichnet in seiner Rede vom 28. April die Sowjetorganisation als einen „höheren Typus von Demokratie", einen völligen Bruch mit ihrer „bürgerlichen Verzerrung". Für die Proletarier und armen Bauern wurde jetzt die volle Freiheit hergestellt.

Aber unter der Demokratie versteht man bisher die Gleichheit der politischen Rechte aller Staatsbürger. Die vom Gesetz privilegierten Schichten hatten immer die Freiheit der Bewegung. Aber das bezeichnet man nicht als Demokratie.

Die Sowjetrepublik soll die Organisation der Diktatur des Proletariats sein, die einzige, wie Lenin sich ausdrückt, „die den schmerzlosesten Uebergang zum Sozialismus ermöglicht". Dieser soll damit einsetzen, daß die ganze in den Sowjets nicht vertretene Bevölkerung politisch rechtlos gemacht wird.

Wir haben schon ausgeführt, was über die Idee der Diktatur des Proletariats zu sagen ist. Nun noch einige Bemerkungen über deren Gestaltung in den Sowjets.

Warum sollen diese den Uebergang zum Sozialismus schmerzloser gestalten, als er bei allgemeinem Stimmrecht möglich wäre? Offenbar deshalb, weil die Kapitalisten auf diese Weise aus der Gesetzgebung ausgeschlossen sind.

Nun ist nur zweierlei möglich. Entweder sind die Kapitalisten und ihr Anhang bloß ein bedeutungsloses Häuflein. Wie könnten sie dann bei allgemeinem Wahlrecht den Uebergang zum Sozialismus hemmen? Im Gegenteil, wenn sie bei allgemeinem Wahlrecht als bedeutungslose Minderheit erscheinen, werden sie sich eher in ihr Schicksal ergeben, als wenn das Wahlrecht so gestaltet ist, daß kein Mensch mit Bestimmtheit sagen kann, welche Partei eigentlich die Mehrheit der Bevölkerung hinter sich hat. In Wahrheit kann man aber die Kapitalisten allein gar nicht entrechten. Wer ist ein Kapitalist in juristischem Sinne? Ein Besitzender?

Selbst in einem ökonomisch so weit vorgeschrittenen Lande wie Deutschland, dessen Proletariat so zahlreich ist, würde die Errichtung einer Sowjetrepublik große Massen politisch entrechten. Im Jahre 1907 betrug im Deutschen Reiche die Zahl der Berufszugehörigen (Erwerbstätige und ihre Familien) der drei großen Gruppen Landwirtschaft, Industrie und Handel, in der Gruppe der Angestellten und Lohnarbeiter etwas über 35 Millionen, die der Selbständigen 17 Millionen. Eine Partei könnte also sehr wohl die Mehrheit der Lohnarbeiter hinter sich haben und doch die Minderheit der Bevölkerung bilden. Anderseits brauchten die Arbeiter, wenn sie geschlossen zusammenstimmten, auch bei allgemeinem Stimmrecht ihre Gegner nicht zu fürchten. Das allgemeine Stimmrecht, das sie zum Kampfe gegen den gemeinsamen Gegner nötigt, wird sie aber auch eher zusammenschließen als die Beschränkung des politischen Kampfes auf den Sowjet, aus dem die Klassengegner ausgeschlossen sind und in dem der politische Kampf einer sozialistischen Partei ausschließlich die Form der Befehdung anderer sozialistischer Parteien annimmt. An Stelle des Klassenbewußtseins wird da der Sektenfanatismus förmlich großgezogen.

Nun aber die andere Alternative. Die Kapitalisten und ihr Anhang sind nicht eine Minderheit, sondern eine große Masse, die wohl imstande wäre, in einem auf Grund des allgemeinen Stimmrechts gewählten Parlament eine ernsthafte Opposition zu machen. Was wird dadurch gebessert, daß man diese Opposition im gesetzgebenden Körper zum Schweigen bringt?

Die Kapitalisten selbst bilden überall nur eine dünne Schicht. Aber ihr Anhang den Sozialisten gegenüber kann sehr groß sein. Man darf sich nicht vorstellen, daß nur gekaufte oder persönlich interessierte Leute für den Kapitalismus eintreten. Außerhalb des Sozialismus ist der Kapitalismus heute die einzig mögliche Produktionsform auf höherer Stufenleiter. Wer den Sozialismus nicht für möglich hält, der muß, wenn er modern denkt, für den Kapitalismus sein, auch wenn er gar nicht an ihm interessiert ist. Aber auch von den rückständigen, dem Kapital feindlichen Schichten stehen viele auf dem Boden des Privateigentums an den Produktionsmitteln und damit auf dem Boden, auf dem der Kapitalismus erwächst. In einem rückständigen Lande kann daher die Zahl der den Kapitalismus direkt oder indirekt schützenden Schichten der Bevölkerung sehr stark sein. Deren Opposition wird nicht verringert dadurch, daß man ihnen das Stimmrecht nimmt. Sie werden um so energischer allen Maßnahmen des neuen tyrannischen Regimes entgegenwirken.. Bei allgemeinem Stimmrecht in voller Demokratie sind alle Klassen und Interessen ihrer Stärke nach in der gesetzgebenden Versammlung vertreten. Jede Klasse und Partei kann an jedem Gesetzentwurf freieste Kritik üben, alle seine Schwächen aufzeigen, aber auch die Größe der Gegnerschaft zu erkennen geben, die er in der Bevölkerung findet. Im Sowjet ist alle gegnerische Kritik ausgeschlossen, treten die Schwächen eines Gesetzes nicht so leicht zutage. Und über den Widerstand, der sich in der Bevölkerung dagegen erheben wird, erfährt man erst recht nichts. Erst hinterdrein, wenn das Gesetz erlassen ist, melden sich Kritik und Widerstände. Statt bei der B e r a t u n g treten die Schwächen des Gesetzes bei der D u r c h f ü h r u n g zutage. So hat sich auch die Sowjetregierung schon bei sehr wichtigen Gesetzen gedrängt gesehen, sie durch Nachträge oder durch laxe Praxis zu durchlöchern, bei der Hintertür Elemente wieder herein zu lassen, die man eben feierlich bei der Vordertür herausgeworfen. Daß ein berufliches Stimmrecht im Gegensatz zum allgemeinen die Tendenz hat, den Gesichtskreis der Beteiligten zu verengern, darauf haben wir schon hingewiesen. Daß durch alles das der Uebergang zum Sozialismus schmerzloser gestaltet wird als durch das allgemeine Wahlrecht und die freie Diskussion aller nach ihren Stärkeverhältnissen vertretenen Parteien, darf wohl bezweifelt werden.

Nicht minder zweifelhaft aber als die Schmerzlosigkeit wird unter der Sowjetverfassung die Diktatur des Proletariats. D i k t a t u r — sicher. Aber ob gerade Diktatur des P r o l e t a r i a t s?

Die Sowjets konnten bei der ökonomischen Struktur Rußlands ihre herrschende Stellung nur dadurch erlangen, daß sie sich 1917 nicht wie 1905 bloß auf das städtische, industrielle Proletariat beschränkten. Diesmal organisierten sich auch die Soldaten und Bauern in Sowjets. Mit der Auflösung der Armee haben die Soldaten ihre zahlenmäßige Bedeutung verloren. Das kleine Heer, das die Volkskommissäre anwarben, wurde für sie wichtig weniger durch seine Stimmzettel als durch seine Bajonette. Allerdings spielten die Stimmzettel der roten Armee keine unbedeutende Rolle. In verschiedenen Sowjets, zum Beispiel bei den letzten Neuwahlen in Petersburg, wurde ihnen ein beträchtlicher Teil der Mandate reserviert. Um so wichtiger aber wurden die Stimmen der Bauern, die die große Mehrheit der Bevölkerung Rußlands ausmachen. Sie bilden unter der Sowjetverfassung die Mehrheit der zur Teilnahme an der Gesetzgebung und Regierung berechtigten Bevölkerung. Was uns als Diktatur des Proletariats hingestellt wird, würde sich, wenn es konsequent durchgeführt würde und eine Klasse überhaupt direkt die Diktatur auszuüben vermöchte, was nur einer Partei möglich ist, zu einer Diktatur der Bauernschaft gestalten. Es scheint also, als sei die schmerzloseste Durchführung des Sozialismus dann gesichert, wenn sie in die Hände der Bauern gelegt wird. Bilden aber die Bauern die Mehrheit in der Sowjetorganisation, so umfaßt diese anderseits nicht das gesamte Proletariat.

Anfänglich war die Auffassung darüber, wer sich in Sowjets organisieren und welche Sowjets sich der allgemeinen Organisation anschließen dürften, nicht ganz klar. Vielfach herrschte die Anschauung, jede berufliche Organisation könne einen Sowjet bilden und sei als solcher anzusehen. Noch am 28. Mai brachte die „Leipziger Volkszeitung" einen Artikel, der offenbar aus bolschewistischen Kreisen stammte, betitelt „Die Sowjetrepublik". Dort hieß es:

> „Die Sowjetvertretung hat die überlegene Eigenschaft einer jeden demokratischen Vertretung, sie räumt allen Bürgern vollständig gleiche Rechte ein, alle Klassen des betreffenden Landes genießen vollkommene Möglichkeit, in den Sowjets eine Vertretung zu erhalten, die genau ihrer Kraft und ihrem sozialen spezifischen Gewicht entspricht. Hiefür müssen sie sich selbstverständlich zuvor organisieren, allerdings nicht nach dem Schema des bisherigen Demokratismus in Parteien, sondern den neuen demokratischen Formen entsprechend, in besonderen Klassen- oder Gewerkschaftsorganisationen."

Legien und Konsorten können sehr zufrieden sein mit dieser Herabsetzung der sozialdemokratischen Partei unter die gewerkschaftliche Organisation. Aber auch die Reaktionäre, die das allgemeine, gleiche Wahlrecht durch ein ständisches ersetzen wollen, finden hier eine Blüte, aus der sie Honig saugen können. Der Verfechter der proletarischen Diktatur fährt fort:

> „Die Bourgeoisie als solche hat bisher keine Vertretung in den Sowjets nicht aus dem Grunde, weil sie nicht zugelassen wird, sondern weil sie ihrerseits die Sowjetmacht boykottiert und anderseits nicht geneigt ist, sich nach dem proletarischen Schema zu organisieren."

Ist sie wirklich nicht dazu geneigt? Hat unser bolschewistischer Freund nie etwas von einer Unternehmerorganisation gehört? Und erscheint ihm der vereinzelte Kapitalist bei allgemeinem Stimmrecht wirklich gefährlicher als die Unternehmerorganisation im Sowjetverband? Doch wir werden sofort darüber belehrt, worin die Ueberlegenheit der Sowjetorganisation über das allgemeine Wahlrecht besteht:

„Es kann selbstverständlich angenommen werden, daß irgendwelche Kampforganisationen der Bourgeoisie zu den Sowjets nicht zugelassen würden."

Mit anderen Worten, die Sowjetorganisation hat vor dem allgemeinen Stimmrecht den Vorteil größerer Willkür voraus. Sie kann alle Organisationen aus ihrer Mitte ausschließen, die sie als gegnerische betrachtet. Sie „räumt allen Bürgern vollständig gleiche Rechte ein", aber „selbstverständlich" dürfen sie diese nur im Sinne der Sowjetregierung ausüben. Inzwischen hat man aber gefunden, daß es so nicht geht. Der letzte allrussische Kongreß der Sowjets, der am 12. Juli geschlossen wurde, hat eine Verfassung der russischen Sowjetrepublik ausgearbeitet. Diese setzt fest, daß nicht alle Angehörigen des russischen Reiches, sondern nur bestimmte Kategorien das Recht haben, Deputierte zu den Sowjets zu wählen.

Nur jene dürfen wählen, „die die Mittel zu ihrem Unterhalt durch produktive oder gemeinnützige Arbeit erwerben". Was aber ist „produktive und gemeinnützige Arbeit"? Das ist ein richtiger Kautschukbegriff. Nicht minder kautschukartig ist die Bestimmung über diejenigen, die vom Wahlrecht ausgeschlossen sind. Dazu gehören jene, „die Lohnarbeiter zum Zweck des Gewinnes beschäftigen". Ein Heimarbeiter oder Kleinmeister mit einem Gesellen mag ganz proletarisch leben und fühlen, er hat kein Wahlrecht. Noch mehr Proletarier dürften durch die Bestimmung rechtlos werden, die Privathändlern und Zwischenhändlern das Wahlrecht nimmt. Der Arbeiter, der arbeitslos wird und um sein Leben zu fristen, einen Grünkramladen aufmacht oder Zeitungen feilbietet, er verliert sein Wahlrecht.

Eine weitere Bestimmung schließt von diesem Recht jeden aus, der „arbeitsloses Einkommen hat, zum Beispiel Prozente von Kapital, Gewinne von Unternehmungen, Einnahmen von Vermögen". Wie groß das „arbeitslose Einkommen" sein muß, das den Verlust des Wahlrechtes nach sich zieht, wird nicht gesagt. Gehört dazu schon der Besitz eines Sparkassenbuches? Gar mancher Arbeiter, namentlich in kleineren Städten, besitzt ein Häuschen. Um sich über Wasser zu halten, nimmt er Untermieter auf. Gerät er dadurch in die Kategorie der Leute mit arbeitslosem Einkommen? Jüngst streikte in Petersburg die Obuchowsche Fabrik, „diese Hochburg der Revolution", wie Trotzky sie noch 1909 nannte. („Rußland in der Revolution", S. 83.) Ich fragte einen bolschewistischen Genossen, wie er diese Aktion des Protestes gegen die Sowjetregierung erkläre.

„Das ist sehr einfach", meinte er, „die Arbeiter dort sind alle Kapitalisten, jeder besitzt ein Häuschen."

Man sieht, wie wenig dazu gehört, um nach dem Wahlregiment der Sowjetrepublik zum Kapitalisten gestempelt zu werden und das Wahlrecht zu verlieren.

Das Kautschukartige der Begriffsbestimmungen des Wahlrechtes, die der weitesten Willkür die Tore öffnen, liegt nicht am Gesetzgeber, sondern am Gegenstand. Es wird nie gelingen, den Begriff des Proletariers juristisch eindeutig und präzis zu fassen.

Eine Bestimmung über Einsetzung einer bestimmten Stelle, die die Wahlberechtigung eines jeden prüft, Wählerlisten auflegt, sowie über das Wahlverfahren, ob es ein geheimes ist oder vielleicht öffentlich durch Händeaufheben erfolgt, habe ich nicht gefunden. Der § 70 bestimmt: „Die genaue Wahlordnung ..... wird von den lokalen

Sowjets entsprechend den Instruktionen des allrussischen Zentralkomitees bestimmt."

Lenin führte in einer Rede vom 28. April über den sozialistischen Charakter der Sowjets unter anderem folgendes aus: 1. Wähler sind nur die arbeitenden und ausgebeuteten Massen; die Bourgeoisie ist ausgeschlossen. 2. Jedwede bürokratische Formalität und Beschränkung der Wahlen fällt fort. Die Massen selbst bestimmen die Ordnung und die Termine der Wahlen."

Es scheint also, als könne jede Wahlversammlung das Wahlverfahren nach ihrem Belieben einrichten. Die Willkür und die Möglichkeit, sich unbequemer oppositioneller Elemente innerhalb des Proletariats selbst zu entledigen, würde dadurch aufs höchste gesteigert.

Daß die Wahl zu den überlokalen Sowjets eine indirekte ist, was ebenfalls die Wahlbeeinflussung zuungunsten einer Opposition erleichtert, sei nur nebenbei bemerkt.

Indes ließ sich bisher doch nicht verhindern, daß auch die Opposition in den Sowjets zu Worte kam.

Der „schmerzlose Uebergang" zum Sozialismus erheischt aber offenbar das Verstummen einer jeden Opposition und Kritik. So wurde denn am 14. Juni d. J. vom allrussischen Zentralexekutivkomitee der Beschluß gefaßt:

> „Die Vertreter der sozialrevolutionären Partei (des rechten Flügels und des Zentrums) und der Menschewiki werden ausgeschlossen, zugleich wird allen Sowjets der Arbeiter-, Soldaten-, Bauern- und Kosakendeputierten vorgeschlagen, die Vertreter dieser Fraktion aus ihrer Mitte zu entfernen."

Diese Maßregel richtet sich nicht etwa gegen bestimmte Personen, die bestimmte strafbare Handlungen begangen haben. Wem solche gegen das herrschende Regime vorgeworfen werden, der wird ja ohneweiters verhaftet, den braucht man nicht auszuschließen. Von einer Immunität der Abgeordneten zum Sowjet ist in der Verfassung der Sowjetrepublik keine Rede. Nicht bestimmte P e r s o n e n, sondern bestimmte P a r t e i e n werden hier von den Sowjets ausgeschlossen. Das bedeutet aber praktisch nichts anderes, als daß alle Proletarier, die auf dem Boden jener Parteien stehen, ihr Stimmrecht verlieren. Ihre Stimmen zählen nicht mehr. Eine bestimmte Grenze dafür gibt es nicht. Der § 23 der Verfassung der Sowjetrepublik bestimmt: „Im Interesse der Arbeiterklasse als Ganzes entzieht die Russische Sozialistische Föderative Sowjetrepublik einzelnen Personen und ganzen Gruppen Rechte, die sie zum Schaden der sozialistischen Revolution mißbrauchen."

Damit ist die ganze Opposition für vogelfrei erklärt. Denn jede Regierung, auch die revolutionäre, findet, daß die Opposition ihre Rechte mißbraucht. Doch auch das genügte noch nicht, den schmerzlosen Uebergang zum Sozialismus zu sichern. Kaum waren die Bolschewiki die Opposition der Menschewiki und des Zentrums sowie des rechten Flügels der Sozialrevolutionäre innerhalb der Sowjets losgeworden, da entbrannte der große Kampf zwischen ihnen und den linken Sozialrevolutionären, mit denen zusammen sie die Regierung gebildet hatten. Nun wurden auch diese zum großen Teil aus den Sowjets hinausgedrängt.

So verengt sich innerhalb des Proletariats selbst der Kreis derjenigen immer mehr, die an den politischen Rechten teilnehmen, auf die das bolschewistische Regime sich stützt. Ausgehend von dem Anspruch, die Diktatur des Proletariats darzustellen, war es von vornherein die Diktatur einer Partei innerhalb des Proletariats. Doch mochte es eine Zeitlang die Diktatur der Mehrheit des Proletariats über die Minderheit darstellen. Heute ist selbst das zweifelhaft geworden.

Dabei hat jedoch ein jedes Regime, auch das diktatorischeste, das Bedürfnis, als der Ausdruck der Bedürfnisse der Mehrheit, und zwar nicht bloß des Proletariats, sondern des gesamten Volkes zu erscheinen. Auch die Bolschewiki können sich dem nicht entziehen.

Der Pariser „Populaire" vom 6.. Juli berichtet über eine Besprechung, die Longuet mit dem Londoner Botschafter der Sowjetrepublik, Litwinoff, hatte. Longuet bemerkte unter anderem:

> „Sie wissen, Bürger Litwinoff, daß selbst jene Genossen des Westens, die für Ihre Bewegung die stärksten Sympathien hegen, durch die Auflösung der Konstituante verletzt wurden. Ich habe Ihnen das für meinen Teil schon im Jänner gesagt, als ich Sie das letztemal sah. Glauben Sie nicht, daß Sie, um den Angriffen zu begegnen, die man gegen Sie unternimmt, auf jeden Fall Neuwahlen (zur Konstituante) herbeiführen sollten?"

Darauf erwiderte Litwinoff:

> „Das ist augenblicklich unmöglich angesichts der gegebenen Situation. Die in der Form der Sowjets ausgedrückte Demokratie — ein genauer Ausdruck des Willens der Massen — ist die einzige Form der Repräsentation, die augenblicklich Rußland entspricht. Uebrigens würden diejenigen, die Protest gegen die letzten Sowjetwahlen eingelegt haben, die für sie vernichtend waren, auch die Wahlen für eine neue Konstituante anfechten, *bei denen wir sicher die Mehrheit hätten.*"

Wenn Genosse Litwinoff und seine Freunde dessen so sicher sind, warum lassen sie es nicht darauf ankommen, daß die Wahlen beanstandet werden?

Wenn diese sich in voller Freiheit vollziehen und eine bolschewistische Mehrheit ergeben, wird die bestehende Regierung eine weit stärkere moralische Basis gewinnen im Inland wie im Ausland, wie sie als Sowjetregierung bei den heutigen Wahl- und Regierungsmethoden je gewinnen kann. Vor allem der sozialistischen Kritik wäre jeder Einwand entzogen, die gesamte Internationale des kämpfenden Proletariats würde sich einmütig und mit voller Macht hinter sie stellen.

Warum auf diesen enormen Gewinn verzichten, wenn man der Mehrheit so sicher ist? Weil das allgemeine Wahlrecht augenblicklich für Rußland nicht paßt und nur die Sowjetorganisation seinen Bedürfnissen entspricht? Aber womit wird diese Behauptung bewiesen? Verständlich wird sie allerdings dann, wenn man sich dessen erinnert, daß jede Regierung es liebt, sich mit dem Land zu identifizieren und zu erklären, das, was für sie nicht paßt, passe auch für das Land nicht.

Eines allerdings ist zuzugeben. Die heutige Situation ist der Vornahme von Wahlen zu einer Konstituante nicht günstig. Zu der Zeit, als die Wahlen zur ersten Konstituante vorbereitet und vollzogen wurden, herrschte noch einigermaßen Ruhe im Innern. Heute wird ganz Rußland von Bürgerkriegen zerrissen. Soll aber dies Ergebnis von neun Monaten Sowjetrepublik den Beweis liefern, daß die Sowjetorganisation die für Rußland passendste und diejenige ist, die den Uebergang zum Sozialismus am schmerzlosesten herbeiführt?

8. Der Anschauungsunterricht.

Den hier erörterten Schädlichkeiten der diktatorischen Methode sollen nun auch Vorzüge gegenüberstehen: Sie liefere einen glänzenden Anschauungsunterricht, und selbst, wenn sie sich nicht behaupte, vermöge sie vieles im Sinne des Proletariats durchzusetzen, was sich nicht mehr rückgängig machen ließe.

Betrachten wir zunächst den Anschauungsunterricht. Dieses Argument entspringt offenbar folgender Erwägung: In der Demokratie, in der die Mehrheit des Volkes herrscht, kann der Sozialismus erst zur Durchführung gelangen, wenn die Mehrheit für ihn gewonnen ist. Ein langer und mühseliger Weg. Weit schneller kommen wir zum Ziel, wenn eine energische, zielbewußte Minderheit sich der Staatsgewalt bemächtigt und sie zur Durchführung sozialistischer Maßnahmen benützt. Ihre Erfolge würden sofort überzeugend wirken und die Mehrheit, die bisher widerstrebte, rasch zum Sozialismus bekehren.

Das klingt sehr bestechend und klang schon so im Munde des alten Weitling. Es hat nur den einen Fehler, daß es gerade das voraussetzt, was bewiesen werden soll. Die Gegner der diktatorischen Methode bestreiten eben, daß eine sozialistische Produktion von einer Minderheit ohne Mitwirkung der großen Volksmasse durchzuführen sei. Mißlingt aber der Versuch, so bietet er freilich auch einen Anschauungsunterricht, jedoch einen in entgegengesetzter Richtung, nicht einen anziehenden, sondern einen abschreckenden.

Leute, die sich durch einen solchen Unterricht bestimmen lassen und nicht durch ihr Erforschen und Prüfen der sozialen Zusammenhänge, die gedankenlosen Anbeter des bloßen Erfolges, werden bei einem Scheitern des Versuches nicht untersuchen, aus welchen Ursachen er nicht gelang. Sie werden nicht in der Ungunst oder der Unreife der Verhältnisse den Grund suchen, sondern im Sozialismus selbst, und werden schließen, er tauge überhaupt nichts.

Man sieht, der Anschauungsunterricht hat eine sehr brenzliche Seite.

Wie haben wir ihn uns vorzustellen?

Den Inhalt des Sozialismus können wir populär in die Worte zusammenfassen: Freiheit und Brot für alle. Das ist es, was die Massen von ihm erwarten, weshalb sie für ihn eintreten. Die Freiheit ist nicht minder wichtig wie das Brot. Auch wohlhabende, selbst reiche Klassen haben für ihre Freiheit gekämpft, sich nicht selten die schwersten Opfer an Gut und Blut für ihre Gesinnung auferlegt. Das Bedürfnis nach Freiheit, nach Selbstbestimmung liegt im Menschen ebenso von Natur aus, wie das nach Nahrung.

Bisher bot die Sozialdemokratie den Volksmassen den Anschauungsunterricht, daß sie der unentwegteste Verfechter der Freiheit aller Unterdrückten war, nicht bloß der Lohnarbeiter, sondern auch der Frauen, der verfolgten Religionen und Rassen, der Juden, Neger und Chinesen u. s. w. Durch diesen Anschauungsunterricht hat sie Anhänger geworben weit über den Kreis der Lohnarbeiter hinaus.

Nun soll, sobald die Sozialdemokratie zur Macht gelangt, dieser Anschauungsunterricht durch den entgegengesetzten verdrängt werden. Ihre ersten Taten sollen in der Aufhebung des allgemeinen Wahlrechts und der Preßfreiheit bestehen, in der Entrechtung breiter Volksmassen, denn darum, darauf muß immer wieder hingewiesen werden, handelt es sich bei der Ersetzung der Demokratie durch die Diktatur. Um den politischen Einfluß der oberen Zehntausend zu brechen, bedarf es nicht ihrer Ausschließung vom Wahlrecht. Diesen Einfluß üben sie nicht durch ihre persönliche Stimmenabgabe.

Alle die Kleinhändler, Handwerker, die mittleren und größeren Bauern, der größte Teil der Intellektuellen werden, sobald die Diktatur des Proletariats sie entrechtet, durch diese Art Anschauungsunterricht geradezu in Feinde des Sozialismus verwandelt, auch soweit sie es nicht von vornherein sind. Ebenso werden zu Feinden der proletarischen Diktatur alle jene, die dem Sozialismus aus dem Grunde anhingen, weil er für die Freiheit aller kämpfte.

Gewonnen werden kann dadurch niemand, der nicht schon bisher Sozialist war. Es können nur die Feinde des Sozialismus vermehrt werden.

Aber freilich, er verheißt ja nicht bloß Freiheit, sondern auch Brot. Das soll diejenigen versöhnen, denen die kommunistische Diktatur die Freiheit nimmt.

Es sind nicht die besten Massen, die für Brot und Spiele den Verlust der Freiheit verschmerzen. Aber zweifellos würde materieller Wohlstand viele dem Kommunismus zuführen, die ihm zweifelnd gegenüberstanden oder ihm durch seine Entrechtungspolitik entfremdet worden sind. Nur muß dieser Wohlstand auch wirklich kommen, und zwar rasch, nicht als Verheißung der Zukunft, wenn er die Wirkungen des Anschauungsunterrichtes üben soll.

Wodurch soll dieser Wohlstand erzielt werden? Die Notwendigkeit der Diktatur setzt voraus, daß eine Minderheit der Bevölkerung sich der Staatsgewalt bemächtigt hat. Eine Minderheit, bestehend aus Besitzlosen. Die große Waffe der Proletarier ist aber ihre Zahl, in normalen Zeiten können sie nur dadurch wirken, können sie die Staatsgewalt nur erobern, wenn sie die Ueberzahl bilden. Als Minderheit werden sie ans Staatsruder nur gelangen durch ein Zusammentreffen außergewöhnlicher Umstände, durch Katastrophen, in denen eine Staatsgewalt zusammenbricht, die den Staat verkommen ließ und ihn verelendete.

Der Sozialismus, das heißt allgemeiner Wohlstand innerhalb der modernen Kultur, wird nur möglich durch die gewaltige Entfaltung der Produktivkräfte, die der Kapitalismus mit sich bringt, durch die enormen Reichtümer, die er schafft und die sich in den Händen der kapitalistischen Klasse konzentrieren. Ein Staatswesen, das diese Reichtümer durch eine unsinnige Politik, etwa einen erfolglosen Krieg, vergeudet hat, bietet von vornherein keinen günstigen Ausgangspunkt für die rascheste Verbreitung von Wohlstand in allen Schichten.

Wenn als Erbe der bankrotten Staatsgewalt nicht ein demokratisches, sondern diktatorisches Regime auftritt, verschlimmert es noch die Situation, da es den Bürgerkrieg zur notwendigen Folge hat. Was da an materiellen Mitteln noch übrig bleibt, wird durch die Anarchie verwüstet.

Endlich bedeutet Wohlstand für alle ununterbrochenen Fortgang der Produktion. Die Zerstörung des Kapitalismus ist noch nicht Sozialismus. Wo kapitalistische Produktion nicht sofort in sozialistische übergeführt werden kann, muß jene weiterbestehen, sonst wird der Produktionsprozeß unterbrochen und damit das Massenelend produziert, das der moderne Proletarier als allgemeine Arbeitslosigkeit so sehr fürchtet.

Nur wo das Proletariat eine Schulung in genossenschaftlicher, gewerkschaftlicher, städtischer Selbstverwaltung und in Anteilnahme an staatlicher Gesetzgebung und Regierungskontrolle durchgemacht hat und zahlreiche Intellektuelle bereit sind, der sozialistischen Produktion ihre Dienste zu leihen, vermag diese sofort ohne Störungen den Kapitalismus überall dort zu ersetzen, wo unter den neuen Verhältnissen kapitalistische Produktion unmöglich wird.

In einem Lande, das ökonomisch noch so wenig entwickelt ist, daß das Proletariat nur eine Minderheit bildet, ist diese Reife des Proletariats nicht zu erwarten.

Es ist also von vornherein anzunehmen, daß überall dort, wo das Proletariat sich an der Staatsmacht nur behaupten kann durch die Diktatur im Gegensatz zur Demokratie, die Schwierigkeiten, die sich dem Sozialismus entgegenstellen, so groß sind, daß es geradezu ausgeschlossen erscheint, die Diktatur könne rasch allgemeinen Wohlstand bringen und auf diese Weise die durch sie politisch entrechteten Volksmassen mit dem Gewaltregime versöhnen.

In der Tat sehen wir, daß die Sowjetrepublik nach neun Monaten des Bestehens statt allgemeinen Wohlstand zu verbreiten, sich gezwungen fühlte, zu erklären, woher der allgemeine Notstand herrühre.

Wir haben vor uns liegen „Thesen über die sozialistische Revolution und die Aufgaben des Proletariats während seiner Diktatur in Rußland", die von bolschewistischer Seite herrühren. Ein Abschnitt behandelt: „Die Schwierigkeit der Lage." Da heißt es als 28. These:

> 28. Das Proletariat führt die organische positive Arbeit unter den größten Schwierigkeiten aus. Die Schwierigkeiten innerer Natur sind: Abnutzung und ungeheure Erschöpfung der Volkswirtschaft, sogar ihre Auflösung infolge des Krieges; die Politik der Kapitalistenklasse vor der Oktoberrevolution (die bewußte Politik der Desorganisation, um nach der „Anarchie" bürgerlich-diktatorische „Ordnung" zu schaffen); die allgemeine Sabotage der Bourgeoisie und der Intelligenz nach der Oktoberrevolution; die permanenten gegenrevolutionären bewaffneten und unbewaffneten Aufstände der gewesenen Offiziere, der Generäle, der Bourgeoisie; Mangel an technischen Kräften und an Schulung der Arbeiterklasse selbst*); Mangel organisatorischer Erfahrung; das Vorhandensein von großen Schichten des Kleinbürgertums, das eine desorganisatorische Klasse par excellence ist u. s. w."

Das alles ist sehr richtig. Bezeugt es aber etwas anderes als die Unreife der Verhältnisse? Und beweist es nicht schlagend, daß an einem „Anschauungsunterricht" im Sinne des Sozialismus unter diesen Umständen im jetzigen Rußland nicht zu denken ist? Ein famoser Anschauungsunterricht, der theoretische Auseinandersetzungen darüber notwendig macht, warum das, was gezeigt werden soll

*) Im Original gesperrt.

augenblicklich noch nicht sichtbar zu machen ist. Sollen dadurch diejenigen bekehrt werden, die dem Sozialismus bisher widerstrebten und die nur durch praktische Erfolge zu überzeugen sind?

Natürlich kann ein jedes neue Regime auf unerwartete Schwierigkeiten stoßen. Man täte Unrecht, sie von vornherein diesem Regime zur Last zu legen und sich dadurch ohne nähere Prüfung der Sachlage entmutigen zu lassen. Aber soll man trotz der Schwierigkeiten ausharren, dann muß man vorher schon eine starke Ueberzeugung der Richtigkeit und Notwendigkeit dieses Regimes gewonnen haben. Nur dann wird man sich an ihm nicht irremachen lassen. Die Erfolgsanbeter sind stets unsichere Kantonisten.

So kommen wir auch hier wieder auf die Demokratie zurück, die uns zwingt, danach zu streben, daß wir die Massen durch intensivste Propaganda aufklären und überzeugen, ehe wir an die Durchführung des Sozialismus herangehen. Wir müssen auch hier wieder die Methode der Diktatur ablehnen, die an Stelle der Ueberzeugung den Anschauungsunterricht der Gewalt setzt.

Damit soll nicht gesagt sein, daß der Anschauungsunterricht bei der Verwirklichung des Sozialismus nichts zu leisten vermöge. Im Gegenteil, er kann und wird dabei eine große Rolle spielen, aber nicht durch Vermittlung einer Diktatur.

Die verschiedenen Staaten der Welt stehen auf sehr verschiedenen Stufen ökonomischer und politischer Entwicklung. Je kapitalistischer ein Staat auf der einen Seite, je demokratischer auf der anderen Seite, desto näher steht er dem Sozialismus. Je mehr seine kapitalistische Industrie entwickelt ist, desto höher seine Produktivkräfte, desto größer sein Reichtum, desto gesellschaftlicher die Arbeit, desto zahlreicher sein Proletariat. Und je demokratischer ein Staat, desto besser organisiert und geschult ist sein Proletariat. Die Demokratie hemmt mitunter sein revolutionäres Denken, ist aber das unentbehrliche Mittel, ihm jene Reife zu erleichtern, deren es bedarf zur Gewinnung der politischen Macht und zur Durchführung der sozialen Revolution. In keinem Lande bleiben Konflikte aus zwischen dem Proletariat und den herrschenden Klassen, aber je vorgeschrittener kapitalistisch und demokratisch ein Land, desto größer die Aussicht für das Proletariat, in einem solchen Konflikt, nicht bloß vorübergehend zu siegen, sondern den Sieg auch zu behaupten.

Wo ein Proletariat unter solchen Bedingungen an das Staatsruder gelangt, wird es ausreichend materielle und ideelle Machtmittel vorfinden, um sofort der ökonomischen Entwicklung die Richtung zum Sozialismus zu geben und sofort den allgemeinen Wohlstand zu vermehren.

Das gibt dann einen wahrhaften Anschauungsunterricht für die ökonomisch und politisch rückständigen Länder. Die Masse ihrer Proletarier wird nun einmütig Maßnahmen in gleichem Sinne verlangen, aber auch alle anderen Schichten der ärmeren Klassen, sowie zahlreiche Intellektuelle werden verlangen, daß der Staat den gleichen Weg zum Wohlstand aller einschlage. So wird durch den Anschauungsunterricht des vorgeschrittenen Landes die Sache des Sozialismus auch in Ländern unwiderstehlich werden, die heute noch nicht so weit sind, daß ihr Proletariat aus eigener Kraft allein die Staatsmacht zu erobern und den Sozialismus durchzuführen vermöchte.

Und wir brauchen diesen Zeitpunkt nicht in eine ferne Zukunft zu verlegen. In einer Reihe von Industriestaaten scheinen bereits die materiellen und ideellen Vorbedingungen des Sozialismus in ausreichendem Maße vorhanden zu sein. Die Frage der politischen Herrschaft des Proletariats ist bloß noch eine Frage der Macht, vor allem der Geschlossenheit des Proletariats zu entschlossenem Klassenkampf. Aber Rußland gehört nicht zu diesen führenden Industriestaaten. Was sich dort jetzt abspielt, ist tatsächlich die letzte der bürgerlichen, nicht die erste der sozialistischen Revolutionen. Das zeigt sich immer deutlicher. Nur dann hätte seine jetzige Revolution sozialistischen Charakter annehmen können, wenn sie mit einer westeuropäischen sozialistischen Revolution zusammenfiel.

Daß durch einen derartigen Anschauungsunterricht der höher entwickelten Nationen der Gang der sozialen Entwicklung beschleunigt werden kann, darauf wies schon Marx im Vorwort zur ersten Auflage seines „Kapital" hin:

> „Eine Nation soll und kann von der anderen lernen. Auch wenn eine Gesellschaft dem Naturgesetz ihrer Bewegung auf die Spur gekommen ist... kann sie naturgemäß Entwicklungsphasen weder überspringen noch wegdekretieren. Aber sie kann die Geburtswehen abkürzen und mildern."

Unsere bolschewistischen Freunde scheinen diesen Satz trotz ihrer zahlreichen Berufungen auf Marx ganz vergessen zu haben, denn die Diktatur des Proletariats, die sie predigen und üben, ist nichts als ein grandioser Versuch, naturgemäße Entwicklungsphasen zu überspringen und wegzudekretieren. Sie meinen, das sei die schmerzloseste Methode, den Sozialismus zu gebären, seine „Geburtswehen abzukürzen und zu mildern". Aber wenn man im Bilde bleiben will, dann gemahnt uns ihre Praxis mehr an eine schwangere Frau, die die tollsten Sprünge vollführt, um die Dauer ihrer Schwangerschaft, die sie ungeduldig macht, abzukürzen und eine Frühgeburt herbeizuführen.

Das Produkt eines solchen Verfahrens ist in der Regel kein lebensfähiges Kind.

Marx spricht hier von dem Anschauungsunterricht, den eine Nation der anderen erteilen kann. Für den Sozialismus kommt jedoch noch eine andere Art Anschauungsunterricht in Betracht, diejenige, die eine höher entwickelte Betriebsform für rückständige erteilen kann.

Wohl trachtet die kapitalistische Konkurrenz überall danach, die rückständigen Betriebe auszurotten, aber das ist unter kapitalistischen Bedingungen ein so qualvoller Prozeß, daß die von ihm Bedrohten ihn mit allen Mitteln abzuwehren suchen. Die sozialistische Produktionsweise wird daher noch eine Menge Betriebe vorfinden, die technisch überlebt sind. Namentlich in der Landwirtschaft, wo der Großbetrieb nur geringe Fortschritte macht, stellenweise sogar zurückgeht.

Sozialistische Produktion läßt sich aber nur auf der Grundlage des Großbetriebes entwickeln. Die sozialistische Landwirtschaft wird sich zunächst auf die Vergesellschaftung der Großbetriebe, die sie vorfindet, beschränken müssen. Erzielt sie dabei gute Resultate, wie zu erwarten ist, wenn sie an Stelle der Lohnarbeit, die in der Landwirtschaft nur unzureichende Resultate erzielt, die Arbeit freier vergesellschafteter Menschen setzt, gestalten sich die Verhältnisse der Arbeiter in den sozialistischen Großbetrieben günstiger, als die der kleinen Bauern, dann darf man mit Bestimmtheit erwarten, daß diese massenweise freiwillig zur neuen Produktionsweise übergehen, wenn die Gesellschaft ihnen die dazu nötigen Mittel liefert. Früher nicht. In der Landwirtschaft arbeitet der Kapitalismus dem Sozialismus nur ungenügend vor. Und es ist ganz aussichtslos, bäuerliche Besitzer theoretisch von den Vorzügen des Sozialismus überzeugen zu wollen. Bei der Sozialisierung der bäuerlichen Landwirtschaft kann nur der Anschauungsunterricht helfen. Dieser setzt jedoch eine gewisse Ausdehnung landwirtschaftlicher Großbetriebe voraus. Der Anschauungsunterricht wird um so rascher und gründlicher wirken, je ausgedehnter der Großbetrieb im Lande.

Das Ziel der kleinbürgerlichen Demokraten, das von den Sozialdemokraten Davidscher Färbung aufgenommen und womöglich noch schärfer ausgeprägt wird: die Vernichtung jeglichen landwirtschaftlichen Großbetriebes und seine Aufteilung in Zwergbetriebe, es wirkt dem Sozialismus in der Landwirtschaft und damit in der Gesellschaft überhaupt aufs stärkste entgegen.

Das auffallendste Merkmal der jetzigen russischen Revolution ist ihre Arbeit im Sinne von Eduard David. Er und nicht Lenin gibt dort die eigentliche Richtung der Revolution an.

Das ist der sozialistische Anschauungsunterricht, den sie erteilt. Er bezeugt ihren in Wahrheit bürgerlichen Charakter.

9. Die Hinterlassenschaft der Diktatur.

a) Die Landwirtschaft.

Die Diktatur soll nicht nur den besten Anschauungsunterricht für die sozialistische Propaganda liefern, sondern auch den Weg zum Sozialismus durch ihre Taten selbst in dem Falle abkürzen, daß sie sich nicht zu behaupten vermag und zusammenbricht, ehe sie ihr Ziel erreicht hat. Sie wird, so erwarten ihre Anhänger, vieles hinterlassen, was sich nicht wieder beseitigen, vieles aus dem Wege geräumt haben, was sich nicht wieder aufbauen läßt.

Auch diese Auffassung, wie so manche andere, fußt auf der Beobachtung der großen französischen Revolution, der bürgerlichen Revolution, in deren Bann immer noch jene stehen, die alles, was ihnen nicht paßt, als „bürgerlich“ brandmarken und verwerfen, denen die Demokratie nur ein bürgerliches Vorurteil ist.

Die Beobachtung ist richtig, aber die Schlüsse, die aus ihr zu ziehen, sind andere als die der Verfechter der Diktatur. Diese vermag manches radikaler zu besorgen als die Demokratie, aber was dabei herauskommt, ist gerade nicht immer das, was die Diktatoren wollten. So hoch diese über allen anderen Gewalten im Staate stehen mögen, von einer bleiben sie stets abhängig: von den materiellen Grundlagen der Gesellschaft. Diese Grundlagen, und nicht der Wille der Diktatoren, entscheiden darüber, welches schließlich die sozialen Wirkungen der Diktatur sein werden.

Die stärkste Triebkraft der Schreckensherrschaft in der französischen Revolution waren die Proletarier und die halbproletarischen Kleinbürger von Paris. Was sie wollten, war die Ausgleichung der Vermögen, die Zerstörung der großen Vermögen. Das ist ihnen auch vielfach gelungen. Aber sie zerstörten nur weit gründlicher, als es anderswo in Europa geschehen ist, die feudalen Ueberreste und ebneten damit am wirksamsten den Weg für das Aufkommen der neuen kapitalistischen großen Vermögen, die auch sofort nach dem Sturze der Schreckensherrschaft wie Pilze in die Höhe schossen. Das und nicht etwa die ökonomische Gleichheit war die Hinterlassenschaft jener Diktatur der Gleichmacher.

Um zu erfahren, welches die ökonomische Erbschaft der jetzigen Diktatur der Sowjets sein wird, müssen wir ebenfalls nicht bloß deren Absichten und Wünsche und Maßregeln in Betracht ziehen, sondern die ökonomische Struktur des Reiches. Sie ist entscheidend.

Diese Untersuchung mag manchem als langweilige Schulmeisterei erscheinen, die nicht zu vereinbaren sei mit dem revolutionären Feuer, das in einem Marx loderte. Niemand kann mit Bestimmtheit sagen, was Marx in der jetzigen Situation gedacht und getan hätte. Sicher aber erweist sich jene langweilige Schulmeisterei als das einzige Verfahren, das vereinbar ist mit dem historischen Materialismus, dessen Begründung zu den unvergänglichsten Verdiensten von Karl Marx gehört. Einen Menschen, der glaubte, bei Fragen der Erkenntnis stehe der bloße Enthusiasmus höher als die Sachkunde, hätte Marx als leeren Phraseur beiseite geschoben.

Die ökonomische Grundlage Rußlands ist heute noch die Landwirtschaft, und zwar der bäuerliche Kleinbetrieb. Von ihm leben etwa vier Fünftel, vielleicht sogar fünf Sechstel seiner Bewohner. Im Jahre 1913 berechnete man in Rußland (ohne Finnland) die städtische Bevölkerung auf 24 Millionen und die auf dem Lande wohnende auf 147 Millionen. Die ungeheure Mehrzahl der letzteren sind Bauern. An diesem Verhältnis hat sich durch die Revolution nichts geändert. Es hat sich in dem letzten Jahre eher noch verstärkt. Zahlreiche Arbeiter sind auf das Land zurückgewandert. In den Städten hat der Hunger viel ärger gewütet wie bei den Bauern.

Bis zur Revolution lebte der Bauer unter einem halbfeudalen Drucke. Wohl hatte die Reform von 1861 die Leibeigenschaft aufgehoben, den Bauern zu einem formell freien Manne gemacht. Aber sie war nicht das Werk einer Revolution, sondern das Werk eines patriarchalischen Absolutismus, der väterlich dafür sorgte, daß die großen Grundbesitzer bei der Reform nichts verloren, eher gewannen. Der Bauer mußte seine Freiheit mit dem Verlust eines Teiles des Bodens bezahlen, den er bis zur Reform benutzt hatte, und mußte den Boden, der ihm zugewiesen wurde, teuer bezahlen. Wohl war der durchschnittliche Umfang einer Bauernwirtschaft größer als in Westeuropa. In Rußland machten vor der Revolution die Wirtschaften mit weniger als 5 Deßjatinen (5 Hektar) nur 10·6 Prozent aller Bauernwirtschaften aus, in Frankreich dagegen die Wirtschaften von 5 und weniger Hektar 71·4 und in Deutschland 76·5 Prozent (Maßloff: „Die Agrarfrage in Rußland", Stuttgart 1907, Seite 19). Aber die russische Landwirtschaft ist so rückständig durch Unwissenheit des Bauern, primitive Technik, Mangel an Vieh und Dünger, daß sie weit weniger produziert als in Westeuropa. In Frankreich beträgt der Ertrag an Weizen per Deßjatine 70·5 Pud (1 Pud = 16·38 Kilogramm), in Deutschland 77 Pud, in Rußland dagegen bloß 28·2 Pud (Maßloff, Seite 20).

Der Bauer war daher nach seiner Befreiung bald materiell in schlechterer Lage als vorher. Er verarmte, sein Betrieb ging nicht vorwärts, sondern eher zurück. Um nicht zu verhungern, mußte er von Großgrundbesitzern Landstücke pachten oder auf dem Boden, den dieser Besitzer selbst im Großbetrieb bewirtschaftete, Lohnarbeit leisten.

Meist sah er sich gezwungen, Vorschüsse für seine zu leistende Arbeit aufzunehmen, wodurch er in eine Schuldknechtschaft geriet, die oft viel drückender und hoffnungsloser war als die frühere Leibeigenschaft.

Die Sache wurde nicht besser dadurch, daß nun die Produktion des Bauern für den Markt, den inneren wie den äußeren, aufkam. Er bekam damit Geld in die Hand und die Möglichkeit, Geld zu sparen. Das ließ sich aber nur erreichen auf Kosten der Ernährung des Bauern. Ehedem hatte er den größten Teil seiner Produkte selbst verzehrt, weil er keinen Absatz dafür hatte. Nun fand er Absatz, nun verkaufte er so viel als möglich, behielt so wenig als möglich zurück. So wurde jedes Mißjahr zu einem Hungerjahr. Soweit der Bauer dabei Geld sparen konnte, verwendete er es nicht, um seinen Betrieb zu verbessern, sondern um mehr Land zu erwerben.

In der Zeit von 1863 bis 1892 wurden im europäischen Rußland landwirtschaftliche Grundstücke

	gekauft	verkauft
	Millionen Rubel	
von Adeligen	821	1459
„ Kaufleuten	318	135
„ Bauern	335	93

Das Land der Adeligen nahm also ab, das der Bauern wuchs neben dem der städtischen Bourgeoisie. Noch rascher aber wuchs die Landbevölkerung und so nahm die Bodenfläche, die durchschnittlich auf einen Bauern kam, ab, trotzdem das gesamte bäuerliche Areal etwas zunahm. Gleichzeitig verschwand unter der Einwirkung der Geldwirtschaft, der die Gesetzgebung nachhalf, immer mehr der Dorfkommunismus, der von Zeit zu Zeit eine gewisse Ausgleichung der Bodenanteile der einzelnen Bauern herbeigeführt hatte. Einzelne wurden wohlhabend, um so mehr verarmten die anderen. Beide aber, wohlhabende wie arme Bauern, sahen immer gieriger nach dem Lande des großen Grundbesitzers, von dem sie ihre Rettung erwarteten. Der Umsturz der Eigentumsverhältnisse auf dem Lande war ihr Sehnen, sie wurden eine revolutionäre Klasse. Ihr Sehnen fand Ausdruck und Gestaltung durch die revolutionäre Intelligenz der Städte. Die Sozialisten Rußlands waren sich einig darüber, daß eine Revolution des Grundbesitzes für Rußland ebenso unerläßlich sei, wie ein Umsturz des zaristischen Absolutismus. Doch bildeten sich unter den Sozialisten zwei Richtungen. Die einen meinten, der primitive Dorfkommunismus befähige den Bauern und damit ganz Rußland, sofort in den Sozialismus hineinzuspringen, freilich in einen ganz eigenartigen. Diese Richtung nahm verschiedene Formen an, schließlich die der Sozialrevolutionäre. Ihnen standen die Marxisten gegenüber, die den Grundsatz verfochten, daß Rußland ebenso wenig wie ein anderes Land „naturgemäße Entwicklungsphasen überspringen oder wegdekretieren könne", daß die kommende Revolution nur die Reste des Feudalismus wegräumen und die kapitalistische Entwicklung beschleunigen könne, auf Grund deren ein durch die neu gewonnene Demokratie geschultes Proletariat heranreife, das dann, auf gleicher Höhe mit dem Proletariat Westeuropas, gleichzeitig mit diesem den Sozialismus zu erringen vermöge.

Alle Sozialisten ohne Unterschied der Richtung waren sich aber darin einig, die Bauernschaft in ihrem Streben nach Beseitigung der Reste des Feudalismus zu unterstützen. Das kam den Bauern deutlich zum Bewußtsein in der Revolution 1905. Von da an hat das Zusammenwirken der Bauern mit den Sozialisten, namentlich durch Vermittlung der Sozialrevolutionäre immer engere Formen angenommen. So erstand nach der Revolution von 1917 die Organisation der Sowjets als eine nicht bloß proletarische, sondern auch bäuerliche.

Der Großgrundbesitz wurde durch die Revolution unhaltbar. Das trat sofort klar zutage. Ihn der bäuerlichen Bevölkerung zu übergeben, wurde unvermeidlich. Indes war man keineswegs einig darüber, in welchen Formen das geschehen sollte. Verschiedene Lösungen waren denkbar. Vom sozialistischen Standpunkt die rationellste wäre die gewesen, die Großbetriebe in Staatsbesitz zu übernehmen und durch die Bauern, die auf ihnen bisher als Lohnarbeiter tätig gewesen waren, nun in genossenschaftlichen Formen bearbeiten zu lassen. Indessen setzt diese Lösung eine Landarbeiterschaft voraus, wie sie Rußland nicht besitzt. Eine andere Lösung hätte dahingehen können, daß der Großgrundbesitz in Staatseigentum überging, jedoch in kleine Güter verteilt wurde, die von den landarmen Bauern in Pacht genommen wurden. Da wäre noch etwas von Sozialismus dabei verwirklicht worden.

Aber der Kleinbetrieb trachtet, wo er nur kann, nach dem vollen Privateigentum an seinen Produktionsmitteln. Diesen Charakter hat er bisher noch überall gezeigt und der russische Bauer macht keine Ausnahme trotz der Traditionen des Dorfkommunismus. Die Zerschlagung der großen Güter und ihre Aufteilung, das war sein Programm und er war stark genug, es durchzusetzen. Niemand konnte ihn hindern.

Indes wäre es im Interesse der Bauernschaft selbst wünschenswert gewesen, daß die Aufteilung systematisch betrieben wurde, daß das Land denjenigen gegeben wurde, die es am nötigsten brauchten, die es aber auch benützen konnten. Nur eine Autorität gab es, die eine solche systematische Aufteilung hätte durchsetzen können: Die Konstituante, die Vertreterin des Gesamtwillens der Nation, die große Mehrheit der Bauern inbegriffen.

Doch diese ließ zu lange auf sich warten, die Bauern fingen überall an, zur Selbsthilfe zu greifen, wobei viele wertvolle Produktionsmittel zerstört wurden. Die Sowjetorganisation beseitigte dann jede Aussicht auf Regelung der Agrarfrage durch die Konstituante und überließ es den Bauern eines jeden Rayons, mit dem Boden des großen Grundbesitzes anzufangen, was sie wollten und nach ihrem Belieben die Teilung vorzunehmen. Einer der ersten Beschlüsse der Sowjetregierung verordnete:

> „1. Das gutsherrliche Eigentum an Grund und Boden wird ohne Entschädigung sofort aufgehoben.
>
> 2. Die Güter der Grundherren sowie die Apanagen-, Kloster- und Kirchengüter mit ihrem gesamten lebenden und toten Inventar, ihren Wirtschaftsgebäuden und allem Zubehör gehen, bis zur Entscheidung der Bodenfrage durch die konstituierende Versammlung, in die Verfügung der Bezirksbodenkomitees und der Kreisräte der Bauerndeputierten über."

Die Verweisung auf die konstituierende Versammlung blieb toter Buchstabe. Tatsächlich konnten die Bauern der einzelnen Bezirke mit dem Gutsbesitz anfangen, was sie wollten.

Damit war von vornherein eine Ausgleichung zwischen reichen Bezirken mit vielen großen Bauern und armen mit lauter Zwergbauern ausgeschlossen. Es war aber auch innerhalb des einzelnen Bezirks keine Gewähr dafür gegeben, wer den Boden bekam. Wo die reichen Bauern dominierten, ob durch ihre Zahl oder nur durch ihren Einfluß, zogen sie den Löwenanteil des großen Grundbesitzes an sich. Eine allgemeine Statistik der Bodenverteilung gibt es nicht. Aber vielfach wird behauptet, daß die reichen Bauern in der Regel bei der Aufteilung des Landes am besten weggekommen seien.

Sicher ist, daß auch die Sowjetrepublik nicht eine Lösung der Agrarfrage im Sinne der Ausgleichung des Bodenbesitzes gebracht hat. Das erkennt sie selbst an. In ihren Anfängen bildeten die bäuerlichen Sowjets die Organisationen der Bauernschaft überhaupt. Heute verkündet sie, die Sowjets stellten die Organisationen der Proletarier und der armen Bauern dar. Die Wohlhabenden verlieren das Wahlrecht zu den Sowjets. Der arme Bauer wird hier als dauerndes und massenhaftes Produkt der sozialistischen Agrarreform der „Diktatur des Proletariats" anerkannt. Wohl dürfte er in vielen Dörfern die Minderheit bilden, sonst wäre es zwecklos, ihn durch Abschaffung des Wahlrechts der größeren und mittleren Bauern schützen zu wollen. Aber auf jeden Fall bildet er noch einen sehr erheblichen Bruchteil der russischen Bauernschaft.

Bei dieser Besitzverteilung scheint sich die Sowjetrepublik beruhigen zu wollen. Und sie tut gut daran. Es könnte ihr an den Kragen gehen, wenn sie an das bäuerliche Privateigentum tippen wollte.

Sie greift allerdings in das Verhältnis zwischen reicheren und ärmeren Bauern ein, jedoch nicht durch eine neue Bodenverteilung. Um dem Mangel der Städter an Lebensmitteln abzuhelfen, wurden Abteilungen bewaffneter Arbeiter auf die Dörfer geschickt, die den reicheren Bauern ihren Ueberschuß an Lebensmitteln abnahmen. Ein Teil wurde der städtischen Bevölkerung zugewiesen, ein Teil den ärmeren Bauern. Darin ist wohl nur eine vorübergehende Notstandsmaßregel zu sehen sowie eine bloß auf gewisse Gegenden — die Umgebung der großen Städte — beschränkte. Sie allgemein durchzuführen, wäre die bewaffnete Macht der Städte ganz unzureichend. Auf keinen Fall vermöchte sie den Ausgleich zwischen arm und reich auf dem Lande herbeizuführen, selbst wenn sie regelmäßig, jahraus, jahrein wiederholt würde. Wohl aber wäre sie in letzterem Falle ein wirksames Mittel, die Landwirtschaft gänzlich zu ruinieren.

Wo privat produziert wird und der Produzent damit rechnen muß, daß ihm sein ganzer Produktionsüberschuß über das zur Deckung seiner Bedürfnisse Erforderliche hinaus genommen wird, da schränkt er seine Produktion auf das unerläßlichste Minimum ein. Das ist einer der Gründe des Verfalls der Landwirtschaft in manchen Ländern des orientalischen Despotismus, in denen der Steuerpächter den Bauern jeglichen Ueberschuß über das Unentbehrlichste hinaus abnimmt. Ein gleicher Fall würde in Rußland eintreten. Der Sozialismus will die Ausgleichung der ökonomischen Unterschiede erreichen durch Vergesellschaftlichung der Produktionsmittel und der Produktionsweise. Damit wird die Gesellschaft auch Herrin der Produkte. Sie kann dabei die Produktion aufs höchste steigern und die Produkte nach den Gesichtspunkten gesellschaftlicher Zweckmäßigkeit und Gerechtigkeit verteilen.

Dagegen das Privateigentum an den Produktionsmitteln und die private Produktion fortbestehen lassen und die von den Produzenten erzielten Ueberschüsse regelmäßig mit Beschlag belegen, heißt nur, die Produktion ruinieren, gleichviel, ob damit einem orientalischen Despoten oder einer proletarischen Diktatur gedient werden soll.

Nicht dasselbe gilt natürlich von dem Verfahren dort, wo es nur als eine gelegentliche Notstandsmaßregel gedacht ist. Da mag es mitunter unentbehrlich sein. Anders sind wohl auch die jetzigen Expropriierungen wohlhabender Bauern nicht gedacht. Sie ändern nicht das mindeste am sozialen Aufbau der russischen Gesellschaft. Nur tragen sie ein neues Element der Unruhe und des Bürgerkrieges in den Produktionsprozeß hinein, der zu seiner Gesundung der Ruhe und Sicherheit dringend bedarf.

Indes, selbst wenn die Diktatur der Sowjets die Kraft und den Willen hätte, eine neue Landverteilung vorzunehmen und den Boden völlig gleichmäßig zu verteilen, wäre damit den Bauern nicht viel geholfen, da bei der heutigen primitiven Produktion das Kulturland Rußlands nicht ausreicht, einem jeden Bauern soviel Land zu geben, daß er der Armut entzogen würde.

Mit Recht sagt Maßloff in dem schon mehrfach zitierten Buche:

> „Der Versuch, die Wirtschaften auszugleichen, ist nur auf dem Boden allgemeiner Armut zu verwirklichen. Bei Aufrechterhaltung des Privateigentums an Produktionsmitteln alle reich zu machen, ist eine kleinbürgerliche und vulgäre Utopie. Wenn diese Art Gleichheit unausführbar ist, so existiert im Gegensatz dazu die Gleichheit der Armut in vielen Gegenden, und die Ausdehnung eines solchen Zustandes wird wohl schwerlich irgendwen begeistern. In welchem Umfange man auch den bäuerlichen Grundbesitz ausdehnen mag, es wird immer zu wenig Boden geben, um alle Bauernwirtschaften wohlhabend machen zu können.
>
> Das Streben, das Bauernleben in den Rahmen des kleinbürgerlichen Ideals — einer ökonomischen Gleichheit aller kleinen Eigentümer — einzuzwängen, ist nicht nur utopistisch, sondern auch reaktionär (S. 240).“

Die Bauernschaft Rußlands in ihrer Gesamtheit wirtschaftlich zu heben, das kann bei der gegebenen Bevölkerungszahl und dem vorhandenen Kulturboden durch keinerlei Art Landverteilung geleistet werden. Dazu bedarf es des Uebergangs zu höheren Betriebsformen, die eine verbesserte allgemeine Bildung der landwirtschaftlichen Bevölkerung und ihre vermehrte Ausstattung mit Vieh, Werkzeugen, Maschinen, künstlichem Dünger erheischen — alles Bedingungen, die sich auf der Grundlage allgemeiner Zwergwirtschaft am schwersten und langsamsten erreichen lassen.

Sind die Bedingungen zu intensiver kapitalistischer Landwirtschaft in Rußland nur schwach entwickelt und durch die Revolution vorübergehend in mancher Beziehung noch verschlechtert, so sind die Bedingungen für sozialistische Produktion dort noch gar nicht gegeben, die nur auf der Grundlage des Großbetriebs bei hoch entwickelter landwirtschaftlicher Technik erstehen kann. Nur eine solche Technik, die Anwendung der Wissenschaft und der vollkommensten Maschinen und Verfahren sowie weitgehende Arbeitsteilung machen den Großbetrieb vorteilhaft und eine neue Produktionsweise wird nur dort übernommen und festgehalten, wo sie vorteilhaft ist, entweder höheres Produkt liefert oder Arbeit erspart. Auf Grundlage der primitiven Technik und der Unwissenheit des russischen Kleinbauern einen landwirtschaftlichen Großbetrieb aufbauen zu wollen, wäre ganz zwecklos. Wohl spricht man in bolschewistischen Kreisen hin und wieder von der Einführung einer sozialistischen Landwirtschaft, nachdem man die großen Güter zerschlagen und unter die Bauern aufgeteilt hat. Wir haben schon der Thesen über die sozialistische Revolution und die Aufgaben des Proletariats während seiner Diktatur in Rußland gedacht. Die 24. unter ihnen lautet:

> „Dann muß die vollständige Enteignung der Großgrundbesitzer erwähnt werden. Grund und Boden wurde zum „Allgemeingut" erklärt. Die weiteren Aufgaben sind folgende: Organisation des staatlichen Ackerbaues: kollektive Bearbeitung der früheren Latifundien: die Vereinigung der kleinen Wirtschaften in größere Einheiten mit Kollektivverwaltung (die sogenannten „landwirtschaftlichen Kommunen") &c."

Damit, daß man etwas für eine Aufgabe erklärt, ist sie leider noch nicht gelöst. Die kollektive Landwirtschaft ist in Rußland einstweilen noch dazu verurteilt, auf dem Papier zu bleiben. Noch nirgends und zu keiner Zeit sind Kleinbauern auf Grund theoretischer Ueberzeugungen zu kollektiver Produktion übergegangen. Die bäuerlichen Genossenschaften erfassen alle möglichen Zweige der Wirtschaft, nur nicht den grundlegenden: die Bodenbestellung. Der Ackerbau auf der Basis kleinbäuerlicher Technik erzeugt überall mit Naturnotwendigkeit das Streben nach Absonderung einzelner kleiner Betriebe voneinander und nach dem Privateigentum an Grund und Boden. So ist es in Europa gegangen, in Amerika, es wiederholt sich in der ganzen Welt. Sollte gerade der russische Bauer ein solcher phänomenaler Ausnahmsmensch sein, daß er sich dem allgemeinen Gesetz entzieht? Wer ihn als gewöhnlichen Menschen betrachtet und mit den Bauern der übrigen Welt vergleicht, wird die Erwartung für eine Illusion erklären, auf der Basis der heutigen Landwirtschaft Rußlands könne eine sozialistische Wirtschaft eingerichtet werden.

Die Revolution hat vielmehr jetzt in Rußland dasselbe geleistet, was sie 1789 in Frankreich leistete und ihre Nachwehen in Deutschland leisteten. Sie hat durch Hinwegfegung der Reste des Feudalismus das Privateigentum am Boden reiner und stärker zum Ausdruck gebracht, als es vorher gewesen. Sie hat den Bauern, der bisher am Umsturz des Grundeigentums, das heißt des großen, interessiert war, nun zum energischesten Verteidiger des neu geschaffenen Grundeigentums gemacht, das private Eigentum an den Produktionsmitteln sowie die Warenproduktion neu befestigt: beides aber bildet die Grundlagen, auf denen mit Naturnotwendigkeit kapitalistische Produktion immer wieder von neuem entspringt, wie sehr sie auch zeitweise gestört und selbst zerstört werden mag.

Selbst die ärmeren Bauern denken nicht daran, das Prinzip des Privateigentums am Boden aufzugeben. Nicht durch kollektiven Betrieb wollen sie ihre Lage verbessern, sondern durch Vermehrung ihres Bodenanteils, also ihres Privateigentums. Die Gier nach Land, die den Bauern immer kennzeichnet, sie wird jetzt, nach der Zertrümmerung der großen Güter, zur stärksten Stütze des Privateigentums. Als solche erweist sich der Bauer in allen Staaten, in denen der Feudalismus überwunden ist. Als solche wird er von den besitzenden Klassen als ihre zuverlässigste Schutztruppe gehegt und gepflegt. In Rußland wird es nicht anders gehen.

Das wird das sicherste und dauerndste Ergebnis der jetzigen „Diktatur des Proletariats und der ärmsten Bauern" in Rußland sein.

Das Interesse des Bauern an der Revolution erlischt daher, sobald sein neues Privateigentum gesichert ist. Er wird sich gegen jede Macht erheben, die auf seine Kosten den alten Großgrundbesitz wieder herstellen wollte. Er hat aber kein Interesse, darüber hinauszugehen.

Und wie sein Interesse für die Revolution, schwindet sein Interesse für seinen bisherigen Verbündeten, das städtische Proletariat.

Je mehr die Produktion des Bauern für den Selbstgebrauch zurückgeht, je mehr er für den Markt produziert und auf sein Geldeinkommen angewiesen ist, um so größer sein Interesse an der Höhe der Preise seiner Produkte. Das wird nach der Ueberwindung des Feudalismus das ihn beherrschende Interesse. Das bringt ihn aber in Gegensatz nicht zum Großgrundbesitz, der vielmehr mit ihm dies Interesse gemein hat, darin sein Bundesgenosse ist, sondern zu der nicht landwirtschaftlichen, städtischen, industriellen Bevölkerung. Vor allem zu den Arbeitern, die einen größeren Teil ihres Einkommens als die Bourgeois auf Nahrungsmittel ausgeben müssen, die an niedrigen Lebensmittelpreisen daher das größte Interesse haben.

Solange der Feudalismus dauert, sind die Bauern und die unteren Klassen der Städte die besten Bundesgenossen. Das erweisen sie in ihren Kämpfen vom deutschen Bauernkrieg von 1525 an bis zur französischen Revolution von 1789. Sobald die bürgerliche Revolution vollzogen ist, beginnt der Uebergang der Bauern in das dem städtischen Proletariat feindliche Lager. Nicht nur die großen Bauern ebenso wie der große Grundbesitz sind dort zu finden, sondern auch die kleinen Bauern, selbst in den demokratischen Republiken, wie der Schweiz.

Der Uebergang der Kleinbauern in dieses Lager hat sich nicht mit einem Schlage vollzogen, sondern allmählich, in dem Maße, in dem die Traditionen des Kampfes gegen den Feudalismus zurücktraten und die Produktion für den Selbstgebrauch durch die Produktion für den Markt verdrängt wurde. So hat sich auch in unseren Reihen lange die Auffassung erhalten, die Marx noch 1871 in seiner Schrift über den Bürgerkrieg in Frankreich vertrat, als könnten die Bauern an der kommenden proletarischen Revolution ebenso teilnehmen, wie sie in den bürgerlichen Revolutionen Hand in Hand mit dem Proletariat gegangen waren. Heute noch suchen die Regierungssozialisten nach einem Agrarprogramm, das heißt nach einem Programm, das den Bauern ein Interesse am proletarischen Klassenkampf einflößt. Die Praxis aber zeigt überall einen wachsenden Gegensatz zwischen Proletariat und Bauernschaft.

Auf dem Lande haben nur jene Elemente ein gleiches Interesse mit dem städtischen Proletariat, die selbst Proletarier sind, das heißt, die nicht vom Verkauf von landwirtschaftlichen Produkten, sondern vom Verkauf ihrer Arbeitskraft leben, von der Lohnarbeit.

Der Sieg des Proletariats hängt ab von der Ausdehnung der Lohnarbeit auf dem Lande — einem Prozeß, der nur langsam, oft gar nicht durch Zunahme des landwirtschaftlichen Großbetriebs, sehr schnell aber durch Verlegung von Industriebetrieben auf das flache Land vor sich geht. Daneben hängt der proletarische Sieg davon ab, daß die städtische und industrielle Bevölkerung rascher wächst als die ländliche und landwirtschaftliche. Und das ist ein Prozeß, der rapid vorwärts geht. In den meisten Industriestaaten nimmt die ländliche Bevölkerung nicht bloß relativ, sondern sogar absolut ab. Im

Deutschen Reich betrug die Landbevölkerung 1871 noch 26·2 von 41 Millionen, 64 Prozent der Gesamtbevölkerung, 1910 nur noch 25·8 von 65 Millionen, 40 Prozent. Die landwirtschaftliche Bevölkerung ist noch geringer als die Landbevölkerung. Sie machte bei der ersten Berufszählung 1882 noch 19·2 von 45·2 Millionen aus, 42·5 Prozent der Gesamtbevölkerung, 1907 nur noch 17·7 von 61·7 Millionen, 28·7 Prozent. Von diesen 17·7 Millionen gehörten zu den Selbständigen nur 11·6 Millionen, zu den Lohnarbeitern 5·6 Millionen, der Rest zu den Angestellten. Die bäuerliche Bevölkerung beträgt also nur ein Sechstel der Gesamtbevölkerung des Deutschen Reiches. Die proletarische machte dagegen mit rund 34 Millionen schon 1907 mehr als die Hälfte der Bevölkerung aus. Sie ist seitdem sicher noch stark gewachsen, wird nicht mehr weit davon entfernt sein, zwei Drittel der Bevölkerung auszumachen.

Ganz anderer Art sind die Verhältnisse in Rußland. Wir haben schon oben gezeigt, wie ungeheuer dort das Uebergewicht der Bauernschaft ist. Daß sie mit dem Proletariat zusammenging, ermöglichte den Sieg der Revolution, bezeugte aber auch den bürgerlichen Charakter dieser Revolution. Je mehr sie sich als solche vollendet und befestigt, das heißt je sicherer das neugewonnene bäuerliche Privateigentum wird, desto mehr wird der Boden bereitet, auf der einen Seite für eine kapitalistische Wirtschaft und auf der anderen Seite für einen wachsenden Gegensatz zwischen Bauern und Proletariern. Die ökonomischen Tendenzen, die in dieser Richtung wirken, sind in dem Stadium des heutigen Rußland übermächtig und selbst die gewalttätigste Diktatur vermöchte sie nicht zu brechen. Sie wird sie vielmehr als Diktatur der Bauern noch fördern.

b) Die Industrie.

Anderer Art als die Landwirtschaft ist die Industrie Rußlands. Auch sie weist noch viele primitive Formen auf, aber der kapitalistische Teil dieser Industrie zeigt gerade wegen seiner Jugend ihre modernsten und höchstentwickelten Formen. Und auch die industrielle Arbeiterschaft Rußlands weist neben zahlreichen Analphabeten, die vom Lande stammen und noch ganz in der Enge dörflicher Auffassungen befangen sind, nicht wenige Elemente auf, die sich das Gesamtmaß moderner Bildung angeeignet haben, das dem Proletarier heute überhaupt zugänglich ist; die von demselben theoretischen Interesse erfüllt sind, das Marx vor einem halben Jahrhundert bei dem deutschen Arbeiter rühmend hervorhob, die von einem Bildungshunger getrieben werden, den bei westeuropäischen Arbeitern die demokratische Kleinarbeit nur zu häufig ertötet.

Sollte sich auf diesen Grundlagen nicht schon eine sozialistische Produktionsweise aufrichten lassen?

Man könnte so meinen, wenn der Sozialismus darin bestände, daß die Arbeiter einzelner Fabriken und Bergwerke diese sich aneigneten, um jede von ihnen besonders zu bewirtschaften.

Eben, wie ich das schreibe (5. August), wird aus Moskau eine Rede Lenins vom 2. August mitgeteilt, in der er gesagt haben soll:

> „Die Arbeiter halten die Fabriken fest in ihren Händen und die Bauern werden das Land den Gutsbesitzern nicht zurückgeben."

Die Parole: „Die Fabrik den Arbeitern, der Boden den Bauern" war bisher nicht eine sozialdemokratische, sondern eine anarchisch-syndikalistische Forderung. Die Sozialdemokratie forderte: Die Fabriken und der Boden der Gesellschaft.

Der einzelne Bauer kann zur Not sein Gut bewirtschaften ohne Zusammenhang mit anderen Betrieben. Eine moderne Fabrik steht dagegen mitten in einem Netze gesellschaftlicher Zusammenhänge und ist isoliert undenkbar. Es genügt nicht, daß die Arbeiter einer Fabrik sie in Besitz nehmen, auch wenn sie intelligent und diszipliniert genug sind, sie richtig zu verwalten. Die Fabrik kann keinen Tag in Betrieb sein ohne Zufuhren von anderen Betrieben, ohne Rohstoffe, ohne Kohlen, ohne Hilfsstoffe aller Art, ohne regelmäßigen Absatz ihrer Produkte. Versagen die Rohstoffproduzenten, die Bergwerke oder das Transportwesen, dann versagt auch die Fabrik. Ihr Betrieb als sozialistischer setzt voraus, daß ein ganzes Netz gesellschaftlicher Produktion geschaffen wird. Nur wenn die Gesellschaft das vermag, ist sozialistische Produktion möglich.

Die Sozialdemokratie fordert nicht die Auslieferung der Fabrik an ihre Arbeiter, sondern sie strebt gesellschaftliche Produktion, Produktion für den Selbstbedarf der Gesellschaft an Stelle der Warenproduktion an und das ist nur erreichbar durch gesellschaftlichen Besitz der Produktionsmittel. Auch die Bolschewiki verkünden bisher die Nationalisierung der Fabriken, nicht ihren Uebergang in die Hände der Arbeiter. Das letzte würde nur den Uebergang zu einer neuen Form des Kapitalismus bedeuten, wie die Erfahrungen mit zahlreichen Produktivgenossenschaften gezeigt haben. Die neuen Besitzer würden ihren Besitz als eine privilegierte Stellung gegenüber arbeitsuchenden Zuzüglern verteidigen, wie sie namentlich die russische Bauernschaft mit ihren unzureichenden Landanteilen immer wieder von neuem hervorbringen muß.

Eine dauernde Ueberwindung des Kapitalismus ist nicht möglich dadurch, daß man die Fabriken den in ihnen beschäftigten Arbeitern übergibt, sondern nur durch Uebergabe der Produktionsmittel in den Besitz der Gesellschaft, das heißt der Gesamtheit der Konsumenten, damit für deren Bedürfnisse produziert werde. Also in den Besitz des Staates oder, bei nur lokalen Produktionsmitteln, der Gemeinde, eventuell auch von Konsumgenossenschaften.

Diesen Weg hat man ja auch versucht, jetzt in Rußland zu gehen. Wie weit man dabei kommt, ist noch nicht abzusehen. Diese Seite der Sowjetrepublik ist jedenfalls von höchstem Interesse für uns, doch schwebt sie leider noch völlig im dunkeln. An Dekreten fehlt es freilich nicht, wohl aber an zuverlässigen Nachrichten über das Wirken der Dekrete. Eine sozialistische Produktion ist unmöglich ohne eine umfassende, detaillierte, zuverlässige und rasch informierende Statistik. Zu einer solchen hat aber bisher die Sowjetrepublik noch nicht kommen können. Was wir über ihr ökonomisches Wirken erfahren, ist höchst widerspruchsvoll und entzieht sich jeder Nachprüfung.

Auch das ist eine der Wirkungen der Diktatur und der Unterdrückung der Demokratie. Da die Freiheit der Presse und des Wortes fehlt, kein zentraler Repräsentationskörper vorhanden ist, in dem alle Klassen und Parteien vertreten sind und sich äußern können, liegt für die tatsächlichen Diktatoren die Versuchung nahe, nur Nachrichten an die Oeffentlichkeit dringen zu lassen, die ihnen zusagen. Ob sie von dieser Möglichkeit Gebrauch machen oder nicht, das Vertrauen zu ihren Mitteilungen fehlt. Dabei schweigt nicht die Kritik, sie sucht bloß unterirdische Kanäle. Sie verbreitet sich durch Wiedergabe von

Mund zu Mund fast ebenso rasch wie bei öffentlicher Kundgebung, aber ohne die Kontrolle der Oeffentlichkeit. Das Gerücht kennt keine Schranken. So werden wir von rechts und links mit Nachrichten überschüttet, die einander widersprechen und müssen ihnen allen zunächst mit Mißtrauen gegenüberstehen.

Welches Ergebnis die sozialistischen Versuche der Sowjetregierung zeitigen werden, läßt sich also zurzeit noch nicht feststellen, nicht einmal annähernd vermuten. Sollte sie aber auf diesem Gebiet etwas schaffen können, das sich nicht wieder rückgängig machen ließe, das sie überdauern würde, wenn sie sich nicht zu behaupten vermöchte?

Daß sie den Kapitalismus radikal vernichtet, nimmt wohl niemand mehr an. Sie kann sicher viel kapitalistisches Eigentum vernichten, viele Kapitalisten in Proletarier verwandeln, aber das ist nicht gleichbedeutend mit Herstellung einer sozialistischen Produktion. Soweit diese nicht gelingt, wird der Kapitalismus wieder erstehen, erstehen müssen, wird wahrscheinlich sehr rasch wieder erstehen und die Diktatur des Proletariats bloß einen Personenwechsel herbeiführen. An Stelle der bisherigen Kapitalisten, die zu Proletariern wurden, treten Proletarier oder Intellektuelle, die zu Kapitalisten werden. Diejenigen haben dabei Aussicht, den meisten Rahm abzuschöpfen, die sich rechtzeitig auf Seite derjenigen Regierung stellen, die in dem Chaos sich als die letzte behaupten und es in normale Zustände überleiten wird. Jetzt schon hat sich die Sowjetregierung zu verschiedenen Kompromissen dem Kapital gegenüber gedrängt gesehen. Bereits am 28. April gestand Lenin in seiner schon zitierten Rede (mitgeteilt im Nachrichtendienst der „Internationalen sozialistischen Kommission"), man sei mit der Expropriierung des Kapitals zu rasch vorgegangen.

> „Wenn wir mit der Enteignung in gleichem Tempo fortfahren würden, würden wir bestimmt eine Niederlage erleiden. Die Organisierung der Produktion unter proletarischer Kontrolle ist offenkundig hinter der Expropriierung des großen Kapitals zurückgeblieben."

Auf diese Organisierung aber kommt es an. Nichts leichter für einen Diktator, als zu expropriieren. Aber einen großen Organismus gesellschaftlicher Arbeit herzustellen und in Gang zu bringen, dazu genügt nicht ein Dekret und die Rote Garde.

Noch mehr wie vor dem russischen Kapital mußte aber die Sowjetrepublik vor dem deutschen zurückweichen und seine Ansprüche anerkennen. Wie weit das Kapital der Entente sich in Rußland wieder durchsetzen wird, ist noch fraglich. Alles sieht danach aus, als hätte die „Diktatur des Proletariats" das russische Kapital bloß vernichtet, um Platz für das deutsche und amerikanische zu schaffen.

Immerhin, wie dem auch sein möge, es ist zu erwarten, daß die Verstaatlichung mancher Industriezweige, die von der Sowjetregierung angebahnt wurde, sich erhält, auch wenn diese gestürzt werden sollte, und daß darin neben der Zertrümmerung des großen Grundbesitzes die zweite große Maßregel der Diktatur des Proletariats zu suchen ist, die sich nicht wieder rückgängig machen läßt. Das ist um so wahrscheinlicher, als wir hier eine Bewegung sehen, die sich in allen modernen Staaten vollzieht, auch den kapitalistischen. Die Not des Krieges hat sie erzeugt — wir erinnern an die Verstaatlichung der Eisenbahnen in Amerika — die Not des Friedens wird sie fortsetzen. Ueberall müssen wir auf fiskalische Monopole gefaßt sein.

Aber das bezeugt schon, daß Staatswirtschaft noch nicht Sozialismus ist. Ob sie es ist oder nicht, das hängt vom Charakter des Staates ab.

Nun ist der russische Staat ein Bauernstaat. Er ist es heute mehr als je, denn der Bauer hat jetzt seine eigene Macht fühlen gelernt. Er ist in Rußland ebensowenig als anderswo imstande, seine Macht direkt im Staate auszuüben, dazu machen ihn seine Lebensbedingungen nicht geeignet. Aber er wird keine Macht mehr dulden, die nicht seine Interessen wahrnimmt — auch gegenüber dem städtischen Proletariat.

Der bäuerlichen Warenproduktion gegenüber wird auch die Staatsindustrie für den Markt produzieren müssen, nicht für den Selbstbedarf des Staates. Ihr vornehmstes Absatzgebiet, ihren inneren Markt, wird eben die Bauernschaft bilden.

Ebensosehr wie der Bauer an hohen Preisen der landwirtschaftlichen Produkte, die er verkauft, ist er an niederen Preisen der Industrieprodukte interessiert, die er kauft. Der privaten Industrie gegenüber kann es ihm gleichgültig sein, wie diese niederen Preise zustande kommen, ob auf Kosten des Arbeitslohnes oder des Profits. Er hat kein Interesse an hohen Profiten des industriellen privaten Kapitals.

Anders steht es jedoch mit der Staatswirtschaft. Je höher deren Profite, desto niedriger der Betrag der Staatseinnahmen, der durch Steuern zu decken ist und der in einem Bauernstaat vornehmlich von der Bauernschaft aufgebracht werden muß. Der Bauer ist demnach ebensosehr interessiert an höheren Profiten der Staatsbetriebe wie an niederen Preisen ihrer Produkte: das bedeutet aber niedere Arbeitslöhne.

So sehen wir auch hier wieder die Quelle eines Gegensatzes zwischen Bauer und Industriearbeiter, eines Gegensatzes, der sich um so schärfer ausprägen wird, je größere Ausdehnung die Staatswirtschaft annimmt.

Dieser Gegensatz und nicht der Sozialismus, das wird die wahre Hinterlassenschaft der russischen Revolution sein.

Es wäre freilich falsch, die Schuld daran dem Bolschewismus zuzuschreiben. Vieles von dem, was man ihm vorwirft, ist die notwendige Folge der Verhältnisse, die er vorfand, und wäre bei jedem anderen Regime ebenso sicher eingetreten. Doch gehört es zum Wesen der Diktatur, daß sie alle vorhandenen Gegensätze verschärft und auf die Spitze treibt.

Die Hungersnot ist nicht durch die Diktatur geschaffen, sondern durch die Mißwirtschaft des Zarismus und den Krieg. Aber daß sich Landwirtschaft und Transportwesen in dem Halbjahr nach dem Frieden so wenig erholten, ist eine Folge des Bürgerkrieges, der unter der Diktatur die einzige Form der Opposition ist und daher bei lebhaftem politischen Interesse der Massen unvermeidlich wird.

Auch die Auflösung des Heeres war ein Prozeß, den der Bolschewismus schon vorfand. Doch hat er sich selbst gerühmt, sie auf das lebhafteste gefördert und dadurch den Friedensschluß erzwungen zu haben, einen Frieden, der ihn selbst nicht mehr begeistert.

So war auch die Zerschlagung des großen Grundbesitzes unter die Bauernschaft ein Vorgang, der bereits angebahnt war, ehe die Bolschewiki sich der politischen Gewalt bemächtigten, und den bei der großen Ueberzahl der Bauern niemand hätte verhindern können. Doch die Ausschaltung der Konstituante hat dazu beigetragen, daß auch die letzte Spur gesellschaftlichen Einflusses auf die Verwendung des enteigneten großen Grundbesitzes verlorenging und seine Aufteilung rein privater Willkür der nächstbeteiligten Interessenten überlassen blieb.

Endlich das Auftauchen des Gegensatzes zwischen Bauer und Industriearbeiter ist auch eine Erscheinung, die sich nicht vermeiden läßt, die mit Naturnotwendigkeit aus den gegebenen ökonomischen Verhältnissen herauswächst. Die bolschewistische Diktatur ist hiefür nicht verantwortlich. Doch auch hier hat ihre Herrschaft Verhältnisse gezeitigt, die den Gegensatz verschärfen und vertiefen. Mit der Auflösung der Konstituante und der Auflösung der Armee gingen die zwei Elemente verloren, die Rußland am ehesten vor dem Zerfall und der Aufteilung schützen konnten. Jetzt sind gerade die landwirtschaftlich reichsten Gegenden des bisherigen Rußland von diesem losgelöst. Bleibt es dabei, dann hört es auf, namentlich wenn auch Sibirien sich abtrennen sollte, ein Getreide oder Nahrungsmittel überhaupt exportierendes Land zu sein. Die Preise der landwirtschaftlichen Produkte Rußlands werden dann nur durch seinen inneren Markt, nicht seinen äußeren bestimmt.

Das ist aber der Zustand, in dem unter der Warenproduktion der Gegensatz zwischen Bauer und Industriearbeiter am ehesten und schroffsten zur Geltung kommt. In Ländern, die einen großen landwirtschaftlichen Export haben, nimmt der Gegensatz zwischen Industrie und Landwirtschaft eher die Form eines Gegensatzes von Staaten als von Klassen an, die Form eines Gegensatzes zwischen Industriestaat und Agrarstaat. Das eigentliche Rußland hat jetzt durch den Frieden von Brest-Litowsk aufgehört, ein agrarischer Exportstaat zu sein und eine Gestaltung bekommen, die am raschesten und heftigsten ökonomische Kämpfe zwischen Bauern und Industriearbeitern hervorrufen muß.

Indes auf keinen Fall lassen sich diese Kämpfe gänzlich vermeiden. Um so wichtiger wird es für eine vorausschauende Politik, dem Boden, auf dem die Gegensätze ausgefochten werden, eine Gestaltung zu geben, die dem Proletariat die beste Entfaltung seiner Kräfte ermöglicht. Diesen Boden zu schaffen, nicht nur dem Kapital, sondern auch dem Agrariertum gegenüber, das war während der Revolution die wichtigste Aufgabe für die Vertreter des russischen Proletariats. Sie bedeutete aber nichts anderes als die festeste Verankerung der D e m o k r a t i e.

Diese Aufgabe des proletarischen Befreiungskampfes, die nicht minder wichtig ist als die Herbeiführung gesellschaftlicher Produktion, ist im Gegensatz zu dieser auch in einem Agrarstaat lösbar.

Wie alle arbeitenden Klassen verlangt auch die Bauernschaft nach Demokratie. Sie kann sich sehr wohl befinden in einer demokratischen Republik, wie die Schweiz und die Vereinigten Staaten bezeugen. Aber das politische Interesse des Bauern reicht selten weit über seinen Dorfbezirk hinaus im Gegensatz zum industriellen Proletarier, dessen Befreiung die Beherrschung der ganzen Staatsmaschinerie durch ihn erheischt, die kein lokaler Akt sein kann. Der Bauer kann sich auch für einen Kaiser erwärmen, der ein Bauernkaiser ist, der sein Eigentum schützt, seine Interessen wahrt, wie er das von Napoleon I. annahm. Der russische Bauer wird sich jeder

Wiederkehr eines zaristischen Regimes widersetzen, das für ihn verbunden ist mit der Vorstellung der Wiederkehr der alten, tödlich gehaßten Grundherren. Aber ein Diktator, der ihm seinen Besitz sichert und ihm erlaubt, seine ganze Aufmerksamkeit dem Anbau seiner Felder und dem vorteilhaften Verkauf seiner Produkte zuzuwenden, ein solcher Diktator mag ihm unter Umständen ebenso willkommen sein wie die Republik. Diesem Diktator ebnet man den Weg durch die Beseitigung der Demokratie, durch die Proklamierung der Diktatur einer Klasse, die aber in Wirklichkeit die Diktatur einer Partei ist, und, wie Lerin selbst erklärt, die Diktatur einzelner Personen werden kann. In seiner Rede vom 28. April sagte er:

> „Je näher wir der völligen Unterdrückung der Bourgeoisie gelangen, desto gefährlicher wird für uns das Element des kleinbürgerlichen Anarchismus. Der Kampf gegen ihn kann nur mit Gewalt geführt werden. Wenn wir keine Anarchisten sind, müssen wir die Notwendigkeit eines Staates anerkennen, das heißt eines Zwanges zum Uebergang vom Kapitalismus zum Sozialismus. Die Form des Zwanges wird durch den Grad der Entwicklung der betreffenden revolutionären Klasse bestimmt sowie durch besondere Umstände, wie reaktionären Krieg, die Form des Widerstandes der Bourgeoisie und der Kleinbürger. Daher besteht kein prinzipieller Widerspruch zwischen der Sowjet-, das heißt der sozialistischen Demokratie und der *Anwendung diktatorischer Macht durch einzelne Personen*."

Es kann für das russische Proletariat auf die Dauer nichts Gefährlicheres geben, als daß man die Bauern mit der Idee vertraut macht, die Diktatur, die Entrechtung jeder Opposition, die Aufhebung des Wahlrechts, der Presse- und Organisationsfreiheit für jede gegnerische Klasse, das sei die den Interessen der arbeitenden Klassen am besten entsprechende Regierungsform. Was wird dann aus den städtischen Arbeitern, wenn sie in Konflikt kommen mit der ungeheuren Masse der russischen Bauernschaft und einer von dieser anerkannten Diktatur?

Und was wird aus den Arbeitern, wenn ihre eigene Diktatur zusammenbricht? Die Alternative der Diktatur einer Partei ist ihre Vernichtung. Die Diktatur führt dazu, daß die am Ruder befindliche Partei sich mit allen Mitteln, reinlichen oder schmutzigen, zu halten suchen muß, weil ihr Sturz gleichbedeutend ist mit ihrem völligen Untergang.

Ganz anders die Demokratie. Sie bedeutet Herrschaft der Mehrheit, aber auch Schutz der Minderheit, denn sie bedeutet Gleichberechtigung, gleiche Teilnahme an allen politischen Rechten für jedermann, welcher Klasse und Partei er immer angehören mag. Das Proletariat hat überall das größte Interesse an der Demokratie. Wo es die Mehrheit darstellt, wird sie sein Herrschaftsinstrument. Wo es in der Minderheit ist, bildet sie seinen besten Kampfesboden, sich zu behaupten, Konzessionen zu erringen, sich zu entwickeln. Es ist kurzsichtigste Real-, das heißt Augenblickspolitik, wenn ein in der Minorität befindliches Proletariat, das durch eine Augenblickskonstellation im Bunde mit einer anderen Klasse zur Herrschaft gekommen ist, diese Konstellation durch Aufhebung der Demokratie, der Rechte der Minorität, der Opposition verewigen will. Es zerstört selbst den Boden, der allein ihm nach dem Vorübergehen dieser Augenblickskonstellation gestatten würde, festen Fuß zu fassen, zu weiterer Arbeit, weiterem Kampf.

Es ist fraglich, ob das russische Proletariat an wirklichen praktischen Errungenschaften, nicht an Dekreten, in der Sowjetrepublik mehr erlangt hat, als es durch die Konstituante erlangt hätte, in der ebenfalls wie in den Sowjets, Sozialisten, wenn auch anderer Färbung, überwogen. Aber sicher ist es, daß, wenn die Sowjetrepublik zusammenbricht, dann auch mit ihr alle Errungenschaften des russischen Proletariats zusammenzubrechen drohen.

Wäre es der Konstituante gelungen, die Demokratie zu befestigen, dann wären damit auch alle Errungenschaften gefestigt worden, die das industrielle Proletariat in ihr und durch sie zu erringen vermochte. Auch heute beruhen unsere Erwartungen, daß das Proletariat Rußlands nicht um alle Früchte der Revolution betrogen wird, nur darauf, daß es der Diktatur nicht gelungen ist, das demokratische Bewußtsein im russischen Volke zu ertöten, daß es sich schließlich nach allen Irrungen und Wirrungen des Bürgerkrieges doch noch siegreich durchringen wird.

Nicht in der Diktatur, in der Demokratie liegt die Zukunft des russischen Proletariats.

10. Die neue Theorie.

Wir haben gesehen, daß die Methode der Diktatur für das Proletariat weder vom allgemeinen Standpunkte der Theorie noch vom besonderen der russischen Verhältnisse gute Erfolge verspricht; trotzdem wird sie gerade durch diese Verhältnisse begreiflich.

Der Kampf gegen den Zarismus war seit langem ein Kampf gegen ein Regierungssystem, das keine Grundlage mehr in den Verhältnissen fand, das sich nur noch durch nackte Gewalt aufrechterhielt, durch Gewalt zu stürzen war. Das konnte leicht zu einem Kultus der Gewalt auch bei den Revolutionären führen, zu einer Ueberschätzung dessen, was die bloße, nicht von den ökonomischen Verhältnissen getragene, sondern durch besondere Umstände über sie erhobene Gewalt zu leisten vermag. Dazu kam, daß der Kampf gegen den Zarismus geheimzuführen war, die Verschwörung entwickelt aber die Sitten und Gewohnheiten der Diktatur, nicht der Demokratie.

Diesen Faktoren wirkt freilich eine andere Wirkung des Kampfes gegen den Absolutismus entgegen. Wir haben schon darauf hingewiesen, daß er, ganz anders als die Demokratie, mit ihrer Fülle von Kleinarbeit für Augenblickszwecke, das Interesse für große Zusammenhänge und große Ziele erweckt, das theoretische Interesse wachruft. Es gibt heute jedoch nur eine einzige revolutionäre Theorie der Gesellschaft, die von Karl Marx.

Sie wurde die Theorie des russischen Sozialismus. Nun lehrt gerade sie die Bedingtheit unseres Wollens und Könnens durch die materiellen Verhältnisse, zeigt die Ohnmacht des stärksten Willens, der sich über sie erheben will. Das wirkte dem Kultus der bloßen Gewalt stark entgegen und brachte es mit sich, daß die Sozialdemokraten sich darin einig waren, ihrem Tun in der kommenden Revolution seien bestimmte Grenzen gesetzt, diese könne bei der ökonomischen Rückständigkeit Rußlands zunächst nur eine bürgerliche sein.

Da kam die zweite Revolution und brachte plötzlich den Sozialisten eine Machtfülle, die sie selbst überraschte, denn diese Revolution führte zu völliger Auflösung der Armee, der festesten Stütze des Eigentums und der bürgerlichen Ordnung. Und gleichzeitig mit den

Gewaltmitteln brachen auch die moralischen Stützen dieser Ordnung völlig zusammen, weder die Kirche noch die Intellektuellen konnten ihr Ansehen behaupten. Die Herrschaft fiel den untersten Klassen im Staate, den Arbeitern und Bauern zu, die Bauern sind aber keine Klasse, die selbst zu regieren vermag. Sie ließen sich willig führen von einer proletarischen Partei, die ihnen sofortigen Frieden, um welchen Preis immer, und sofortige Stillung ihres Landhungers versprach. Der gleichen Partei strömte die Masse der Proletarier zu, da sie ihnen mit dem Frieden auch Brot versprach.

So erlangte die Partei der Bolschewiki die Kraft, die politische Macht an sich zu reißen. War damit nicht endlich die Vorbedingung erreicht, die Marx und Engels für das Kommen des Sozialismus gefordert hatten, die Eroberung der politischen Macht durch das Proletariat? Freilich, die ökonomische Theorie sprach dagegen, daß die sozialistische Produktion unter den russischen sozialen Bedingungen sofort erreichbar sei, und nicht minder sprach dagegen die diese theoretische Auffassung bekräftigende Tatsache, daß das neue Regime keineswegs eine Alleinherrschaft des Proletariats bedeutete, sondern die Herrschaft einer Koalition proletarischer und bürgerlicher Elemente, die sich dadurch behauptet, daß jeder Teil den anderen auf seinem Gebiete frei schalten ließ. Die Proletarier legten den Bauern auf dem Lande, die Bauern den Proletariern in den Fabriken nichts in den Weg.

Immerhin, eine sozialistische Partei war die herrschende geworden in einem großen Staate — zum ersten Male in der Weltgeschichte. Sicher ein ungeheures, für das kämpfende Proletariat glorreiches Ereignis.

Wozu aber kann eine sozialistische Partei ihre Macht benützen als zur Durchführung des Sozialismus? Sie mußte sich sofort daran machen und rücksichtslos, ohne Bedenken, alle Hindernisse aus dem Wege räumen, die sich ihr entgegenstellten. Wenn die Demokratie dabei in Konflikt mit dem neuen Regime geriet, das trotz der großen Popularität, die es rasch gewonnen, nicht über die Mehrheit der Stimmen im Reiche verfügte, dann um so schlimmer für die Demokratie. Dann mußte sie ersetzt werden durch die Diktatur, was um so leichter möglich wurde, als die Volksfreiheit in Rußland noch ganz neuen Datums war, noch keine tiefen Wurzeln in den Volksmassen geschlagen hatte. Die Aufgabe der Diktatur war es nun, den Sozialismus durchzuführen. Dieser Anschauungsunterricht mußte nicht nur die noch widerstrebenden Elemente im eigenen Lande fortreißen, sondern auch die Proletarier der anderen kapitalistischen Länder zur Nachahmung reizen und zur Revolution entflammen.

Das war sicher ein Gedankengang von grandioser Kühnheit und bestrickendem Reiz für jeden Proletarier, jeden Sozialisten. Wofür wir ein halbes Jahrhundert gekämpft, was wir oft schon so nahe geglaubt, was sich immer wieder hinausgeschoben hatte, endlich sollte es erreicht sein! Kein Wunder, daß die Proletarier aller Länder dem Bolschewismus zujubelten. Die Tatsache der proletarischen Herrschaft wog schwerer als theoretische Erwägungen. Und das allgemeine Siegesbewußtsein wurde noch gefördert durch die gegenseitige Unwissenheit über die Verhältnisse des Nachbars. Nur wenigen ist es gegeben, fremde Länder zu studieren, die meisten nehmen an, im Auslande stehe es im Grunde ebenso wie bei uns — und wo man das nicht annimmt, macht man sich erst recht phantastische Vorstellungen vom Ausland.

Daher die bequeme Auffassung, überall herrsche der gleiche Imperialismus, daher auch die Erwartung der russischen Sozialisten, die Völker Westeuropas stünden der politischen Revolution ebenso nahe, wie die Rußlands standen, und anderseits die Erwartung, die Elemente für den Sozialismus seien in Rußland ebenso gegeben, wie in Westeuropa.

Was sich dann vollzog, nachdem einmal die Armee völlig aufgelöst und die Konstituante verjagt war, das bildete nur die Konsequenz der einmal eingeschlagenen Richtung.

Alles das ist sehr begreiflich, wenn auch nicht erfreulich. Weniger begreiflich ist es dagegen, daß unsere bolschewistischen Genossen nicht dabei stehen blieben, ihr Vorgehen aus der eigenartigen Lage Rußlands zu erklären und es mit dem Drange der besonderen Verhältnisse zu rechtfertigen, der ihnen, nach ihrer Ansicht, keine andere Wahl gelassen habe als die Diktatur oder die Abdankung. Sie gingen vielmehr dazu über, zur Begründung ihres Vorgehens eine ganz neue Theorie zu zimmern, für die sie allgemeine Geltung beanspruchen.

Wir erklären uns das aus einem ihrer Züge, der uns sehr sympathisch sein muß, ihrem großen theoretischen Interesse.

Die Bolschewiki sind Marxisten, sie hatten die ihnen zugänglichen Proletarierschichten mit Begeisterung für den Marxismus erfüllt. Ihre Diktatur widersprach jedoch der Marxschen Lehre, daß kein Volk naturgemäße Entwicklungsphasen überspringen oder wegdekretieren könne. Woher demgegenüber eine marxistische Begründung auftreiben?

Da erinnerte man sich rechtzeitig des Wörtchens von der Diktatur des Proletariats, das Marx einmal 1875 in einem Briefe gebraucht hatte. Wohl hatte er damit nur einen politischen Zustand zeichnen wollen, nicht eine Regierungsform. Jetzt wurde das Wort flugs zur Bezeichnung einer solchen angewendet, und zwar gerade derjenigen, die mit der Herrschaft der Sowjets gegeben war.

Nun hatte aber Marx nicht etwa gesagt, daß es unter gewissen Umständen zu einer Diktatur des Proletariats kommen könne, er hatte diesen Zustand als den unvermeidlichen des Ueberganges zum Sozialismus bezeichnet. Freilich hatte er fast gleichzeitig erklärt, in Ländern, wie England und Amerika, sei ein friedlicher Uebergang zum Sozialismus möglich, was doch nur auf der Basis der Demokratie, nicht der Diktatur erreichbar wäre, er hatte also damit selbst bezeugt, daß er mit der Diktatur nicht eine Aufhebung der Demokratie meinte. Die Verfechter der Diktatur ließen sich dadurch nicht verblüffen. Da Marx einmal erklärt hatte, die Diktatur des Proletariats sei unvermeidlich, verkündeten sie, die Sowjetverfassung, die Entrechtung der Gegner der Sowjets sei von Marx selbst als die dem Wesen des Proletariats entsprechende, mit seiner Herrschaft unvermeidlich verbundene Regierungsform erkannt worden. Als solche muß sie so lange dauern, wie die Herrschaft des Proletariats selbst, so lange, bis der Sozialismus allgemein durchgeführt und damit alle Klassenunterschiede verschwunden sind. Die Diktatur erscheint damit nicht als ein vorübergehender Notbehelf, der, sobald ruhigere Zeiten eingetreten sind, der Demokratie wieder Platz machen soll, sondern als ein Zustand, auf dessen längere Dauer wir uns einrichten müssen.

Dementsprechend sagen die neunte und zehnte der „Thesen über die soziale Revolution":

9. Bisher lehrte man die Notwendigkeit der proletarischen Diktatur, ohne die Form dieser Diktatur untersucht zu haben. Die russische sozialistische Revolution hat diese Form entdeckt. — Es ist die Form der Sowjetrepublik, als Form der dauernden Diktatur des Proletariats und (in Rußland) der ärmeren Schicht des Bauerntums. Dabei ist es wichtig, folgendes zu bemerken: Hier ist die Rede nicht von einer vorübergehenden Erscheinung im engeren Sinne des Wortes, sondern von der Staatsform während einer ganzen historischen Epoche. Es gilt hier gerade eine neue Staatsform zu organisieren, was nicht zu verwechseln mit einigen bestimmten Maßnahmen gegen die Bourgeoisie: Die Maßnahmen sind nur Funktionen der besonderen staatlichen Organisation, die den riesigen Aufgaben und Kämpfen angepaßt sein muß.

10. Der Sinn der proletarischen Diktatur besteht also sozusagen im permanenten Kriegszustand gegen die Bourgeoisie. Es ist also ganz klar, daß alle, die über „Gewalttaten" der Kommunisten schreien, vollkommen vergessen, was eigentlich Diktatur heißt. Die Revolution selbst ist ein Akt der „rohen Gewalt". Das Wort Diktatur bedeutet in allen Sprachen nichts anderes als Gewaltregime. Wichtig ist hier der Klasseninhalt der Gewalt. Damit ist die historische Rechtfertigung der revolutionären Gewalt gegeben. Es ist auch ganz klar, daß je schwieriger die Lage der Revolution ist, um so schärfer die Diktatur sein muß."

Damit ist aber auch gegeben, daß die Regierungsform der Diktatur nicht nur dauernd sein, sondern auch in allen Ländern eintreten soll. Wenn in Rußland jetzt die eben gewonnene allgemeine Freiheit wieder beseitigt wurde, so soll dasselbe nach dem Siege des Proletariats auch in den Ländern vor sich gehen, in denen die Volksfreiheit schon tief gewurzelt ist, wo sie seit einem Jahrhundert und länger besteht, wo das Volk sie in wiederholten blutigen Revolutionen gewonnen und behauptet hat. Das behauptet allen Ernstes die neue Theorie. Und noch sonderbarer, sie findet Anklang nicht nur unter den Arbeitern Rußlands, die sich noch der Drangsalierung des alten Zarismus erinnern, und sich nun freuen, den Stiel einmal umdrehen zu können, ebenso, wie sich Lehrlinge, wenn sie einmal Gesellen wurden, freuten, wenn sie nun ihrerseits den nach ihnen kommenden Lehrlingen die Prügel verabfolgen durften, die sie ehedem selbst erhielten. Nein, die neue Theorie findet Anklang sogar in alten Demokratien, wie der Schweiz. Doch es gibt etwas noch Sonderbareres und noch weniger Begreifliches.

Eine vollkommene Demokratie ist noch nirgends zu finden, überall müssen wir noch nach Veränderungen und Besserungen trachten. Auch in der Schweiz wird um Ausdehnung der Volksgesetzgebung und des Proportionalwahlsystems sowie um das Frauenwahlrecht gekämpft. In Amerika bedarf die Macht und der Modus der Erwählung der obersten Richter dringend einer Einschränkung. Noch weit größer sind die demokratischen Forderungen, die in den großen bürokratischen und militärischen Staaten zugunsten der Demokratie von uns zu erheben und im Interesse des Proletariats durchzusetzen sind. Und mitten in diesen Kämpfen erheben sich die radikalsten der Kämpfer und rufen den Gegnern zu: Das, was wir zum Schutze der Minderheit, der Opposition, fordern, wollen wir nur, solange wir selbst Minderheit, Opposition sind. Sobald wir Mehrheit geworden sind, die Regierungsmacht erlangt haben, wird unsere erste Tat sein, alles das, was wir bisher für uns gefordert, für euch abzuschaffen: das Wahlrecht, die Preßfreiheit, Organisationsfreiheit u. s. w.

Die Thesen über die sozialistische Revolution sagen darüber ganz unverhüllt:

> 17. Die frühere Forderung der demokratischen Republik sowie auch allgemeiner Freiheiten (das heißt der Freiheiten auch für die Bourgeoisie) war richtig in der schon verflossenen Epoche, in der Epoche der Vorbereitung und Kraftakkumulation. Der Arbeiter brauchte die Freiheit seiner Presse, während die bürgerliche Presse ihm schädlich war; trotzdem konnte er in dieser Epoche die Forderung der Vernichtung der bürgerlichen Presse nicht aufstellen. Deswegen forderte das Proletariat allgemeine Freiheiten, sogar die Freiheit der reaktionären Versammlungen, der schwarzen Arbeiterorganisationen.
>
> 18. Jetzt ist die Epoche der direkten Attacke gegen das Kapital, der direkten Niederwerfung und Zerstörung des imperialistischen Raubstaates, der direkten Unterdrückung der Bourgeoisie eingetreten. Es ist daher absolut klar, daß in der jetzigen Epoche die prinzipielle Verteidigung allgemeiner Freiheiten (das heißt auch für die konterrevolutionäre Bourgeoisie) nicht nur überflüssig ist, sondern geradezu schädlich wirkt.
>
> 19. Das gilt auch für die Presse, die führenden Organisationen der Sozialverräter. Die letzteren haben sich als die aktivsten Faktoren der Gegenrevolution demaskiert: Sie gehen sogar gegen die proletarische Regierung mit der Waffe los. Auf die gewesenen Offiziere und den Geldsack des niedergeworfenen Finanzkapitals sich stützend, treten sie als die energischesten Organisatoren verschiedener Verschwörungen auf. Der proletarischen Diktatur stehen sie als Todfeinde gegenüber. Deshalb müssen auch sie dementsprechend behandelt werden.
>
> 20. Was aber die Arbeiterklasse und das ärmere Bauerntum betrifft, so besitzen diese die vollste Freiheit."

Besitzen sie wirklich die volle Freiheit?

Die „Sozialverräter", das sind doch auch Proletarier und Sozialisten, aber sie machen Opposition und sind daher ebenso rechtlos zu machen wie die bürgerliche Opposition. Müssen wir uns aber nicht auf das lebhafteste darüber entrüsten und mit aller Macht dagegen ankämpfen, dort, wo eine bürgerliche Regierung das gleiche Rezept gegen ihre Opposition zur Anwendung bringen will?

Sicher, müssen wir das, wir werden damit jedoch nur einen Lacherfolg erzielen, wenn die bürgerliche Regierung auf sozialistische Stimmen wie die vorliegende und eine dementsprechende Praxis hinweisen kann.

Wie oft haben wir den Liberalen vorgeworfen, daß sie in der Regierung anders sind als in der Opposition, daß sie da alle ihre früheren demokratischen Forderungen preisgeben. Nun, die Liberalen sind wenigstens so klug, jene Forderungen nicht auch formell fallen zu lassen. Sie handeln nach dem Grundsatz: So etwas tut man, doch man sagt es nicht.

Die Verfasser der Thesen sind unleugbar ehrlicher; ob sie klüger sind, darf man bezweifeln. Was soll man aber erst von der Klugheit deutscher Sozialdemokraten halten, die offen verkünden, daß sie die Demokratie, für die sie heute kämpfen, am Tage nach dem Siege preisgeben werden! Daß sie ihre demokratischen Grundsätze dann in ihr Gegenteil verkehren, oder daß sie gar keine demokratischen Grundsätze haben, daß die Demokratie für sie bloß eine Leiter ist, um zur Regierungsallmacht zu streben, eine Leiter, die sie nicht mehr brauchen und zurückstoßen, sobald sie oben angelangt sind, daß sie mit einem Wort revolutionäre Opportunisten sind.

Auch für die russischen Revolutionäre ist es kurzsichtige Augenblickspolitik, wenn sie, um sich an der Macht zu erhalten, zu den Methoden der Diktatur greifen, nicht um die gefährdete Demokratie zu retten, sondern um sich gegen diese zu behaupten. Aber das ist doch begreiflich.

Unbegreiflich ist es dagegen, wenn deutsche Sozialdemokraten, die noch nicht an der Macht sind, die vielmehr zurzeit noch eine schwache Opposition darstellen, diese Theorie annehmen. Statt in der Methode der Diktatur und der Entrechtung breiter Volksmassen etwas zu sehen, was wir im allgemeinen verurteilen und was höchstens als Produkt so ausnahmsweiser Verhältnisse, wie sie Rußland bietet, zu begreifen ist, gehen sie vielmehr dazu über, diese Methode zu preisen als einen Zustand, den auch die deutsche Sozialdemokratie herbeizuführen bestrebt ist.

Diese Behauptung ist nicht nur durch und durch falsch. Sie ist aufs höchste verderblich, sie müßte, wenn sie allgemein akzeptiert würde, die propagandistische Kraft unserer Partei aufs tiefste lähmen. Denn außer einer kleinen Schar sektiererischer Fanatiker hängt wohl das gesamte deutsche wie das gesamte internationale Proletariat, an dem Grundsatz der allgemeinen Demokratie. Es wird jeden Gedanken daran entrüstet zurückweisen, seine Herrschaft mit der Bildung einer neuen privilegierten Klasse und einer neuen entrechteten Klasse zu beginnen. Es wird jeden Gedanken daran zurückweisen, sein Verlangen nach allgemeinem Rechte des gesamten Volkes mit einem geistigen Vorbehalt zu versehen und in Wirklichkeit nur Vorrechte für sich anzustreben. Und nicht minder wird es die komische Zumutung zurückweisen, heute schon selbst feierlich zu erklären, daß seine Forderung der Demokratie eine bloße Lüge ist.

Die Diktatur als Regierungsform ist in Rußland ebenso begreiflich wie ehedem der bakunistische Anarchismus. Aber begreifen heißt noch nicht anerkennen, wir müssen jene ebenso entschieden ablehnen wie diesen. Die Diktatur erweist sich nicht als ein Mittel einer sozialistischen Partei, die in einem Staate im Gegensatz zur Mehrheit des Volkes zur Herrschaft kommt, diese dort zu sichern, sondern nur als ein Mittel, sie vor Aufgaben zu stellen, die ihre Kräfte übersteigen, an deren Lösung sie sich erschöpft und aufreibt; wobei sie nur zu leicht den Gedanken des Sozialismus selbst kompromittiert, seinen Fortschritt nicht fördert, sondern hemmt.

Glücklicherweise muß ein Mißerfolg der Diktatur noch nicht gleichbedeutend sein mit einem Zusammenbruch der Revolution. Er wäre es nur dann, wenn die bolschewistische Diktatur die bloße Einleitung bildete zu einer bürgerlichen Diktatur. Die wesentlichen Errungenschaften der Revolution werden gerettet, wenn es rechtzeitig gelingt, die Diktatur zu ersetzen durch die Demokratie.

„Vorwärts", Wien V.

[카우츠키의 저술]

카우츠키는 마르크스와 엥겔스 다음으로 마르크스주의의 가장 뛰어난 이론가이며, 그가 평생 동안 저술한 간행물은 1,800여 개에 달할 만큼 방대한 양이다. 여기에 소개하는 것은 일반적으로 그의 주요저술로 간주되는 것들에 한한다.

Der Einfluß der Volksvermehrung auf den Fortschritt der Gesellschaft, Wien 1880.

Karl Marx' ökonomische Lehren, Stuttgart 1887.

Thomas More und seine Utopie. Mit einer historischen Einleitung, Stuttgart 1888.

Die Klassengegensätze von 1789. Zum hundertjährigen Gedankentag der großen Revolution, Stuttgart 1889.

Der Arbeiterschutz, besonders die internationale Arbeiterschutzgesetzgebung und der Achtsrundentag, Nürnberg 1890.

Das Erfurter Programm in seinem grundsätzlichen Teil erläutert, Stuttgart 1892.

Der Parlamentarismus. Die Volksgesetzgebung und die Sozialdemokratie, Stuttgart 1893.

Die Geschichte des Sozialismus in Einzeldarstellungen, Bd. I, I u 2: Die Vorläufer des neueren Sozialismus, Stuttgart 1895.

Bernstein und das sozialdemokratische Programm. Eine Anti-Kritik, Stuttgart 1899.

Die Agrarfrage. Eine Übersicht über die Tendenzen der modernen Landwirtschaft und die Agrarpolitik der Sozialdemokratie, Stuttgart 1899.

Handelspolitik und Sozialdemokratie. Populäre Darstellung der handelspolitischen Streitfragen, Berlin 1901.

Die soziale Revolution, Berlin 1902.

Die Sozialdemokratie und die katholische Kirche, Berlin 1902.

Ethik und materialistische Geschichtsauffassung. Ein Versuch, Stuttgart 1906.

Sozialismus und Kolonialpolitik, Berlin 1907.

Der Ursprung des Christentums. Eine historische Untersuchung, Stuttgart 1908.

Der Weg zur Macht, Berlin 1909.

Vermehrung und Entwicklung in Natur und Gesellschaft, Stuttgart 1910.

Parlamentarismus und Demokratie, Stuttgart 1911.

Taktische Strömungen in der Sozialdemokratie, Berlin 1911.

Die Wandlungen der Goldproduktion und der wechselnde Charakter der Teuerung, Stuttgart 1913.

Die politische Massenstreik, Berlin 1914.

Rasse und Judentum, Stuttgart 1914.

Die Internationalität und der Krieg, Berlin 1915.

Die Vereinigten Staaten Mitteleuropas, Stuttgart 1916.

Die Diktatur des Proletariats, Wien 1918.

Demokratie oder Diktatur, Berlin 1918.

Kriegsmarxismus. Eine theoretische Grundlegung der Politik des 4. August, in: *Marx-Studien* IV, 1, Wien 1918.

Sozialdemokratische Bemerkungen zur Übergangswirtschaft, Leipzig 1918.

Terrorismus und Kommunismus. Ein Beitrag zur Naturgeschichte der Revolution, Berlin 1919.

Die Sozialisierung der Landwirtschaft. Mit einem Anhang: Der Bauer als Erzieher, Berlin 1919.

Delbrück und Wilhem II, Berlin 1920.

Georgien. Eine sozialdemokratische Bauernrepublik, Wien 1921.

Von der Demokratie zur Staatssklaverei. Eine Auseinandersetzung mit Trotzki, Berlin 1921.

Die proletarische Revolution und ihr Programm, Stuttgart u. Berlin 1922.

Mein Verhältnis zur Unabhängigen Sozialdemokratischen Partei. Ein Rückblick, Berlin 1922.

Die Internationale und Sowjetrußland, Berlin 1925.

Die materialistische Geschichtsauffassung, 2 Bde.: 1. *Natur und Gesellschaft*, 2. *Der Staat und die Entwicklung der Menschheit*, Berlin 1927.

Wehrfrage und Sozialdemokratie, Berlin 1928.

Der Bolschwismus in der Sackgasse, Berlin 1930.

Sozialisten und Krieg, Prag 1937.

Die Neue Zeit. Zeitschrift der deutschen Sozialdemokratie, Stuttgart 1883-1917(hrsg. von Kautsky).

역자 약력 | 홍 성 방(洪性邦)

1952년 제주 출생

고려대학교 법과대학 및 동 대학원 석사 · 박사과정 수료

독일 Köln대학교에서 법학박사학위(Dr. iur.) 취득(1986)

한림대학교 교수(1988~1997)

독일 Köln대학교 법과대학 '국가철학 및 법정책연구' 객원교수(1994~1995)

제7회 한국헌법학회 학술상 수상(2005)

사법시험 및 각종 국가시험위원, 한국공법학회 부회장.

한국헌법학회 부회장, 한독법률학회 부회장, 안암법학회 부회장, 한국환경법학회 부회장, 한국가톨릭사회과학연구회 회장 역임.

현재 서강대학교 법학전문대학원 교수

저서 · 역서 · 논문

1. *Soziale Rechte auf der Verfassungsebene und auf der gesetzlichen Ebene*, Diss. Köln(1986).
2. 해방과 정치계몽주의, 도서출판 새남, 1988(M. Kriele, *Befreiung und politische Aufklärung*, 1980).
3. 민주주의 세계혁명, 도서출판 새남, 1990(M. Kriele, *Die demokratische Weltrevolution*, 1987).
4. 법과 실천이성, 한림대학교 출판부, 1992(M. Kriele, *Recht und praktische Vernunft*, 1979).
5. 법발견론, 한림대학교 출판부, 1994(M. Kriele, *Theorie der Rechtsgewinnung*, 2. Aufl., 1976).
6. 마르크스주의와 수정사회주의, 도서출판 새남, 1996(B. Gustaffson, *Marxismus und Revisionismus*, 1972).
7. 국가론, 민음사, 1997(H. Heller, *Staatslehre*, 6. Aufl., 1983).
8. 헌법 I. 현암사, 1999.
9. 헌법정해, 신영사, 1999.
10. 헌법요론, 신영사, 1999(2005: 제4판).
11. 환경보호의 법적 문제, 서강대학교 출판부, 1999.
12. 헌법 II, 현암사, 2000.
13. 객관식헌법, 신영사, 2000(2005: 제4판)
14. 헌법재판소결정례요지(편), 법문사, 2002.
15. 헌법학, 현암사, 2002(2009: 개정6판).

16. 헌법과 미래(공저), 인간사랑, 2007.
17. 법학입문, 신론사, 2007.
18. 헌법국가의 도전, 두성사, 2007(M. Kriele, *Die Herausforderung des Verfassungsstaates*, 1970).
19. 7급객관식헌법, 두성사, 2008.
20. 헌법학(상), 박영사, 2010.
21. 헌법학(중), 박영사, 2010.
22. 헌법학(하), 박영사, 2010.
23. '사회국가 해석모델에 관한 비판적 검토', '자연의 권리주체성', '독일의 헌법과 행정법에 있어서의 환경보호' 등 논문 다수.

프롤레타리아 계급독재 값15,000원

2011년 1월 24일 초판인쇄
2011년 1월 26일 초판발행

역 자 홍 성 방
발행인 리 재 영
발행처 新論社
등록번호 제10-308호(1989.3.4)

판매처 새문사
등록번호 제1-273호(1977.9.19)

주소 : 서울시 마포구 용강동 494-80
전화 : (02)715-7232(代), 717-7235, Fax : (02)715-7235
E-mail : sinlon@saemoon.co.kr
website : www.saemoonbook.com
ISBN : 89-7411-297-4 03300